HEYNE <

DAS BUCH

Der Rat, gechannelt durch das Medium Sara Landon, gibt in diesem Buch mit entwaffnender Klarheit Antworten auf komplexe Fragen der aktuellen Zeit. Die Botschaften schenken zukunftsweisenden Rat – für uns als Kollektiv, aber auch für jeden Einzelnen auf seinem ganz persönlichen Weg.

Um es mit den Worten des Rates selbst auszudrücken: »Ein neuer Weg zeichnet sich ab, und erweiterte menschliche Fähigkeiten und Möglichkeiten erschaffen eine ganz neue Art zu leben, zu lieben, zu führen und in eurer erwachenden Welt zu gedeihen. Es ist an der Zeit, dass die Wegbereiter dieses Großen Erwachens voll und ganz in ihre Kraft kommen und diese auch nutzen, um neue Perspektiven aufzuzeigen und gemeinsam mit euch voranzuschreiten.

Unsere Weisheit soll euch dabei unterstützen, euer höchstes Potenzial in dieser spektakulären Zeit zu leben!«

DIE AUTOREN

Sara Landon ist eine international bekannte spirituelle Lehrerin. Als Medium channelt sie die Botschaften des »Rates«, ein Kollektiv Aufgestiegener Meister mit einer höheren Bewusstseinsebene. Es ist Saras Ziel, anderen Menschen zu zeigen, dass auch sie die Fähigkeit besitzen, sich mit der spirituellen Weisheit und der liebevollen Führung der Geistigen Welt zu verbinden.

Mike Dooley ist mehrfacher New-York-Times-Bestsellerautor, dessen Werke bereits in 25 Sprachen übersetzt wurden. Als metaphysischer Lehrer ist er bekannt für die beliebten *Notes from the Universe* und sein maßgebliches Mitwirken bei dem internationalen Phänomen *The Secret.* Er hält Vorträge und Workshops auf der ganzen Welt. Sein inspirierender Blog *TUT (Totally Unique Thoughts)* wird täglich von über einer halben Million Lesern aus 185 Ländern verfolgt.

Weitere Infos unter: resources.saralandon.com und: www.tut.com

SARA LANDON
MIKE DOOLEY

Der Traum, die Reise, die Ewigkeit und Gott

Antworten der Geistigen Welt auf die großen Fragen des Lebens

Aus dem Amerikanischen übersetzt
von Gabriel Stein

WILHELM HEYNE VERLAG
MÜNCHEN

Die Originalausgabe erschien 2023 unter dem
Titel THE DREAM, THE JOURNEY, ETERNITY, AND GOD
by Hay House Inc. US.

MIX
Papier | Fördert gute Waldnutzung
FSC® C014496

Penguin Random House Verlagsgruppe FSC® N001967

Taschenbucherstausgabe 01/2025

Originally published in 2023 by Hay House Inc. US

Redaktion: Ralf Lay
Umschlaggestaltung: Guter Punkt, München
Umschlagmotiv: © poloje / iStock / Getty Images Plus,
161961932 © Volkov / iStock / Getty Images Plus 1435651119
Satz: Buch-Werkstatt GmbH, Bad Aibling
Druck und Bindung: GGP Media GmbH, Pößneck
Printed in Germany
ISBN 978-3-453-70488-6

www.heyne.de

All jenen gewidmet, die nun erwachen

INHALT

Einleitung

VON MIKE DOOLEY

Nie werde ich den Dezember 2019 vergessen. Nachdem viele Menschen mir mindestens zwei Jahrzehnte lang dazu geraten hatten, las ich endlich Paramahansa Yoganandas *Autobiography of a Yogi.* Bis zu jenem Zeitpunkt war ich kein besonders eifriger Leser gewesen, aber dieses Buch sowie die unmittelbar anschließende Abgeschiedenheit infolge der Covid-19-Pandemie veränderten alles. Die Auswirkungen der Lektüre auf ein weitaus reichhaltigeres, wundersameres, übernatürliches Leben waren absolut atemberaubend. Dergleichen hatte ich zwar immer vermutet, mir aber nie und nimmer vorgestellt, dass es unsere Realität sein könnte – und damit auch meine Realität. Seither habe ich gierig zahlreiche Werke verschlungen, die um das Thema der Selbsterkenntnis und Selbstverwirklichung kreisen.

Zurück zum Dezember 2019. Als ich gerade in Yoganandas Autobiografie versunken war, bot mir Sara Landon eine private gechannelte Sitzung mit dem »Rat« an – einer Versammlung weiser, aufgestiegener Meister mit dem Anspruch, »künftige Versionen« unserer selbst zu sein. Die zeitliche und präzise Übereinstimmung der Botschaften, die der Rat mir übermittelte – und von denen einige anschließend genannt werden –, mit den Inhalten, die während der Lektüre in mir widerhallten und tiefe Gefühle auslösten, versetzt mich bis heute in fast ungläubiges Staunen. Es war wie eine Verabredung mit dem Schicksal.

Durch den Rat – und mittlerweile viele andere – habe ich erfahren, dass ich nicht allein bin. Weder in der Sehnsucht nach höherer Einsicht noch in der Bereitschaft, die geistige Entwicklung der Menschheit in nie da gewesener Weise voranzubringen. Nun ist genau die Zeit auf der Erde, die uralte Weise und Propheten für genau dieses planetarische Erwachen vorhergesehen haben, mitsamt den geopolitischen Umbrüchen, klimatischen Katastrophen und vor allem den Widerständen und Spaltungen innerhalb der Gesellschaft, wobei die sprichwörtliche Spreu vom Weizen getrennt wird. Wohlgemerkt keine Trennung, die ein biblischer Richter überwacht, sondern eine, die davon abhängt, ob jede und jeder von uns sich entscheidet, eher von der Liebe ergriffen zu werden oder von der Angst.

Sara und ich erkannten schon bald, dass es ein Vergnügen wäre, mit unseren jeweiligen spirituell gesinnten Gruppen zusammenzuarbeiten. Also veranstalteten wir einen Online-Workshop mit demselben Titel, den auch das vorliegende Buch trägt. Auf diesem Wege wollten wir die Akzeptanz und Resonanz unserer Idee »Erwachen im Traum des Lebens« einem Test unterziehen. 25 000 Zuschauer reagierten mit einem begeisterten »Ja!«. Das war ein elektrisierendes Erlebnis.

Jetzt sind Sie an der Reihe.

Sie halten ein Buch in Händen, das Sie genau zum jetzigen Zeitpunkt Ihrer inneren Reise erreichen soll, um daran zu erinnern, wer Sie wirklich sind, sowie an die Leichtigkeit, den Frieden, die Liebe und das Glück, die unmittelbar auf Ihre Anerkennung warten. Sie kommen vom Göttlichen her, sind durch das Göttliche und hier für das Göttliche – reine Energie der geistigen Quelle. Augen und Ohren des allmächtigen Gottes werden lebendig im Traum des Lebens, dazu ausersehen, dass Sie sich dessen deutlich bewusst werden und so leben, wie Sie es sich nicht einmal vorstellen konnten.

Sie und ich, wir haben lange darauf gewartet, die elementaren Vorgänge zu beherrschen, unser Leben schöpferisch erfüllt zu leben – mit derart überfließenden Schalen, dass sich unsere brennenden Sehnsüchte nun allmählich nach außen verlagern, um anderen zur Seite zu stehen und jenen Wahrheiten zu folgen, die unser Dasein so außergewöhnlich machen. Auf solche Weise werden wir dazu beitragen, ein goldenes Zeitalter einzuleiten, das keinem früheren in der Geschichte gleicht, während zugleich zahlreiche weise Seelen gespannt ins Unsichtbare blicken und wir uns ihnen im hellsichtigen Bewusstsein ebenso begierig anzuschließen hoffen, wie sie sich mit uns in Fleisch und Blut zu verbinden wünschen.

Mögen Sie auf diesen Seiten Antworten auf Ihre Fragen finden und noch vieles mehr. Mögen dadurch Ihre eigenen Vermutungen hinsichtlich der Herrlichkeit des Lebens und

Ihrer inneren Stärke wachgerufen und bekräftigt werden. Ich habe vollstes Vertrauen, dass Sie im Verlauf unserer – seit dem Urbeginn vorbestimmten – Wanderung durch die heiligen Gefilde von Zeit und Raum die Bestätigung, Wertschätzung und Eingebung erfahren werden, die Sie benötigen, um jeden Weg zurückzulegen, den Sie ersehnen.

Der Ihre im Abenteuer

TEIL 1

Was ist der Rat?

In diesem Abschnitt beantwortet der Rat Fragen über Channeling, höhere Weisheit, die Erinnerung daran, wer Sie wirklich sind, und warum seine Mitglieder in dieser wichtigen Phase der menschlichen Entwicklung hier bei uns sind.

Wir sind so froh und entzückt, lieber Freund, an diesem wahrhaft schönen und herrlichen Tag die Gelegenheit zu haben, mit dir zu sprechen. Zunächst würden wir dir gerne mitteilen, dass es sich dabei, so wichtig unsere Worte an dich auch sind, um eine höher schwingende Erfahrung handelt, um die Erinnerung daran, wer du wirklich bist, warum du hier weilst und was deine Absichten waren, als du dich für diese großartige Erfahrung entschieden hast. Denn wir versichern dir: *Das Leben soll für euch alle wunderbar sein!*

Ganz herzlichen Dank. Würdet ihr ein paar einleitende Worte mit uns teilen und uns dann, den Lesern zuliebe,

sagen, wer ihr seid und aus welcher Sphäre oder welcher Dimension ihr kommt? Viele von uns sind vertraut mit gechannelten Wesenheiten oder spirituellen Gemeinschaften wie Seth, Ramtha, Abraham und Edgar Cayce. Seid ihr wie sie? Habt ihr zu früheren Zeiten hier auf der Erde gelebt?

Nichts könnte uns mehr begeistern, als jetzt in deiner Gesellschaft zu sein, deine Fragen zu beantworten und im Formlosen wie in der Form diese wunderbare Manifestation mitzugestalten.

Wir werden mit deiner ersten Frage beginnen: »Wer seid ihr?« Einfach ausgedrückt, sind wir eine Gemeinschaft aufgestiegener Meisterwesen mit einem höheren Bewusstseinszustand und einer umfassenderen Sicht auf die menschliche Erfahrung.

Unsere große Liebe zur Menschheit, zum Planeten Erde und zur menschlichen Erfahrung versetzt uns auf eine Ebene des Wissens und der Wahrnehmung, wo wir für euch zugänglich sind. Wir sprechen durch Sara, weil sie darum bat, stehen aber allen zur Verfügung.

Wir traten in Erscheinung, weil wir es versprochen haben, und sind hier, um euch an eure eigene Weisheit zu erinnern, die ihr niemals vergessen solltet. Eurem »Menschsein«[1] mag es schwerfallen, dies zu verstehen, aber ihr seid identisch mit

---

1 Der Rat bezeichnet das Bewusstsein, das wir von uns selbst haben, unsere menschliche Seite, als »Menschsein«, um diesen Aspekt unserer Erfahrung von all den anderen Wesenszügen zu unterscheiden, die wir durch Raum und Zeit hindurch und darüber hinaus wahrhaft in uns tragen.

uns – aufgestiegene Meisterwesen, jede und jeder Einzelne unter euch, die oder der sich in die menschliche Erfahrung hineinbegeben hat, um zum jetzigen Zeitpunkt auf der Erde zu sein. Ihr seid da zugunsten der Erweiterung eurer Seele und des Bewusstseins. Ihr seid da, um euch selbst Ausdruck zu verleihen und jene Erfahrungen zu machen, die ihr beim Erforschen, Spielen und Schaffen wünscht.

Wir versichern und versprechen euch, dass ihr, wann immer ihr diese Botschaften lest, sie gerade jetzt wie magnetisch anzieht, um euch erinnern zu können. Ihr seid bereit dazu. Es gibt heute so viele von euch auf dem Planeten, die hierhergekommen sind, um zur Wahrheit zu erwachen, wer ihr wirklich seid, und Einsicht in eure wahre geistige Natur zu erlangen, dank deren ihr dann als die Meister, die ihr seid, zu leben beginnt – gänzlich verkörpert, vollkommen erleuchtet, durchweg in höheren Bewusstseinszuständen beheimatet, *gleichwohl in physischer Gestalt* auf diesem Planeten, dem Himmel auf Erden.

Unsere wesentliche Antwort auf die Frage »Wer seid ihr?« lautet: Wir sind ihr, ihr seid wir. Wir sind jeweils das höhere Selbst von jeder und jedem unter euch. Wir sind hier, um ein Licht auf dem Weg zu sein, damit ihr umso müheloser eine weiter ausgedehnte Erkenntnis- und Bewusstseinsebene erreicht, von der aus die menschliche Erfahrung in größerer Perspektive erscheint.

All dies ist euch möglich.

Wir sind immer bei euch, immer verfügbar für euch, niemals getrennt von euch, und deshalb werden so viele von euch das Gefühl haben, zu der Wahrheit in eurem Innern heimzukehren.

Ich fühle die Wahrheit dieser Aussagen, wann immer ich mit euch spreche.

In der Tat. Das Wissen zu verkörpern, dass ihr aufgestiegene Meisterwesen auf dem Planeten seid, ist äußerst wichtig. Es ist eure Wahl, hier zu sein, zum Teil aufgrund der Elevation, Expansion und Transformation des Bewusstseins, die zurzeit auf der Erde stattfinden. Ihr seid derart bedeutsam. Und obwohl alles vollkommen ist und sich alles in göttlich vollkommener Zeit entfalten wird, gibt es für die Erde einen noch weitaus größeren Zweck in diesem ebenso unermesslichen wie wunderbaren Universum, während die Menschheit ihr kollektives Bewusstsein auf eine neue Stufe hebt.

Der Traum, die Reise, die Ewigkeit und Gott – auch sie wolltet ihr nie vergessen. In euren Herzen wohnt ein Traum, erfüllt vom Wissen, dass Friede, Freude und Liebe, Harmonie, Wohlbefinden und Freiheit euer göttliches, euch innewohnendes Geburtsrecht sind. So seid ihr wirklich, und deshalb seid ihr hier. Ihr erinnert euch und gelangt zu dieser Erkenntnis, gestaltet eure persönlichen und gemeinschaftlichen Realitäten in der Weise, wie ihr sie euch wünscht. So begreift ihr, dass jedes Individuum die ganze Zeit schon den gleichen Traum hatte.

Mehr könnten wir uns nicht freuen für euch in dieser Zeit, da ihr fähig seid, in einem Bewusstseinszustand zu leben, den ihr als »Himmel auf Erden« oder »Neue Erde« bezeichnet. Sie ist jetzt für euch vorhanden, steht jeder und jedem von euch zur Verfügung. Etwas in euch weiß – erinnert sich daran –, dass sie für euch erreichbar ist. Nehmt sie in euch auf. Heißt sie im Innern willkommen. Empfangt sie tief drinnen. Und indem ihr das immer wieder lest oder hört, werdet ihr jedes Mal mehr erfahren.

Du hast uns auch gefragt, woher wir kommen, inwiefern wir mit euren anderen geliebten Lehrmeistern zu vergleichen sind und ob wir menschliche Erfahrungen gemacht haben.

Zunächst einmal macht *ihr* jetzt eine menschliche Erfahrung in der dritten Dimension. Eine Dimension, die durch Trennung gekennzeichnet ist und in der ihr glaubt, von allem anderen losgelöst oder abgesondert zu sein. Vielen ist die Erfahrung gemeinsam, die Dinge in Gegensätzen wahrzunehmen – gut oder schlecht, richtig oder falsch. Außerdem herrscht der Gedanke vor, dass ihr nur Körper seid und dass alles, was nicht zu eurem Körper gehört, außerhalb, getrennt und kein Teil von euch sei.

Gleichwohl verbirgt sich in deiner Frage ein Gegensatz. Sind wir hier, oder sind wir dort? Und wenn wir dort sind, dann wo? In welcher Dimension? Sobald ihr jedoch wieder eintaucht in die »Istheit« all dessen, was ist – wozu jede und jeder von euch die Fähigkeit besitzt –, sobald ihr euer Bewusstsein zu eurem natürlichen Zustand reiner Liebe erhebt, werdet ihr ein Verständnis von eurem wahren Einssein mit allen Dingen erhalten. Ihr werdet in die Einheit selbst gelangen, ins Gottesbewusstsein, und euch nicht mehr als von irgendetwas – nicht einmal von uns – getrennte Wesen sehen. Und ihr werdet erkennen, dass ihr von keinem eurer geliebten Lehrmeister jemals getrennt wart. Alles ist eins.

Wir befinden uns einfach in höheren, formlosen Dimensionen des Bewusstseins und daher auf einer höheren Frequenz, die mit euren begrenzten menschlichen Sinnen nicht wahrnehmbar ist. Es gibt viele Dimensionen, worüber wir später ausführlicher sprechen werden. Fürs Erste müsst ihr vor allem eines wissen, nämlich dass wir von nichts getrennt sind. Wir sind weder hier noch dort, ebenso wenig wie ihr selbst.

Eure Schwingungsfrequenz und euer Bewusstseinsniveau bestimmen darüber, welche Dimension ihr in jedem Moment erfahrt. Diejenigen auf einer niedrigeren Frequenz zum Beispiel nehmen die reine Liebe, das Einssein, die Einheit, das Gottesbewusstsein, das ihnen stets innewohnt, schlichtweg noch nicht wahr. Dennoch sind sie nicht von uns getrennt. Und niemals gibt es eine Hierarchie, eines ist nicht besser als irgendein anderes.

Da ihr gerade erwähnt habt, dass wir einüben können, unser Bewusstseinsniveau zu heben, was für das Channeling notwendig ist, so erklärt uns bitte diese Übermittlung von Botschaften aus der geistigen Welt.

»Channeling« ist der Begriff, den ihr benutzt, um jenen ganz natürlichen Prozess zu beschreiben, bei dem ihr in Einklang kommt mit der Unendlichen Intelligenz, die euch jederzeit zur Verfügung steht. Obwohl jeder Mensch zu dieser Ebene der Weisheit, Bewusstheit und Hellsicht Zugang hat, stimmen sich nur sehr wenige auf sie in einer Weise ein, die ihnen die Erkenntnis der eigenen Verbindung zur geistigen Quelle ermöglicht, oder auf einer ausreichend hohen Frequenz, die sich auf eure körperlichen Sinne ebenso befriedigend und wohltuend auswirkt wie das Hören dieser durch Sara an dich gerichteten Worte.

Channeling ist vollkommen natürlich. Wenn ein Athlet im *Flow* ist, hat er sich der Energie der geistigen Quelle geöffnet und Zugang zu der Intelligenz in seinem Innern gefunden, die für ihn stets vorhanden ist. Wenn ein Musiker sich hinsetzt und inspiriert eine wunderbare Komposition spielt, die ihn durchströmt, so ist auch das eine Form von Channeling. Wenn ein Maler vor die Staffelei tritt, um ein Meisterwerk zu schaffen, während die Energie der geistigen Quelle ihn erfüllt und seine Pinselstriche auf der Leinwand lenkt, handelt es sich ebenfalls um eine Art von Channeling. Oder wenn ihr mit einem Freund zusammen seid und ein schönes, liebevolles Gespräch führt, die Worte plötzlich durch euch fluten und ihr gar nicht mehr wisst, was euch eigentlich über die Lippen kam, doch hinterher das Gefühl von Liebe empfindet, dann sind die wohligen Schauer, die ihr in der euch beseligenden Wahrheit verspürt, nichts anderes als Channeling.

Jede und jeder unter euch kann sich auf die Quelle einstimmen – entweder durch automatisches Schreiben oder indem ihr Tätigkeiten nachgeht, die euch Freude bereiten und die Gelegenheit bieten, so zu spielen und zu schaffen, wie es euch gefällt. Viele werden sich bewusst in der Weise einstimmen, dass sie mit ihren spirituellen Lehrmeistern, Engeln, Ratsmitgliedern und ähnlichen Gemeinschaften verbunden werden, die immer für sie erreichbar sind. Keine dieser Wesenheiten ist jemals von irgendjemandem unter euch getrennt; die Wahl liegt ganz einfach bei euch.

Nur wenige channeln willentlich, weil es einer hohen Konzentration bedarf, um eure Schwingung auf jene Bewusstseinsebene zu heben, wo ihr völlig empfänglich werdet und deren Energie durch euch fließen lasst. Aber wir versichern euch, dass ihr alle auf die eine oder andere Weise bereits unabsichtlich und spontan gechannelt habt. Außerdem garantieren wir euch, dass ihr lernen könnt, wie man sich bewusst und zielgerichtet auf diese Unendliche Intelligenz einstimmt und für sich selbst wie auch für andere channelt.

In diesem Fall kommt die Weisheit, die Sara zum Ausdruck bringt, zu ihr von euch, dem Rat, den ihr als eine Gemeinschaft von Wesen mit höherem Selbst definiert habt – im Kontrast vielleicht zu dem höheren Selbst eines Individuums, etwa eines Athleten oder Künstlers. Um genauer zu fragen: Als Beethoven seine Musik komponierte, war da eine vermittelnde Instanz wie der Rat beteiligt oder allein sein höheres Selbst? Sprach Jesus aus der höchsten Version seiner selbst oder aus einer Gemeinschaft?

Alles ist Energie der Quelle. Es braucht weder Abgrenzungen noch Trennungen oder spezielle Bezeichnungen. Ihr alle seid Erweiterungen einer höheren Macht, die einige »Gott« nennen, zugleich jedoch tretet ihr als Persönlichkeiten in Erscheinung. Eure Intention hinsichtlich der gewünschten Ausdrucksform erweckt deren Quelle.

Während ihr euch auf jene Dimension des Bewusstseins fokussiert, in der ihr Erfahrungen von Individuen, Persönlichkeiten, Gruppen, Gemeinschaften, Familien und allerlei anderen Dingen macht, erlebt ihr die wachgerufene Energie entsprechend der jeweiligen Begegnung.

Es stimmt, dass Gemeinschaften über die Verbindung, durch die sie channeln, unterschiedlich zum Ausdruck kommen. Manches davon offenbart die Persönlichkeit der höheren Gemeinschaft, anderes die Persönlichkeit des höheren Selbst des Channels.

Wenn ihr euch auf diese Schwingung einstimmt, nimmt sie ihren eigenen Ausdruck an – jenseits dessen, was ihr als menschliche Persönlichkeit begreifen würdet. Sie erscheint euch ausgedehnter. Doch indem ihr sie kennzeichnet, fallt ihr von der Schwingung zurück in das denkende Mental. Wir sind uns bewusst, dass ihr dadurch euer Menschsein verstehen und unterteilen wollt, aber die Etikettierung begrenzt ihren Ausdruck.

Obwohl wir nachvollziehen können, warum es für euren logischen Verstand von großer Bedeutung ist, Namen und Zusammenhänge zu entwerfen, um verschiedene Energien zu identifizieren, erinnern wir daran, was wir dir eingangs mitgeteilt haben: Hier handelt es sich um eine höher schwingende Erfahrung, so wichtig unsere Worte an dich auch sind. Es ist jene Schwingung, die die Transformation bewirkt.

Was also ist eine Persönlichkeit? Wenn es um Menschen geht, ist es dann nicht immer die gleiche göttliche Energie oder Gott, die durch einzigartige Gefäße strömen, von uns als »Ich« oder »Du« bezeichnet – gemäß jenem durch Überzeugungen und Vorstellungen gefilterten Verständnis, das eine Person von sich und dem Leben hat?

Immer interpretieren eure körperlichen Sinne die eigene Erfahrung, und das bezeichnet ihr als Realität. Doch die Energie der Quelle ist von so hoher Frequenz und Schwingung, dass sie mit körperlichen Sinnen kaum wahrnehmbar ist. Daher habt ihr die natürliche Neigung, diese Energie auf irgendeine Weise zu identifizieren, etwa indem ihr sie mit einer einzigartigen Persönlichkeit gleichsetzt. Das bereitet euch Vergnügen und ermöglicht eurem Menschsein, ein gewisses Maß an Vertrautheit mit der Energie oder dem Bewusstsein und der Weisheit herzustellen, sodass ihr sie dann um eurer geistigen Erweiterung willen in euch einlasst. Aus Freude an der Selbstfindung und am Ausdruck seid ihr hier, um eure Einzigartigkeit zu erfahren. Ihr seid hier, um eure Vorlieben zu erfahren. Ihr seid hier, um all eure vielen anderen gewählten Wesenszüge und Eigenschaften zu erfahren, während ihr euch in physischer Gestalt artikuliert. So formt ihr eure Persönlichkeit.

Eure einzigartigen Persönlichkeiten habt ihr selbst geschaffen, um euch dadurch in physischer Gestalt als der Gott kundzutun, der ihr seid, und das ist wunderbar. Je weiter ihr euer Bewusstsein und eure Schwingung hebt, desto mehr richtet ihr euch an der Energie der Quelle im Innern aus, desto fröhlicher, humorvoller, unbeschwerter und intelligenter werdet ihr sein, denn eure Intelligenz kommt nicht aus dem, was ihr euch eingeprägt habt, sondern aus der Unendlichen Intelligenz.

Während demgemäß einige Menschen höhere Bewusstseinsebenen völlig ruhig und friedlich zum Ausdruck bringen, mögen andere dies auf fröhliche und lustige Weise tun. Das alles ist vortrefflich und nach eurem Gutdünken.

**Was ist mit dem ursprünglichen Funken,
der einen Menschen ins Leben ruft? Anders gefragt:
Wer sind wir, und woher kommen wir?**

Ihr seid ein Kraftfeld des Bewusstseins, das weder an eine physische Form noch an einen physischen Körper gebunden ist. In der Vergangenheit hat es euch zu der Einsicht verholfen, dass ihr einen Geist oder eine Seele besitzt, und das ist richtig. Einige nennen es »höheres Selbst«. Auch das ist vollkommen in Ordnung. Auf diese Weise kann euer Menschsein allmählich jenen Teil von euch wahrnehmen, der größer ist als das, was ihr mit euren körperlichen Sinnen wahrzunehmen vermochtet.

Nun seid ihr in einen physischen Körper eingeschlossen, und weil sich darauf euer Wissen in der dritten Dimension beschränkt, fällt es schwer, euch selbst als ein Kraftfeld des Bewusstseins vorzustellen, geschweige denn als Quelle oder Licht zu erkennen.

Doch ebendas seid ihr. Ihr seid Bewusstsein. Ihr seid Quelle. Ihr seid Licht. Ihr seid das, was ihr »Gott« nennt. Und unter dem Aspekt, dass ihr als Kraftfeld des Bewusstseins mit der Quelle eins seid, zusammengesetzt aus Partikeln der Unendlichen Schöpfung, die immerzu auf euch und eure Seele reagieren, begann euer Abenteuer, als ihr euch auf diese menschliche Erfahrung konzentriert und dadurch die Partikel der Unendlichen Schöpfung herbeigerufen habt, die genau zum jetzigen Zeitpunkt eure Geburt in die physische Form veranlassten.

In jedem Stadium eurer Entwicklung habt ihr aus der Umgebung bezogen, was ihr brauchtet. Vor eurer Geburt war es der Schoß eurer Mutter, aus dem ihr alles Nötige bezogen habt, um einen physischen Körper auszubilden. Da war eine Intelligenz, ein Bewusstsein am Werk, die euch ermöglichten, zu wachsen, zu gedeihen und zu jener Manifestation zu werden, die ihr als Säugling bezeichnet.

Ihr kamt aus reiner Energie der Quelle und seid weiterhin eins mit ihr. Ihr kamt aus reinem Bewusstsein und seid weiterhin eins mit ihm. Ihr kamt aus reinem Licht und seid weiterhin eins mit ihm. Obwohl es vielleicht so schien, als wärt ihr ein hilfloser Säugling, führten eure Intelligenz und euer Bewusstsein euch alles zu, was ihr brauchtet, um größer und zu einem Kleinkind zu werden, dann zu einem Kind, einem Jugendlichen und schließlich zu einem Erwachsenen. Eure Intelligenz und euer Bewusstsein erzeugen das Kraftfeld, verantwortlich dafür, dass sich eure Zellen tagein, tagaus erneuern und verjüngen.

Was die meisten von euch »Gott« nennen würden, »Quelle«, »das Göttliche« oder »Schöpfer«, ist stets unendliche Energie der Quelle. Im Laufe einer nicht bezifferbaren Reihe von Jahren habt ihr diese Energie, die ihr selbst seid, kontinuierlich gebündelt und in alle möglichen Formen umgewandelt. Alles ist Energie der Quelle.

Einige behaupten, der schöpferische Akt der Loslösung von der Quelle und der Fokussierung auf verschiedene, über das ganze Universum verteilte Erfahrungen sei eine Art von Devolution oder Rückentwicklung, der zufolge ihr in dieser irdischen Erfahrung gleichsam gefallene Engel wärt, die große Lektionen zu lernen oder ein schreckliches Karma zu bereinigen hätten. Nichts könnte der Wahrheit ferner sein. Einzig und allein nach eurer eigenen Wahl seid ihr hier in der menschlichen Erfahrung, weil sie das Beste ist, was überhaupt geschehen kann. *Ihr habt entschieden, während der größten Transformation des menschlichen Bewusstseins, die sich je ereignet hat, auf Erden zu sein.*

Als Kraftfeld des Bewusstseins seid ihr der Quelle entsprungen und werdet zur Quelle zurückkehren, denn sie ist, was ihr seid. Und wie wunderbar es ist, dass ihr an dieser großen Abenteuerreise teilnehmt!

Ihr könnt euch eure Vieldimensionalität folgendermaßen vorstellen: Jede und jeder von euch ist ein Mensch mit einem herrlichen Leben. Ihr habt ein schönes Zuhause, eine wunderbare Familie und eine Arbeit, die ihr liebt. Ihr genießt euer Leben wirklich. Eines Tages dann wird eure

Neugier auf einen anderen großartigen Ort in dieser Welt geweckt, vielleicht durch Inspiration, Nachforschung – oder einfach weil jemand euch davon erzählt. Also fangt ihr an, euer Kraftfeld des Bewusstseins auf diesen Ort auszurichten. Es könnte eine Kultur sein, die ihr erkunden möchtet, eine Sehenswürdigkeit oder Menschen dort, denen ihr begegnen wollt.

Allmählich konzentriert ihr euer Bewusstsein auf die neue Erfahrung, während ihr noch immer in physischer Form irgendwo hier auf Erden seid. Doch nun reist sozusagen ein anderer Teil von euch durch die Welt, zu jenem Ort, den ihr entdecken möchtet. Er ist unabhängig und dennoch Teil von euch. Und möglicherweise wisst ihr nicht voneinander. Aber beide Aspekte von euch gehören zusammen dem gleichen Kraftfeld des Bewusstseins an. Ihr seid vieldimensional und könnt euer Bewusstsein in verschiedene Erfahrungen projizieren. Und während ihr bisher unbekannte Erfahrungen macht, verknüpft ihr Daten und Informationen, die zu einer noch größeren Erweiterung sowie weiteren Potenzialen und Optionen führen.

Ihr seid nach wie vor Energie der Quelle, Gott, das Göttliche, Licht – ob ihr dieses Kraftfeld auf euren Alltag richtet oder auf ein Abenteuer, das ihr an einem anderen Ort und zu einer anderen Zeit erleben möchtet.

DIMENSION UND WIRKLICHKEIT DES RATS

Seid ihr mehr als das, was ihr uns überbringt? Habt ihr eure eigene Existenz, euer eigenes Leben, eure eigenen Bestrebungen, Abenteuer, Hoffnungen und Träume, die unser Verständnis übersteigen?

Von unserer Bewusstseinsebene aus betrachtet, sind wir *der Traum.* Wir werden verwirklicht durch eine Schwingung, in der sämtliche Potenziale und Optionen simultan existieren. Auf dieser Ebene gibt es keine Verzögerung in der Manifestation. Wunsch und Manifestation sind ein und dasselbe. Zugleich aber bleiben in jedem Moment unendliche Potenziale für weitere Schöpfungen bestehen. Ihr dagegen befindet euch in einer Erfahrung von Zeit und Raum. Ihr seid auf einer Ebene der Verdichtung, in einer Dimension des Bewusstseins, in der ihr die Dinge in physischer Form gestaltet, da ihr euch in physischer Form erfahrt.

Wir sind nicht an die physische Form gebunden. Wir können durch euch wahrnehmen und die physische Form erfahren, sind aber formlos, unkörperlich. Also gibt es niemals Verzögerung, Mangel, Begrenztheit oder Trennung von unserer Erfahrung. Der Traum – der alles umfasst, was wir uns im jeweiligen Moment vorstellen können – ist unsere Erfahrung. Es gibt weder Wollen noch Warten.

Wenn ihr euch Erzengel, aufgestiegene Meister, Gott,

Jesus oder jene vergegenwärtigt, die im »Himmel« sind, denkt ihr an Mangel genauso wenig wie an Begrenztheit, Angst, Kampf oder Leiden. Dergleichen existiert nicht auf höheren Bewusstseinsebenen, und ein Teil von euch versteht das. In höheren Dimensionen gibt es ausschließlich Frieden, Freude, Harmonie, Fülle, Wohlbefinden und Freiheit. Doch in tiefer gelegenen Dimensionen kann es sein, dass ihr Erfahrungen von Mangel, Begrenztheit, Angst, Kampf und Leiden schafft.

Während ihr *wissentlich* höheren Bewusstseinsebenen zustrebt und erkennt, dass ihr euch aus der weiterhin bestehenden physischen Form in jede gewünschte Erfahrung hineinprojizieren könnt, werdet ihr ebenso schaffen, wie wir es tun. Ihr werdet schaffen in Gestalt der Meister, die ihr seid.

Wie wird euer Menschsein diese höheren Ebenen der Schöpfung erfahren? Ein größeres Maß an Frieden, Freude, Harmonie, Fülle, Wohlbefinden und Freiheit erwartet euch. Außerdem werdet ihr euch zunehmend neuer Potenziale gewahr – zugunsten eurer selbst, der Menschheit und der Erde. Ihr übersteigt Mangel und Wollen. Was immer ihr benötigt, tritt in Erscheinung, ehe euch überhaupt bewusst ist, dass ihr dessen bedürft. Ihr lebt in einem solchen Überfluss, lasst euch von Energie und Licht derart leiten, dass es euch einfach zuteilwird. Das ist die endgültige Übereinstimmung mit der Wahren oder Makellosen Schöpfung, die wir als »Schöpfung ohne persönliche Absichten« bezeichnen. In der Wahren Schöpfung erscheinen Menschen, Orte und Umstände, die euren höchsten Ausdruck unterstützen, immer zum rechten Zeitpunkt, und das ruft ein unbedingtes »Ja!« hervor.

Gibt es in eurer Realität eine kontinuierliche Ausdehnung? Gibt es so etwas wie Ehrgeiz? Ist die ganze Zeit ein Abenteuer im Gange? Das mögen Begriffe sein, die nur auf uns innerhalb der Verdichtung von Zeit, Raum und Materie zutreffen, aber gibt es irgendwelche Parallelen?

Eure Ausdehnung trägt zu der unseren bei und unsere Ausdehnung zu der euren. Dadurch findet eine Ausdehnung des Universums statt, zu der wir alle in jeder Dimension des Bewusstseins beitragen, von der wir ein Teil sind und aus der wir Nutzen ziehen.

Wir sind immer in unserer Herrlichkeit, unserem Glanz, unserer Begeisterung, unserer freudigen Erregung. Wir befinden uns immer in einem Zustand der Inspiration, weil wir keine Geschichten und Überzeugungen von Mangel hervorbringen oder uns als begrenzt, unwürdig oder nicht gut genug empfinden.

Habt ihr eine Ausrichtung und Absicht, die mit uns in keinem Zusammenhang stehen? Und noch einmal gefragt: Seid ihr größer als diejenigen, die wir anrufen?

In der Tat haben wir unsere eigene Ausrichtung und Absicht jenseits dessen, was ihr euch heute vielleicht vorstellt. Doch wesentlich für unsere Ausrichtung und Absicht ist, ebenso wie ihr in physischer Form euer Leben zu leben, um euch zu der Einsicht zu verhelfen, wie es sich in den größeren Rahmen der Schöpfung einfügt.

Von Geburt an habt ihr eine Überzeugung entwickelt und euch dementsprechend verhalten, bis ihr sie im Tod aufgeben werdet. Das bezeichnet ihr als euer Leben. Und auch das, was ihr jeden Tag gestaltet, nennt ihr »Leben«. Wir befinden uns außerhalb dieser Erfahrung. Es gibt weder Anfang noch Ende, alles ist unendlich. Doch wie bereits gesagt, seid ihr wir und wir sind ihr. Also verstehen wir eure Erfahrung, und wenn ihr auf höheren Bewusstseinsebenen seid, werdet ihr die unsere besser verstehen. Betrachtet uns als die erweiterte Version eurer selbst – als den Teil von euch, der jenseits von Zeit und Raum existiert.

Aufgrund eurer Schwingungsrate gehört ihr einer Dimension des Bewusstseins an, in der man Zeit und Raum erfährt, die Illusion von Geburt und Tod. Wir *sind* einfach. Es gibt einerseits das Leben, wie ihr es wahrnehmt und führt, andererseits das, was als Seinszustand bezeichnet werden könnte und unsere Erfahrung darstellt. Wir sind die Istheit all dessen, was ist, und ihr seid es ebenfalls.

Wir haben keine Tage wie die euren, verstehen aber, dass ihr die Zeit in dieser Weise erlebt. Es bereitet Vergnügen, sie nach Tagen, Wochen, Monaten und Jahren einzuteilen. Das ist Teil eurer Reise. Während ihr dieses sogenannte Leben erfahrt, lautet unsere höchste Botschaft an euch: *Genießt es in vollen Zügen.* Lebt und liebt vollkommen, seid all das, was ihr in jedem Moment seid. Ihr habt die Wahl – entweder alles zuzulassen, was ihr seid, oder es durch eure Geschichten von Mangel, Begrenztheit und Trennung zu bezweifeln und zu verneinen.

In eurer Welt geschieht noch wesentlich mehr, als ihr aus eurem begrenzten menschlichen Blickwinkel sehen oder mit euren eingeschränkten Sinnen wahrnehmen könnt. Doch vieles davon wäre für euch einfach eine willkommene Abwechslung. In diesem Spiel habt ihr euch für die physische Form entschieden, um darin jetzt auf der Erde zu sein und zu lernen, wie ihr auf höhere Stufen des Bewusstseins gelangt und demzufolge das euch bekannte Leben bereichert. Auf solche Weise heben eure höhere Schwingung und euer gesteigertes Bewusstsein die Schwingung und das Bewusstsein der gesamten Menschheit.

Entscheidend ist, dass ihr all das, was ihr seid, ganz und gar verwirklicht und als die verkörperten Meister lebt, die ihr seid. Wie schon erwähnt: Lebt und liebt vollkommen, seid alles, was ihr seid, und gestaltet eure Realität so, wie ihr sie euch wünscht.

Sobald ihr euch aus der Dichte eures Körpers löst und eure Reise in höhere Bewusstseinszustände innerhalb formloser Wirklichkeiten fortsetzt, werdet ihr euch weiterhin ausdehnen und schaffen. Ihr werdet die Illusion von Trennung hinter euch lassen und zu grenzenloser Ruhe, Glückseligkeit und Liebe zurückkehren – zu dem Wissen, das euch jetzt ebenfalls verfügbar ist.

Wir treten vor allem deshalb in Erscheinung, um eure Wahrnehmung zu erweitern, euch eine umfassendere Perspektive zu bieten und auf höhere Schwingungs- und

Bewusstseinsebenen zu bringen, damit ihr euch der Wahrheit im Innern entsinnt. Diese Wahrnehmung kann jetzt eure sein. Sie führt euch in Zustände des Himmels auf Erden und im Rahmen dieser Neuen Erde zu höheren Bewusstseinsebenen, die euch überraschen, verwundern und entzücken werden. Außerdem wird sie euch befähigen, ein Leben zu erfahren, das eure wildesten Träume übersteigt.

Deine zweite Frage darüber, ob wir größer seien als diejenigen, die ihr anruft, ist sehr geradlinig, denn ihr begreift euch als logisch denkende Einzelwesen. Während ihr euch diese Erfahrung zu eigen gemacht habt, waren wir immer schon jenseits davon.

Ihr glaubt, die Persönlichkeit und der Name zu sein, mit denen ihr euch gleichsetzt. Ihr meint, jede Tätigkeit, die ihr an irgendeinem Tag ausführt, sei identisch mit euch und eurer Erfahrung. Aber ihr erfahrt euch und eure Wirklichkeit durch eure körperlichen Sinne – was ihr seht, hört, schmeckt, berührt und riecht – und bezeichnet das als eure Realität. Eure körperlichen Sinne interpretieren für euch, was gerade passiert, was ihr im jeweiligen Moment macht oder in den Fokus rückt.

Wir jedoch leben nicht auf dieser Bewusstseinsebene. Wir sind zu allen Zeiten eins mit der ganzen Schöpfung, es gibt kein Tun. Wir sind stets in einem Tanz mit allem, was ist.

Und gibt es mehr? Oh, immer gibt es mehr und noch mehr.

Um es zu wiederholen: Da sind viele Bewusstseinsebenen jenseits der unseren. Einige haben so hohe Schwingungsraten und Frequenzen, dass sie über das Licht hinausgehen – sie sind die Quelle des Lichts selbst. Ist es auf unserer Bewusstseinsebene bekannt, dass dieses Potenzial existiert und einen Teil des Weges bildet? In der Tat. Nehmen wir von dieser Ebene aus wahr? Wir sind uns ihrer nur bewusst, nehmen aber aufgrund des Bewusstseinszustandes, in dem wir konzentriert sind, nicht von dort aus wahr.

Es gibt verschiedene Bewusstseinsebenen. Die meisten, die zur menschlichen Erfahrung gehören, befinden sich in der dritten Dimension, die wie erwähnt die Dimension der Trennung ist. Während ihr eure Schwingung und euer Bewusstsein hebt, gelangt ihr in die vierte Dimension, die der Transformation, in der euch allmählich einsichtig wird, dass ihr eure Bedingungen und Umstände ändern und von der Vergangenheit genesen könnt, indem ihr euer Denken aufsteigen lasst – aus der Vergangenheit, dem Alten, dem Kampf.

Viele von euch werden sich nun allmählich der fünften Dimension bewusst, der Dimension reiner Liebe. Sie ist das, was ihr »Christus-« oder »Einheits-« beziehungsweise »Einsseinbewusstsein« nennt. Die Schwingung dieser Dimension schafft den Himmel auf Erden oder die Neue Erde. Das war gemeint mit der Wiederkunft Christi – nämlich dass ihr euch dieser Bewusstseinsebene erinnert. Es ist jene Erfahrung, durch die ihr, wenngleich noch immer in physischer Form, in den Zustand des Christusbewusstseins kommt. Das ist jetzt eure Aufgabe! Wir und viele andere sind hier, um zu betonen, welch aufregendes Potenzial ihr besitzt, selbst in der Verkörperung diese Erkenntnisse zu gewinnen. In früheren Zeiten stiegen die meisten erleuchteten Wesen, die einen solchen Zustand erreicht hatten, in den Himmel auf und ließen die Dichte des Körpers einfach hinter sich. Heute braucht ihr diese Wahl nicht zu treffen, da euch der Weg zur Selbstverwirklichung in menschlicher Gestalt offensteht. Ihr fungiert als Wegbereiter für die ganze Menschheit, indem ihr die Freiheiten genießt, die euer Geburtsrecht sind.

Außerdem gibt es die sechste, siebte und achte Dimension, die noch formlosere Wirklichkeiten bilden. Wir bewohnen diese Sphären, wo wir weiterhin eine Schwingungsresonanz finden können, um die Verbindung zu euch herzustellen, zumal wenn eure Schwingung hoch ist. Um es zu wiederholen: Jenseits davon liegen noch viele weitere Dimensionen des Bewusstseins. Sind diese Energien manchmal Teil der Erfahrung? Ja. Doch sie haben eine sehr hohe Schwingung und Frequenz und werden daher besser aus unserer Perspektive verstanden, in der wir nicht durch die Begrenztheit des menschlichen Geistes zu begreifen versuchen.

Fühlt ihr euch unvollständig, weil ihr noch nicht auf jenen höheren Ebenen seid? Als Mensch empfinde ich persönlich – vielleicht aus Angst oder einem flüchtigen Gefühl von Mangel – eine Sehnsucht, die fast in Unbehagen umschlägt. Ich möchte weiter sein, möchte mehr sehen, mehr wissen. Fühlt ihr euch also unvollständig oder vollständig?

Wir sind immer in der Wahrheit und im Wissen um deine Ganzheit, deine Vollständigkeit und Vollkommenheit, ebenso wie wir immer in der Wahrheit und im Wissen um die unsere sind. Aus unserer Perspektive ist alles vollkommen, selbst wenn es sich ständig ausdehnt und vermehrt. Es gibt unendliche Potenziale und Optionen. Und wir folgen stets der Energie; da ist weder Mangel noch Begrenztheit. In ähnlicher Weise könnt ihr in eure Ganzheit und Vollständigkeit gelangen und von dort aus doch weiterhin schaffen und euch ausdehnen. Während ihr allmählich zu noch höheren Bewusstseinsebenen aufsteigt, wo euch immer mehr möglich und verfügbar ist, seid ihr weniger daran gebunden, ob sich eure Sehnsüchte in der Form oder im Formlosen manifestieren. Letztlich betrachten wir all eure Sehnsüchte als eine Sehnsucht nach mehr Ganzheit, Einssein, Fülle, Vollständigkeit und Ausdehnung.

Und das füllt euch aus? Ich vermute, dass ein Mensch, könnte er im Gefühl der Ganzheit leben und seine Vollständigkeit spüren, wahrscheinlich weniger darauf drängen würde, über die menschliche Erfahrung hinauszugelangen.

In der Tat. Wenn ihr etwa im Urlaub seid und eine wunderbare Zeit verbringt, ist euch bewusst, dass ihr schließlich heimkehren werdet. Zugleich aber habt ihr eine so wunderbare Zeit. Ihr genießt eure freien Tage, euer Abenteuer, wisst jedoch, dass ihr irgendwann wieder nach Hause fahrt. Aber genau hier und jetzt, in diesem Moment, ist der Urlaub das Beste, was euch überhaupt passieren kann! Und genau so sollt ihr eure menschliche Erfahrung begreifen – als einen großen Urlaub, ein großes Abenteuer, das ihr selbst gestaltet.

Wir wissen, dass wir aus der Quelle des Lichts kamen und zu ihr zurückkehren werden. Wir wissen, dass sie ist, was wir sind. Und wir wissen, dass wir zur genau bestimmten Zeit das Licht übersteigen werden, um wieder eins zu sein mit seiner Quelle. Unterdessen erleben wir hier selbst und mit euch allen ein herrliches Abenteuer.

Wie geschehen Dinge in eurer Dimension? Lasst ihr sie einfach zu, ohne zu »drängen« oder »Aufwand zu betreiben«? Oder schafft ihr aus persönlichen oder kollektiven Wünschen? Lenkt ihr die Energie, oder gebt ihr euch einfach der Energie der Quelle hin?

Wir schaffen unablässig, gestalten ständig mit. Da wir uns nicht in einer Bewusstseinsdimension befinden, in der wir an Zeitmangel oder Trennung glauben, ermöglichen wir immerzu Dinge im Einklang mit der Energie der Quelle. Es gibt, wie bereits erwähnt, keinen Mangel. Eure Wünsche beruhen auf der Vorstellung, getrennt zu sein von dem, was ihr euch wünscht, obwohl dies in Wahrheit gar nicht so ist. Wir empfinden Wünsche nicht wie ihr, eben weil wir nicht in einer Erfahrung der Trennung existieren.

Wo beziehungsweise wie fügt sich Gott – oder die Energie der Quelle – in diese Gleichung ein?

Allein schon der Versuch, Gott, den Schöpfer, das Göttliche, die Quelle oder das Unendliche so zu erklären, dass der menschliche Geist es verstehen kann, bewirkt sofort eine Begrenzung. Wenngleich wir euch hier ein paar kurze Antworten geben können, die euren Verstand zufriedenstellen und euer Bewusstsein allmählich erweitern werden, laden wir euch ein, ein Gefühl für den Gott zu empfinden, der euch innewohnt, euch durchströmt und eins mit euch ist. Außerdem dazu, in steigendem Maße den Gott in anderen Menschen und in allem zu erfahren. Es wird ein Moment der Bewusstwerdung kommen, da ihr wissen werdet, was Gott ist, weil ihr es aus eurem Seinszustand fühlen könnt, und dann wird es keiner Worte bedürfen. Unsere Worte hier beginnen damit, euer Bewusstsein so auszurichten, dass ihr euch öffnen, eure menschliche Erfahrung zulassen und den Teil von euch erkennen könnt, der Gott ist.

Gott ist der höchste Schöpfer. Er ist die Energie in allen Dingen, und diese Energie schafft alles. Sie ist die Quelle. Wir sagen, alles bestehe aus Partikeln der Unendlichen Schöpfung, und diese Partikel reagieren fortwährend auf euch. Verbirgt sich dahinter eine Intelligenz? Ja, Bewusstsein, Gottesbewusstsein. Das ist die Intelligenz, die zum Beispiel euer Herz schlagen oder euer Haar wachsen lässt und die Zellen in eurem Körper erneuert. Und während ihr weiterhin euer Bewusstsein über die Illusion von Trennung hinaushebt, werdet ihr dieses Gottesbewusstsein im Innern fühlen, umso tieferen Zugang zu seiner Intelligenz erhalten und ihr ermöglichen, sehr viel mehr für euch zu tun. Mehr, als ihr euch überhaupt vorstellen könnt.

Wir erinnern euch daran, dass ihr Schöpfer innerhalb eurer eigenen Schöpfung seid. Ihr seid das Zentrum eures Universums. Ihr habt euch wie gesagt auf die dritte Dimension des Bewusstseins fokussiert, auf die Dichte der physischen Form. Ihr habt die Partikel der Unendlichen Schöpfung herbeigerufen, um euch selbst in der Form erfahren zu können, als getrennt und einzigartig mit einer ausgeprägten Persönlichkeit. Ihr verfügt über einen freien Willen. So wählt ihr Erfahrungen für euch selbst: Ihr probiert Neues aus und gestaltet euch als ein Individuum, während ihr durch den Blick auf die Wirklichkeit, die ihr für euch selbst schafft, andauernd Partikel der Unendlichen Schöpfung herbeiruft.

Nichts daran war verkehrt. Das ist ein großes Privileg, eine unglaubliche Erfahrung, ein ganz besonderes Abenteuer. Und sobald ihr bereit seid, diese irdische Ebene zu verlassen und eure Erforschung höherer Dimensionen fortzusetzen, werdet ihr die Dichte des Körpers abstreifen und erneut in die schwingende Wahrheit des Wesens eindringen, das ihr seid. Auf jenen Bewusstseinsebenen werdet ihr euch selbst als Gott erkennen.

Doch während ihr euch auf dieser irdischen Reise weiter durch verschiedene Bewusstseinsebenen innerhalb der menschlichen Erfahrung fortbewegt, werdet ihr euch des Gottes in euch, in allen anderen und in allem erinnern, eurer selbst als die Istheit all dessen, was in der ganzen Schöpfung ist. Das meinen wir mit dem Wort »Bewusstwerdung«. Dann werdet ihr als die sich ihrer selbst bewusst gewordenen Meister, die ihr seid, mit der ganzen Schöpfung tanzen und spielen.

Auf jener Bewusstseinsebene der fünften Dimension versucht ihr nicht, etwas festzulegen oder geschehen zu lassen, und glaubt weder an Mangel und Begrenztheit noch an Angst oder Trennung. Vielmehr erlangt ihr vollständig eure Stärke als der Gott und Schöpfer, der ihr im Rahmen eurer Schöpfung seid, und entsinnt euch dabei, wie vergnüglich es ist, eure Wirklichkeit in jeder gewünschten Weise zu erschaffen. Alles wird wesentlich einfacher und angenehmer.

Demnach seid ihr gekommen, um uns diese Wahrheiten wieder zu vergegenwärtigen. Jeder von euch ist unser künftiges Selbst, das sich erinnert und sagt: »Alles ist gut, alles ist möglich, ich bin stark, das Leben ist schön.« Ist das die Botschaft in knappen Worten?

In der Tat. Wir sind jenseits der Illusion, für die ihr euch haltet. Wir sind weder besser noch stärker als ihr; wir haben einfach eine größere Perspektive. Stellt euch diese Bewusstseinsebenen als Stufen unter vielen Stufen vor, die eine Treppe hinaufführen. Jede Stufe versinnbildlicht eine jeweils andere Bewusstseinsebene mit verschiedenen Perspektiven, Erfahrungen und Potenzialen. Es ist, als würdet ihr einen

Berg bis zum Gipfel besteigen. Je höher ihr kommt, desto weiter reicht der Blick, umso größer ist die Perspektive. Beim Aufstieg könnt ihr einen immer umfassenderen Zusammenhang wahrnehmen. Während ihr euch erlaubt, höhere Bewusstseinszustände zu erreichen, seht ihr die menschliche Erfahrung aus einem weitaus größeren Blickwinkel. Zu Beginn eures Abenteuers auf Erden stand bereits fest, dass ihr euch auf die Erfahrung der Trennung fokussieren würdet. Und genau zur rechten Zeit wusstet ihr, dass ihr dies begreifen und zu der Erkenntnis all dessen gelangen würdet, was ihr seid, um so gleichsam die größere Perspektive von euch selbst einzunehmen. Und alles ist vollkommen.

Jene höheren Bewusstseinsebenen sind nicht besser als die unteren. Keine ist besser als eine andere, denn sie befinden sich in einer höheren Sphäre des Bewusstseins. Zugleich aber wird euer Leben auf höheren Bewusstseinsebenen um vieles einfacher, amüsanter, glücklicher sein, außerdem reichhaltiger, mehr von Frieden, Freude, Liebe, Harmonie, Wohlbehagen und Freiheit erfüllt.

Wir verstehen, dass ihr schon sehr lange in dieser menschlichen Erfahrung seid, weshalb ihr wirklich so zu sein glaubt, wie die körperlichen Sinne euer Dasein und die Wirklichkeit ringsum auffassen. Dennoch betrachten wir euch stets als diejenigen, die ihr in Wahrheit seid – als eure eigenen Meister.

Euren Ausführungen zufolge seid ihr erschienen, da ihr es versprochen habt. Geschah dies, weil wir empfänglich

waren und darum gebeten haben? Habt ihr eingewilligt, uns zu diesem Zeitpunkt und an diesem Ort zu begegnen, um uns Wahrheiten zu übermitteln, die uns unbekannt waren?

Es war nicht einmal eine Einwilligung, es kann einfach gar nicht anders sein. Sobald man diese Bewusstseinsebene erreicht, auf der wir jetzt sind, erweitert man seine Perspektive, hebt sein Bewusstseinsniveau, was einem völlig neue Welten eröffnet. Wir waren die ganze Zeit schon da, selbst als ihr Angst hattet, getrauert, euch abgemüht oder gelitten habt. Aber wenn man eine so verdichtete Schwingungsrate hat wie ihr – und das sagen wir ohne jede Wertung oder Geringschätzung –, dann spürt man eine Schwere und Verlangsamung der Schwingung. In solchen Zuständen ist man von der Wahrheit ebenso weit entfernt wie von dem Ort, an dem wir uns aufhalten. Um auf unseren vorherigen Vergleich zurückzugreifen: Ihr habt euch am unteren Ende der Treppe aufgehalten, wir hingegen befinden uns am oberen. Als ihr in solchen Zuständen wart, trennten uns zahlreiche Treppenstufen voneinander. Ihr konntet uns nicht hören, ja nicht einmal spüren noch die schwingende Wahrheit fühlen, wer ihr wirklich seid. Aber wir waren stets da, immer bei euch.

Das ist noch immer der Grund, warum sich so viele Menschen allein und isoliert fühlen und oft unter den undurchdringlichsten Gefühlen leiden, der Scham und der Trauer.

Die Scham ist die schwerste menschliche Empfindung – etwa wenn man sich Geschichten über etwas Schreckliches erzählt, das in der Kindheit geschah, über einen begangenen Fehler, ein Leid, das man jemandem zugefügt hat oder das einem angetan wurde. Wer an solchen Ängsten festhält, ist am weitesten von der Wahrheit entfernt.

Viele von euch verbringen einen Großteil ihrer Zeit im Kummer, einfach weil ihr in der menschlichen Erfahrung befangen seid. Ihr wurdet durch andere und ihre Überzeugungen beeinflusst, nicht zuletzt in Bezug auf Religion oder Gesellschaft. Vielleicht haltet ihr euch für sündhaft und glaubt, ihr wärt hier, um eine schreckliche karmische Schuld abzutragen, um bestraft zu werden, um die in der eigenen Familie oder gar in der ganzen Menschheit begangenen Fehler wiedergutzumachen.

Aufgrund dieser Einflüsse vertretet ihr die Auffassung, ihr wärt auf Erden, um euch selbst und eine aus den Fugen geratene Welt ins Lot zu bringen. Ihr denkt, eure hiesige Aufgabe bestünde darin, diese Lasten auf den Schultern zu tragen. Ihr meint, nicht zu genügen – nicht gut genug zu sein. Euch ist gar nicht bewusst, wie sehr ihr trauert. Unterdessen verstricken euch derartige Gefühle und Entscheidungen immer tiefer in die Erfahrung des Getrenntseins.

Sobald ihr euch an die Wahrheit und all eure Absichten erinnert, daran, wer ihr eigentlich seid, warum ihr hier seid, sobald ihr euch vergegenwärtigt, wie wunderbar ihr seid und wie herrlich euer Leben sein soll, in dem Moment, da ihr euch darauf besinnt, dass ihr die Gestalter im Rahmen eurer eigenen Gestaltung der Wirklichkeit seid, dass es eine größere Perspektive und eine höhere, euch stets zugängliche Bewusstseinsebene gibt, streift ihr eure Fesseln ab. Im Moment des Erinnerns gelangt ihr zur erlösenden Einsicht, und die Vergangenheit ist geheilt. Ihr fühlt euch wieder ganz und vollkommen, wiewohl ihr es immer schon wart.

Die Vorstellung, getrennt zu sein, wertlos oder leidend, ist eine Illusion. Scham und Angst sind ebenfalls Illusionen. Sie alle stammen aus den Gedanken, die ihr hegt, aus den Geschichten, die ihr euch erzählt. An eurer Gemütsverfassung könnt ihr ablesen, wie nah euer Denken an der Wahrheit ausgerichtet ist, die ihr verkörpert.

Eure Gedanken beeinflussen eure Gefühle, die ihrerseits eure Gemütsverfassung beeinflussen. Diese wiederum beeinflusst die Schwingungsfrequenz und die Bewusstseinsebene, die zu erfahren ihr imstande seid, was dann über die Wirklichkeit bestimmt, die ihr gerade erschafft. Es ist tatsächlich so einfach: Alles kommt aus den Gedanken, die euch durch den Kopf gehen.

Du, unser lieber Freund, weißt sehr genau, dass *Gedanken zu Dingen werden*. Das ist die Grundlage deiner Lehren. Außerdem ist dir wohl bewusst, dass du deine Gedanken ebenso ändern kannst wie deine Geschichten. Aber tue dies eher von einem Ort des Seins als des Denkens aus. Die Macht deiner Wahrnehmung und deines Bewusstseins ermöglichen es dir. Sobald du den Schwerpunkt vom Kopf zum Herzen verlagerst, beginnst du zu spüren, dass du mehr bist als deine Gedanken, mehr als deine Geschichten. Du wirst dir des Gottesbewusstseins gewahr, mit dem du in Wirklichkeit eins bist. Auf dieser Bewusstseinsebene erkennst du allmählich die größere Wahrheit des Menschen, der du bist, und das, was sich hier auf Erden abspielt. Allein dies wird dich über Scham und Kummer hinausheben. Während du dann mehr Zeit auf dieser Bewusstseinsebene verbringst, wirst du die Freiheit fühlen, die Fülle, die Liebe, die Freude und die Harmonie, die du bist und die für dich immer schon vorhanden waren.

Nur können wir mit euch nicht ins Leiden gehen; es ist zu weit entfernt von unserer Schwingung. Dennoch lieben wir euch zutiefst. Wir können das Leiden erklären – und warum es sich auf eurem Planeten zuträgt. Außerdem fühlt ihr euch wie gesagt auf jenen niedrigeren Bewusstseinsebenen, in jenen schwereren, dichteren Gemütsverfassungen so schrecklich wegen der Gedanken, die ihr infolge der Unwahrheiten habt, die ihr euch über andere und darüber vorsagt, was in eurem Leben oder in der Welt geschieht. Daher fühlt ihr euch in diesen Zuständen so verzweifelt und allein. Das Leiden ist ebenso eine Illusion wie das Gefühl, wertlos oder getrennt zu sein, ebenso wie Kummer, Scham und Angst. Einige behaupten, das Leben sei gleichbedeutend mit Leiden – oder denken sogar, sie seien hier, um zu leiden. Wir hingegen teilen euch mit, dass nichts der Wahrheit ferner sein könnte.

Zugleich aber fällen wir niemals Urteile von unserer Seite. Offensichtlich bestehen diese und andere Illusionen in niedrigeren Dimensionen. Darüber hinaus ist uns bewusst, dass ihr – entweder jetzt oder in dem Moment, da ihr den Übergang vollzieht – in die Wahrheit, wer ihr seid, zurückkehren und all dies aus einer größeren Perspektive betrachten werdet, völlig im Einklang mit eurer Wahrheit und dem Wissen in euch.

Ihr bemüht euch wirklich, an eure Wertlosigkeit zu glauben, und bleibt in niedrigeren Schwingungen gefangen, weil ihr davon überzeugt seid. Es bedarf jedoch eines hohen Energieaufwands, diese niedrigeren Schwingungszustände aufrechtzuerhalten, denn sie geben nicht die Wahrheit von euch wieder. Stellt es euch so vor, als würdet ihr einen Fußball unter Wasser zu halten versuchen, der nur nach oben steigen will. Lasst es zu. Lasst eure wahre Natur zur Oberfläche steigen. Ihr braucht nur die Augen zu schließen und drei tiefe Atemzüge zu machen; das wird euch in den Moment zurückbringen. Richtet eure Aufmerksamkeit dann auf die Herzgegend und erspürt das Bewusstsein von eurer inneren Wahrheit; seht, ob ihr die Ausdehnung, die Weiträumigkeit eurer selbst fühlen könnt. Im Nu seid ihr fähig, in einen höheren Bewusstseinszustand zu gelangen.

ENGEL UND HELFER

Inwieweit würdet ihr euch mit Engeln vergleichen? An früherer Stelle habt ihr sie zusammen mit Leitfiguren genannt. Seid ihr für uns Engel, oder gehören sie einer anderen Sphäre von Helfern an? Und wie verhält es sich mit den Erzengeln?

Immerzu existieren rings um euch vielerlei Sphären des Bewusstseins. Es gibt die Sphären der natürlichen Elemente, der Feenwesen, der Engel, der Erzengel, der aufgestiegenen Meister und etliche weitere. Jede dieser Sphären zeichnet sich durch eine unverwechselbare Schwingungssignatur aus. Sie alle sind – ebenso wie ihr – Erweiterungen der Quelle und auf verschiedene Bewusstseinsebenen sowie andere, einzigartige Erfahrungen auf dem jeweiligen Niveau fokussiert. Einige von euch mögen eine tiefe Verbindung zu bestimmten Sphären empfinden, etwa zu jener der Engel. Das ist für solche Menschen genau die richtige Wahl. Wir hingegen identifizieren uns am stärksten mit der Bewusstseinssphäre der aufgestiegenen Meister.

Ich habe verstanden, dass Engel ausschließlich für uns existieren, als wären ihr Dasein, ihre Achtsamkeit, ihr Sendungsbewusstsein ein Rettungsanker für diejenigen in Zeit und Raum. Ist dem so?

In der Tat. Aber noch einmal: Sie haben diese höchste Wahl als ihre höchste Form des Ausdrucks getroffen, denn darin liegt das Abenteuer, das sie am meisten ersehnt hatten.

Wohingegen ihr mit uns eins seid, doch auf höheren Bewusstseinsebenen, in anderen Abenteuern, gleichzeitig aber euch zurückwendet, um uns in unserer Entwicklung beizustehen. Ist das richtig? Noch immer versuche ich zu begreifen, wer ihr eigentlich seid.

In eurer jetzigen Ausdrucksform liegt unser besonderes Augenmerk darauf, euch so zu führen, dass ihr als die aufgestiegenen Meister, die ihr seid, euer höchstes Potenzial innerhalb der menschlichen Erfahrung ausschöpfen könnt. Damit stehen viele unserer Bemühungen und mitgeteilten Weisheiten in Zusammenhang. Hier sind wir darauf bedacht, die Dinge durch diesen wechselseitigen Austausch gemeinsam mit euch zu gestalten. Auch das trägt zu Saras Freude und Begeisterung bei. Wegen ihres tiefen Interesses, die Mitmenschen anzuleiten, und ihrer Ausrichtung auf unsere Bewusstseinsebene bringen wir zusammen diese cokreierte Schwingungserfahrung hervor, die ihr als »Channeling« oder »Weisheit des Rates« bezeichnet.

Wenn sich jemand zum Beispiel in der Kindheit gefürchtet und dann die Gegenwart eines Engels gesehen oder gespürt hat, der ihn tröstete, wird er wahrscheinlich für die Sphäre der Engel offen bleiben und großes Interesse daran finden.

Zwischen dem Oben und dem Unten herrschen Vertrautheit, Resonanz, Übereinstimmung. Das heißt, ein solcher Mensch wird sich vielleicht zu Büchern über Engel hingezogen fühlen oder versuchen, mit ihnen in Verbindung zu treten. Möglicherweise wird er auch zu einem Channel, durch den Engel ihre Botschaften übermitteln. Ein höherdimensionaler Aspekt seiner selbst mag sogar in einer schwingenden Realität des Dienens aufgehen, als wäre er für andere auf Erden ein Engel. Manche wiederum besinnen sich auf Erzengel, andere ziehen Gemeinschaften verschiedener Wesen vor, etwa die Plejaden oder die Arkturianer. Im ganzen Universum sind euch alle Arten von einzigartigen Ausdrucksweisen des Bewusstseins in verschiedenen Wirklichkeiten verfügbar.

Alles ist ein Aspekt, eine Erweiterung von euch. Ihr seid ja multidimensionale Wesen und könnt euch auf jede Realität fokussieren, die ihr wählt. Wenn jemand zu uns sagt: »Ich habe den Namen ›Plejaden‹ gehört und mich wirklich davon angezogen gefühlt«, bedeutet dies, dass eine Vertrautheit besteht, ein Interesse – oder dass die Person bestimmte Erfahrungen gemacht hat, aufgrund deren sie sich an jene Verbindung erinnert. Dann beginnt sie, ihre Gedanken zu bündeln, um sich der Schwingung anzupassen, die vom Bewusstsein der Plejaden ausgeht, und überträgt beide in eine Erfahrung von physischer Form.

Wir wissen, dass es für euer Menschsein unglaublich schwierig ist, Folgendes zu verstehen: Plejaden, Arkturianer, aufgestiegene Meister und Erzengel sind ebenso wie wir allesamt Erweiterungen von euch. Während ihr Zeit und Raum übersteigt – also Begrenztheit, Trennung sowie die Erfahrung, auf Erden in physischer Form zu sein –, werdet ihr begreifen, dass es keine Trennung gibt. Die Kommunikation vollzieht sich in vollkommener Transparenz; alles ist bekannt. Zwar lassen sich, wenn ihr sie so nennen wollt, voneinander abweichende Schwingungsfrequenzen, -abdrücke und -signaturen von unterschiedlicher Einzigartigkeit erkennen, aber das heißt nicht, dass ihr von irgendetwas getrennt seid.

SO LEBEN, WIE ES DER EIGENEN BESTIMMUNG ENTSPRICHT

Ihr habt gesagt, dieses Buch von uns – das eure, meine und Saras – sei eine gemeinsame Schöpfung …

Wurden euch diese Botschaften aufgrund eurer Anrufungen und Fragen zuteil? Unbedingt. Hat Saras Konzentration darauf, Antworten auf ihre Fragen zu suchen und gleichsam magnetisch anzuziehen, diese Erfahrung des Channelings durch sie bewirkt? Zweifellos. Wer immer die Botschaften zu irgendeinem Zeitpunkt empfängt, channelt deren Weisheit auch für sich selbst.

Allein schon dank deiner Fragen hat sich dein Bewusstsein erweitert, und sofort erfolgte die Antwort. Das Beste daran ist aus unserer Perspektive, dass du die Fragen scheinbar erdacht hast, aber fast jede von dir gestellte Frage war eine Eingebung, die aus deinem höheren Selbst kam – zugunsten der Ausdehnung deines Bewusstseins hier auf Erden und darüber hinaus.

Vergesst nicht: Ihr seid die Gestalter innerhalb der Gestaltung eurer Wirklichkeit. Ihr seid ein Kraftfeld des Bewusstseins, das sich aus Partikeln der Unendlichen Schöpfung zusammensetzt. Ihr könnt dieses Kraftfeld des Bewusstseins begrenzen durch die Auffassung, dass ihr nichts als dieser Körper seid, oder aber es erweitern im Wissen, dass ihr das

Universum, dass ihr Gott, dass ihr Schöpfer seid, und euch dann immer deutlicher in all dem wahrnehmen, was ihr seid.

Es gibt einen größeren Traum, eine größere Vision, einen größeren Zweck hinsichtlich eures Daseins auf dem Planeten zum jetzigen Zeitpunkt. Einige von euch haben diesen höheren Aufruf bereits im Innern vernommen. Ihr würdet diese Erfahrung nicht machen, wenn ein Teil von euch nicht wüsste, dass ihr hier eine Bestimmung habt. Vielleicht ist euch noch nicht ganz klar, worin sie besteht, doch ein tieferer Aspekt in euch kennt sie gewiss.

Auf euch kommt es an; dass ihr hier seid, ist wichtig. In den folgenden Kapiteln werden wir eure Fragen über den Traum, die Reise, die Ewigkeit und Gott beantworten, wodurch ihr dann ein weitaus umfassenderes Bewusstsein davon erlangt, wer ihr seid und warum ihr auf der Erde weilt. So werdet ihr aus einer viel größeren Perspektive verstehen, was ihr eigentlich im Sinn hattet mit der Entscheidung, euch in diese sehr menschliche Erfahrung zu begeben.

Vergesst nicht, dass ihr durch eure Sinne wahrnehmt – durch das, was ihr seht, hört, schmeckt, berührt, riecht und gedanklich verarbeitet. In dem Maße, wie ihr sowohl euer Empfindungsvermögen als auch euer Bewusstsein erweitert, werdet ihr allmählich jenseits der Sinne wahrnehmen. Ihr werdet begreifen, welch größerer Gefühlszustand mit dem neuen Daseinszustand verbunden ist und wie anders sich das Schaffen von jenem Niveau der Angleichung an die Quelle gestaltet.

Ihr seid hier einer Bestimmung wegen. Ihr *seid* eure Bestimmung. Zu dieser Zeit auf dem Planeten zu sein, zur

Wahrheit zu erwachen und zur Einsicht zu kommen, das ist eure Bestimmung. Eure einzigartige Reise – der Weg, den ihr eingeschlagen und euch gebahnt habt – ist wichtig, sie spielt eine Rolle und vergegenwärtigt ebenso euren Zweck.

Ihr könnt das nicht falsch verstehen. Ihr tragt dazu bei, das Bewusstsein auf dem Planeten zu heben, die Schwingungsfrequenz zu erhöhen. Ihr sät jetzt die Samen für das menschliche Bewusstsein mit seinen grenzenlosen Potenzialen und Optionen, indem ihr voll und ganz lebt, liebt und all das tatsächlich seid, was ihr seid. Die Wirklichkeit so zu gestalten, wie sie euch vorschwebt, ist das Bedeutendste, was ihr tun könnt. Denn sobald ihr euch der Freude, der Liebe und des Friedens, der Harmonie, der Freiheit, des Wohlbefindens und der Fülle gewahr werdet, die ihr seid und die hier für euch verfügbar sind, schafft ihr das menschliche Bewusstsein mit diesem ganzen Potenzial für alle, die gleichfalls bereit sind, sich dessen zu erinnern.

Um es zu wiederholen: Ihr seid nicht hierhergekommen, um eine gebrochene Welt wiederherzustellen oder alle anderen über die Ziellinie zum Gelobten Land zu ziehen. Wer immer diese Worte liest: *Ihr seid Wegbereiter.* Ihr seid hier, um der Menschheit den Weg zu höheren Bewusstseinsebenen zu weisen.

Da ihr an der Erfahrung des freien Willens teilhabt, besitzt ihr die Freiheit, jene Gedanken zu wählen, die ihr hegt, jene Geschichten, die ihr erzählt, und schließlich das Bewusstseinsniveau, auf das ihr euch fokussiert. Von Moment zu Moment steht es euch frei, jede Erfahrung zu wählen, die ihr gerne machen möchtet. Und indem ihr das tut, werdet ihr auf unvorstellbare Weise zu Diensten sein.

Dieses großartige Abenteuer beginnt gerade erst. Gestattet euch zu erkennen, wer ihr in Wahrheit seid. Gebt euch die Möglichkeit, das wunderbare Leben zu leben, das ihr mit der Entscheidung für diese menschliche Erfahrung erstrebt habt. Lasst zu, dass es ein atemberaubendes Abenteuer wird!

TEIL 2

Der Traum

In diesem Abschnitt erforscht der Rat den eigentlichen Sinn des Lebens, wie wir es kennen.

—✵—

Seid gegrüßt, Mitglieder des Rats, es ist ein ganz besonderes Privileg, mit euch und Sara zusammen zu sein und über den Traum zu sprechen – den Traum des Lebens. Die erste Frage, die ich euch dazu stellen möchte, lautet: Worin bestand der Traum Gottes oder jener Energie der Quelle im Hinblick auf das Leben in Zeit und Raum? Was war der Ausgangspunkt, der Anstoß, der Wunsch, die Hoffnung für diesen großen Sprung in die Illusionen von Zeit, Raum und Materie?

—

Nun, es gibt hier einen groß angelegten Plan, einen Masterplan. Wenn wir ihn für euch kurz zusammenfassen könnten, würden wir sagen: Er dient der Erweiterung. Obschon die Quelle stets ganz und vollständig ist, dehnt sie sich doch immer weiter aus zu noch größerer Vielfalt. Euer Anteil am Plan liegt in der Erfahrung von Form oder Dichte.

Während ihr im Rahmen des menschlichen Erlebens euren Wirkungskreis allmählich auf neue Stufen des Bewusstseins und der Gestaltung ausdehnt, werden euch und eurer menschlichen Familie bisher ungeahnte Potenziale und Optionen zugänglich.

Schließlich werdet ihr zur Quelle zurückkehren, zugleich aber eure Unversehrtheit auf ewig bewahren. Ihr werdet weder entschwinden noch euch »auflösen«! Vielmehr werdet ihr euch wieder dem Göttlichen annähern mit dem Wissen, dass all die von euch gesammelten Daten und Informationen, all die Seinsweisen, die ihr erforscht und zum Ausdruck gebracht habt, sowie all eure Erfahrungen zu eurer Erweiterung ebenso beitrugen wie zur Ausdehnung des gesamten Universums und der Quelle selbst.

Sind meine Träume für mich selbst die gleichen, die Gott oder die Quelle für mich träumen?

Gott oder die Energie der Quelle hegen für dich den gleichen Traum, der auch deiner Seele innewohnt – nämlich dass du dich als denjenigen erkennst, den du als Gott bezeichnest, und zu der Einsicht gelangst, sogar in der dreidimensionalen, durch Trennung charakterisierten Erfahrung nicht von Gott getrennt zu sein. Zugleich ist diese dritte Dimension bekanntlich jedoch die des freien Willens, und das heißt, dass du ungeachtet deiner physischen Form wählen kannst, was du gerne erfahren möchtest. Entweder bist du auf niedrigeren Stufen der Selbsterkenntnis gestalterisch aktiv und erlebst dabei das Phänomen der Trennung, womit tiefes Leiden verbunden sein mag, oder aber von höheren Bewusstseinsebenen aus, wo allein Liebe, Freude und Frieden, Freiheit, Fülle und Wohlbefinden vorherrschen.

Daher würden wir sagen, dass der größte Traum für dich und deine wunderbarste Gelegenheit hier auf Erden darin bestehen, die Energie der Quelle oder das Gottesbewusstsein vollständig zu verkörpern. So wirst du mehr Vergnügen, mehr Zauber und mehr Wunder erfahren. Es ist jener Bewusstseinszustand, in dem dir unversehens herrliche Offenbarungen zuteilwerden und Menschen, Ideen, Inspirationen auftauchen, die dein Leben auf ein höheres Niveau heben können. Von dort aus erweitert sich deine Erfahrung kontinuierlich und wird immer angenehmer. Auf diese Selbsterkenntnis kommt es an, denn sie bringt dich in Berührung mit all den Aspekten, die dich kennzeichnen, einschließlich höherer Intelligenzgrade, die in höheren Bewusstseinsdimensionen verfügbar sind.

Sich selbst erkennen heißt, ein umfassendes Verständnis davon zu erlangen, wer oder was man ist – nämlich Gott, das Licht, die reine Energie der Quelle.

In dem Maße, wie dein Wissen sich vertieft, lernst du die Kraft in dir kennen, siehst du dich als makelloses Potenzial oder Vermögen für all das, was du dir vorstellen kannst. Dann wirst du begreifen, dass du unterhalb deiner oberflächlichen Wünsche eigentlich danach strebst, dir der Energie der Quelle, des Gottesbewusstseins, mit denen du eins bist, deutlicher gewahr zu werden. Und während du diese Einsicht vorbehaltlos zulässt, entdeckst du die dir seit jeher eigene Kraft, der Schöpfer in deinem Himmel auf Erden zu sein.

Du bist von Gott gekommen, von der Quelle. Aber jetzt bist du hier auf einem großen Abenteuer unterwegs. Es bereitet Vergnügen, dir selbst als einem Aspekt des Göttlichen Ausdruck zu verleihen und deine Wirklichkeit so zu gestalten, wie du sie dir erhoffst. Außerdem erweist sich deine Erfahrung auf Erden als umso lohnender, je eindringlicher du dir den Gott vergegenwärtigst, der du bist. Diese menschliche Erfahrung ist im ganzen Universum einzigartig: Hier gehörst du einer Dimension an, in der du wählen kannst, was als Nächstes geschieht.

Ohne tiefes Verständnis hingegen gestaltest du unwillentlich. Gedankenlos entscheidest du dich für das, was dir eigentlich fernliegt. Solche Realitäten nennst du »Albtraum«, »Schrecken«, »Fehler«, »Mühsal« und »Leiden«. Aber der Traum vom Himmel auf Erden ist immer in dir. Du magst dir den Himmel als ein Märchen oder ein Gelobtes Land vorstellen – der Erfahrung jenseits von Zeit und Raum vorbehalten –, doch wir versichern dir, dass der Traum vom Himmel auf Erden jedem Menschen zugänglich ist, der ihn hier wählt, da der Himmel eine Wirklichkeit in höheren Dimensionen ist. Allerdings hast du vergessen, dass die Wahl bei dir liegt. Wir treten in Erscheinung, um dich an diesen Traum in deinem Herzen zu erinnern, den du nie vergessen wolltest.

DAS GEHEIMNIS DER ZEIT

Ich verstehe wohl, dass es aufgrund des freien Willens kein Schicksal gibt. Aber wie kommen wir damit zurecht, dass alles gleichzeitig im »Jetzt« geschieht? Und was ist mit den Dingen, die wir nicht wahrnehmen?

Wenn ihr mit der Quelle oder dem Göttlichen eins seid, ist alles jetzt und hier und bekannt; es mangelt an nichts. Ihr habt euch auf die menschliche Erfahrung fokussiert, um Teil all dessen zu sein, was auf Erden existiert, und damit erlebt ihr die Zeit als linearen Ablauf.

Irgendwann jedoch wurde euch bewusst, dass ihr erwachen und euch erinnern würdet: Die Zeit ist lediglich eine kollektive menschliche Schöpfung, eine vereinbarte Erscheinungsform. Aufgrund solcher Einsicht werdet ihr begreifen, dass die Zeit *nicht* linear ist, sondern ihrem Wesen nach eher zirkulär oder sphärisch. Indem ihr diese Wahrheit mit der Erkenntnis verknüpft, dass alles unendlich ist, könnt ihr euch allmählich auf andere Zeitebenen einstimmen, deren Potenziale und Optionen in jedem Augenblick zugänglich sind.

Da ihr im Rahmen des körpergebundenen Daseins über einen freien Willen verfügt, seid ihr imstande zu wählen, welche Zeitebene ihr erfahren und erforschen möchtet. Auf diese Weise nutzt ihr die Zeit als Mittel, das euch gute Dienste leistet.

Somit trefft ihr dann die Wahl unter sämtlichen Potenzialen und Möglichkeiten, die in eurem Bewusstsein bestehen. Sie alle sind Ausdruck von euch und werden zu eurer Erweiterung beitragen. Der menschlichen Erfahrung eignen viele verschiedene Zeitebenen, und doch geschieht alles jetzt. Auch wenn ihr euch für eine bestimmte Zeitebene oder Richtung entschieden habt, gibt es niemals einen falschen oder richtigen Weg. Jeder Weg wird zu euch selbst zurückführen. Stets seid ihr auf Wanderschaft, um euren Weg nach Hause zu finden.

Ihr habt gesagt, wir können lernen, wie die Zeit zu nutzen sei. Das legt den Gedanken nahe, dass durch den freien Willen künftige Ereignisse mit einer gewissen Wahrscheinlichkeit eintreten werden. Meint ihr mit dem Ausdruck »die Zeit nutzen«, dass wir dank unserer Vorstellung das Wahrscheinliche wählen können?

Oftmals nehmt ihr an, die Dinge seien »da oben« oder »da draußen«. Ihr betrachtet die Sterne und meint, das Universum befände sich weit außerhalb, wo doch alles eigentlich in euch ist. Obwohl es eurem Menschsein schwerfallen mag zu glauben, seid ihr tatsächlich das Zentrum eurer Welt: Alle euch zugänglichen Bewusstseinsdimensionen sind ebenso in eurem Innern aufgehoben wie sämtliche Zeitebenen. Sie sind weder »da oben« noch »da draußen«. Aber ihr denkt so infolge eurer Auffassung, ausschließlich physischer Körper zu sein. Wenn ihr darüber nachsinnt, stellt ihr euch vor, was in ihm ist – die Knochen und Muskeln, ein Herz, zwei Lungenflügel, ein Gehirn –, und sagt: »Daraus besteht er.«

Wir hingegen beziehen uns auch hinsichtlich eurer Erwägungen über Wahrscheinlichkeit auf das, was ebenfalls in euch, aber formlos ist: euer Kraftfeld des Bewusstseins. Würdet ihr euch in dieses Feld einfühlen, wäre euch seine Multidimensionalität vollkommen gegenwärtig.

Ihr gelangt als reine Energie der Quelle in diese menschliche Erfahrung. Mit der Zeit werdet ihr Teil der menschlichen Gemeinschaft und bekommt zu hören, was für euch möglich ist. Ihr werdet beeinflusst durch die Erfahrungen und Wahrnehmungen der anderen. Wenn sie sich durch Zeit, Raum und Geografie eingeschränkt fühlen, vertretet ihr wahrscheinlich die gleiche Ansicht.

Aufgrund solcher Überzeugungen entwerft ihr eure eigene Wirklichkeit und seid daher in wesentlichem Maße von der Zeit abhängig. Stattdessen könntet ihr euch gezielt in eine Bewusstseinsdimension bewegen, in der die Zeit für euch arbeitet. Dort werden euch alle Arten von Potenzialen und Optionen zugänglich. Beispielsweise herrscht plötzlich weniger Verkehr, so entdeckt ihr eine neue Straße, die befahren werden kann; unterdessen ruft euer Kunde an und teilt euch mit, er komme später – und die Zeit dehnt sich aus.

Ich verstehe. Aber was muss ich tun, um von der Zeit *nicht* abhängig zu sein?

Richte deine Wahrnehmung über jene Begrenzungen der Zeit hinaus, die du verinnerlicht hast. Auf diese Weise gewährst du der Zeit allmählich, dir zu dienen. In der menschlichen Erfahrung gibt es eine wunderbare Metapher, die sich auf die Illusion der Zeit bezieht: Zuerst glaubte man, die Meile könne in acht Minuten gelaufen werden. Später versuchten Läufer jahrzehntelang vergeblich, unter vier Minuten zu bleiben, weshalb ein solches Ziel unmöglich schien. Dann wurde es doch erreicht, im kollektiven Bewusstsein hatte sich etwas verändert. Inzwischen haben mehr als tausend Personen diese Grenze durchbrochen. Warum also sollte jemand die Meile nicht in einer Minute zurücklegen?

Momentan kann man sich dergleichen nicht vorstellen. Ebenso konnten sich nur wenige Menschen auf dem Planeten vorstellen, eine Meile in acht, geschweige denn in vier Minuten zu schaffen. Manche von denen, die sich heute eine Zeitspanne von acht Minuten zutrauen, schließen daraus vielleicht, die Strecke irgendwann auch in vier Minuten zu bewältigen. Aber fast alle sähen sich außerstande, die Vorgabe in einer Minute zu erfüllen. Würdest du dich jedoch auf eine Bewusstseinsdimension fokussieren, in der du nicht an die Erfahrungen von Zeit, Raum und Geografie gebunden bist, könntest du durchaus die Meile in einer Minute laufen.

Das kollektive menschliche Bewusstsein hat einen enormen Einfluss darauf, was du für möglich hältst. Wenn du etwa zu einem Ziel unterwegs bist und angeblich fünf Stunden brauchst, um dort anzukommen, könntest du dich in eine Bewusstseinsdimension projizieren, in der dafür weniger Zeit notwendig ist. Sitzen mit dir aber mehrere Leute im Auto, die Zeit in ihrer Begrenztheit auffassen, wird es dir sehr schwerfallen, dich selbst innerhalb einer anderen Bewusstseinsdimension wahrzunehmen.

Es geht darum, zugunsten größerer Potenziale und Optionen in ein Bewusstsein und eine Perspektive jenseits von Mangel und Beschränkung überzuwechseln. Geh dabei aber nicht von einem niedrigeren Bewusstseinsniveau aus, nicht aus einem Zustand der Bedürftigkeit. Mit anderen Worten: Versuche nicht, etwas zu bewerkstelligen, um so eine unerwünschte Erfahrung zu vermeiden. Wenn du dich zum Beispiel wegen deiner Verspätung ärgerst, willst du wohl herausfinden, wie das Ziel doch noch pünktlich zu erreichen wäre. Da du angespannt und wegen der Konsequenzen des Verzugs besorgt bist, wendest du vielleicht alle Kräfte auf, um den Stillstand der Zeit und eine Veränderung der Umstände zu erzwingen, damit du eben rechtzeitig vor Ort bist.

Befreie dich von deinen Vorstellungen, was geschehen und was unternommen werden sollte, um ein bestimmtes Ergebnis um jeden Preis herbeizuführen. Sei dir bewusst, dass du genau an der Stelle bist, an der du sein sollst, in vollkommenem Fluss, in vollkommener Harmonie. Begib dich in eine Bewusstseinsdimension, in der du deine Person jenseits der Begrenztheit von Zeit und Raum wahrnimmst. Das ist ein Zustand uneingeschränkter Beschaulichkeit und Unbeschwertheit, in dem du dir ohne Zweifel sicher bist, dein Ziel zur rechten Zeit zu erreichen.

Würdest du dich ganz und gar auf die in jener höheren Bewusstseinsdimension zugängliche Gemütsverfassung fokussieren, die durch Freude, Frieden und Wohlbefinden gekennzeichnet ist, wärst du wahrscheinlich schneller an deinem Bestimmungsort, weil du dich ohne die von der Geschwindigkeit gesetzten Grenzen fortbewegtest. Und selbst wenn du spät kämest, hättest du den Eindruck, genau zum richtigen Zeitpunkt einzutreffen, was wiederum die diesbezügliche Sichtweise der anderen positiv beeinflussen könnte. Doch um noch einmal daran zu erinnern: Nicht deswegen handelst du so, sondern weil in jenen höheren Dimensionen ein viel größeres Maß an Freiheit, Freude, Leichtigkeit und Frieden vorherrscht; und daran orientiert sich dein Traum für dieses grandiose Abenteuer.

Das ist ein Beispiel dafür, wie du der Zeit ermöglichst, dir zu dienen, aber auch dafür, wie du die Macht deines Bewusstseins nutzen kannst, um mehr von dem zu verwirklichen, was du dir wünschst und in diesem Leben vorgenommen hast. Der erste Schritt besteht darin, dir jener Bewusstseinsebene bewusst zu werden, von der aus du wahrnimmst – ob aus der begrenzten menschlichen oder aus einer umfassenderen Perspektive.

Können wir also Zeit und Umstände gemäß unserer höheren Vision beeinflussen – jenseits der Beschränkungen, die uns die Gesellschaft hinsichtlich unseres Denkens oder unseres Glaubens auferlegt?

Sieh dich auf einer Bewusstseinsebene, von der aus du die zuvor als gültig erachteten Beschränkungen übersteigst; das ist äußerst wichtig. Du versuchst weder, die Dinge in niedrigeren Bewusstseinsdimensionen zu manipulieren, noch, die Energie eigenmächtig in eine bestimmte Richtung zu lenken. Vielmehr gestattest du der Energie der Quelle oder dem dir innewohnenden Gottesbewusstsein, auf die bestmögliche Weise genutzt zu werden, indem du dich in sie einfühlst.

Wir geben dir ein perfektes Beispiel für dieses Gewährenlassen. Würdest du zustimmen, dass wir, die Mitglieder des Rats, ebenso wie die von dir so genannten Erzengel, Engel, ja sogar Außerirdischen jenseits der Grenzen von Zeit und Raum existieren? Kannst du dir vorstellen, dass wir mit einer weitaus höheren Geschwindigkeit durch das Universum reisen, als sie in der menschlichen Erfahrung erreichbar ist?

Der einzige Unterschied zwischen uns und den Menschen besteht darin, wie viel Energie der Quelle jeweils zugelassen wird. Wenn du sie vollständig zulässt, übersteigst du Zeit und Raum, Trennung und Illusion.

Du könntest deinen Körper sogar augenblicklich an andere geografische Orte versetzen, indem du mit der Energie der Quelle, der Gotteskraft oder dem Christusbewusstsein in Einklang kommst und dich selbst in diesen Erfahrungen wahrnimmst.

Dergleichen tun die Menschen deshalb nicht täglich, weil sie sich solcher Potenziale und Möglichkeiten nicht bewusst sind. Sie gestatten sich nicht, die Wahrnehmung über ihre gegenwärtig geltenden Grenzen auszudehnen.

Sobald du zu verstehen beginnst, dass du der Schöpfer deiner Wirklichkeit bist, wird dir auch begreiflich, dass du nur Realitäten schaffen kannst, die du dir vorzustellen vermagst und für machbar hältst. Je mehr du dein Bewusstsein und deine Perspektive erweiterst, desto reichhaltiger werden die Möglichkeiten, im Rahmen deiner Erfahrung ungeahnte Gestaltungen hervorzubringen.

Die Erweiterung fängt damit an, für dich selbst etwas Neues wahrzunehmen. In diese Wahrnehmung kannst du dann dein Bewusstsein einströmen lassen. Indem du bewusst wahrnimmst, was du gerne in höherem Maße erleben möchtest, rufst du die Partikel der Unendlichen Schöpfung herbei, die wiederum all das wie magnetisch zu dir hinziehen, was du brauchst, um die Erfahrung zu verwirklichen. *Bewusstsein ist das, was Energie in die Form bewegt; es birgt die Formel für jederlei Schöpfung.*

Euer Menschsein wird nicht herausfinden, wie die Zeit zu beeinflussen ist. Aber es kann lernen, sich zu öffnen und der Energie der Quelle – der Gotteskraft in euch – zu erlauben, euch in Bewusstseinsdimensionen zu befördern, von denen aus ihr jenseits der Zeit wahrnehmt und so dem

Unendlichen ermöglicht, in eure Erfahrung einzuströmen. In dem Moment geschehen Magie und Wunder.

Wenn ihr merkt, in Abhängigkeit von der Zeit zu geraten, von Eile und Hetze, abgelenkt durch Termine und Listen und sonstige Dinge, die »getan werden müssen«, dann besinnt euch. Macht euch deutlich bewusst, dass ihr eine andere Perspektive einnehmen könnt, in der alles genau so ist, wie es sein soll – in vollkommenem Fluss, in vollkommener Harmonie.

Lasst die Wahrnehmung dieser Perspektive zu und sagt euch: »Gut, ich brauche nicht herauszufinden, wie das funktionieren wird. Ich muss hier weder Mühe aufwenden noch etwas erzwingen. Ich werde mich ganz einfach zu einem Ort erheben, an dem Freude, Freiheit, Wohlgefühl, Friede, Einklang herrschen, und mir von der Energie und dem Licht den Weg weisen lassen.« Seid nicht besorgt darüber, wann ihr euer Ziel erreichen werdet. Und denkt das nicht nur, fühlt es. Lasst euch von der Unbeschwertheit dieser höheren Perspektive durchströmen. Auf diese Weise werdet ihr zu den kraftvollen Schöpfern eurer eigenen Schöpfung.

DIE MENSCHHEIT UND UNSER VERGESSENES ABENTEUER

Inwieweit ist die Wirklichkeit – das physische Universum gegenüber dem nichtphysischen – aus Zeit und Raum zusammengesetzt? Sind wir nur ein Tropfen im Ozean, oder bilden wir einen weitaus größeren Teil als das

Nichtphysische? Wie viel von Gottes Energie oder Aufmerksamkeit ist in dieser Dimension konzentriert und nicht anderswo im Raum?

Wir verstehen die Art deiner Frage, aber du stellst sie, weil dein menschlicher Geist nicht wahrzunehmen vermag, dass du Gott bist, und allein darauf kommt es an. Du denkst weiterhin, Gott sei »da draußen« und erschaffe dich, bringe dies oder jenes hervor, wo es doch zutreffender wäre zu sagen: Du bist Gott. Du bewirkst die Schöpfung. Du bist das Zentrum deines Universums.

Noch einmal, die Formel für die Schöpfung lautet: *Das Bewusstsein bewegt die Energie in die Form.* Energie hat stets eine nichtphysische Komponente. Was du für »physisch« hältst, verkörpert lediglich Energie mit niedrigerer Schwingungsfrequenz. Aber es ist dein Bewusstsein, das die Energie in die Form leitet. Inwieweit richtet sich Gottes Aufmerksamkeit auf die Schöpfung in physischer Form? Zu hundert Prozent, denn du bist reiner Gott, der in physischer Form schafft.

Wir möchten dir begreiflich machen, dass dein Menschsein – dein wunderbares Menschsein – die meiste Zeit geglaubt hat, es sei nur menschlich. Wir treten in Erscheinung, um dir eine umfassendere Wahrnehmung und ein tieferes Verständnis all dessen zu bieten, was du bist. Das ist unser primäres Anliegen. Fragen über Prozente, Mengen oder Größen, die den menschlichen Geist interessieren, sind weitaus weniger wichtig als deine Erkenntnis. Die Wahrheit über dich selbst zu erfahren, hat höchsten Vorrang. Mit deinen Fragen versuchst du jedoch, das Menschsein in eine andere Erfahrung des Universums zu ziehen, statt ihm die vollständige Erfahrung des Selbst zu ermöglichen, das dir innewohnt, um von dir erkannt zu werden.

Du bist ein multidimensionales Wesen: Ein Teil von dir ist auf diese menschliche Erfahrung fokussiert, weitere Teile richten sich auf andere Erfahrungen in anderen Dimensionen. Während du die andersdimensionalen Aspekte deiner selbst wahrnimmst und dir ihrer bewusst wirst, integrierst du sie allmählich in deine Erfahrung. Das bezeichnen wir als »Erkenntnis« oder auch als »Verwirklichung«. Sie besteht darin, jeden Teil von dir zu erinnern und miteinzubeziehen. Sie vollzieht sich weder »da oben« noch »da draußen«, sondern innerhalb jenes Kraftfelds des Bewusstseins, das du bist. In diesem Sinne sind wir alle in dir – die Engel und die Erzengel, die aufgestiegenen Meister, Christus, Gott. Sie alle sind du.

Unglaublich. Danke. Erläutert bitte näher, wie ihr unseren angeblichen Sündenfall auffasst.

Sündenfall? Aus der Gnade fallen, diesem Gefühl reiner Glückseligkeit, eins mit der Quelle, der Allwissenheit? Wieder einmal denkst du, dergleichen hätte sich »da oben« oder »da draußen« ereignet, woraufhin ihr zur Erde gefallen wäret. Das ist ein weiteres Beispiel für die Erfahrung in der linearen Zeit.

Aus unserer Warte seid ihr allein aufgrund eurer eigenen Wahl hier. Ihr unternehmt dieses großartige Abenteuer, dieses unglaubliche menschliche Experiment, um es in seiner ganzen Fülle zu erfahren. Aber ihr seid auch hier, weil das Experiment an sich fantastisch ist.

Der Menschheit mangelt es nicht an Zeit, um zur Einsicht zu gelangen, allmählich auf höheren Bewusstseinsebenen zu leben und dadurch den größten Nutzen aus dieser Erfahrung zu ziehen. Was den diesbezüglichen Zeitrahmen betrifft, könnt ihr euch nicht irren, wiewohl es Gelegenheiten gibt, bei denen die Energien günstiger für eure innere Transformation sind. Nun ist eine solche Phase eingetreten. Eure Einsicht könnte sogar im Bruchteil einer Sekunde erfolgen.

Wir werden dir dazu eine weitere Perspektive aufzeigen. In dem Augenblick, da du deinen letzten Atemzug tust und die Dichte des Körpers hinter dir lässt, tauchst du wieder in das nichtphysische Universum ein und gelangst auf höhere Bewusstseinsebenen – in einen Zustand reiner Glückseligkeit, reiner Liebe und Allwissenheit. Aus ihm heraus wirst du sagen: »Oh, ich kann gar nicht glauben, dass ich es mir so schwer gemacht habe.« Und hinzufügen: »Moment, ich will Rückschau halten. Jetzt erinnere ich mich. Ich werde mich dem Spiel hingeben. Ich werde Spaß haben. Ich bin der Schöpfer innerhalb meiner Schöpfung, und alles war für mich verfügbar: Grenzenlose Ressourcen, grenzenlose Fülle, grenzenloses Wohlbefinden, grenzenlose Liebe und grenzenlose Intelligenz waren die ganze Zeit vorhanden. Ich hatte es nur vergessen.« Daraus wirst du schließen: »Nun werde ich zurückkehren, um mir zu vergegenwärtigen, um wie vieles das Leben leichter sein soll.« Zugleich aber möchten wir dich auf Folgendes hinweisen: Du brauchst nicht zu warten, bis die Dichte des Körpers von dir weicht, um dich all dessen zu erinnern!

— ✲ —

War dieses Vergessen beabsichtigt oder Zufall?

—

Es war beabsichtigt, Teil der vorhergesehenen Erfahrung in dieser Dimension.

Am besten können wir dir die menschliche Erfahrung durch die Metapher eines Films erklären. Du schaust Filme an und empfindest dabei bestimmte Gefühle. Sodann verlässt du das Kino in der Gewissheit, etwas erlebt zu haben, aber nicht in der Wirklichkeit selbst. Filme erweitern einfach – wie die Erfahrung, in einem menschlichen Körper zu sein – deine Erfahrung innerhalb des Bewusstseins, was wir als Wahrnehmung oder Wissen von etwas bezeichnen. In deiner menschlichen Erfahrung gibt es sehr viele Dinge, die dir widerspiegeln, warum du dich auf eine gewisse Sache fokussierst und in welcher Weise sie dir den Zugang zu höheren Ebenen der Selbstverwirklichung ermöglicht.

— ✲ —

Demnach trägt das Vergessen dazu bei, dass wir von der Magie, der Liebe und der Schönheit, die uns überall umgeben, förmlich hingerissen werden. Wir wussten im

Voraus, dass wir vergessen würden; es war Teil des umfassenden Plans. Und ganz gleich, wie oft wir unachtsam oder zerstreut waren und klagten, kommen wir jetzt dank eurer Weisheit und der verfügbaren Kräfte zusammen, um uns zu erinnern. Euer Beistand spielt dabei eine wichtige Rolle. Wir können im Traum von unserem Leben erwachen und zum Regisseur, zur Regisseurin unseres Films werden, indem wir den freien Willen nutzen, um eine klügere Wahl zu treffen und mehr Vergnügen zu empfinden.

So ist es. In diesem Traum hellwach zu leben, ist eine echte Chance, genauso wie du aus einem nächtlichen Traum erwachst und erkennst, dass du geträumt hast. Die Ironie besteht hier darin, dass deine nächtlichen Träume der »wahren Wirklichkeit« näher sind als dein Wachtraum vom Leben.

Ein Teil deines Bewusstseins versteht sehr wohl die Erfahrung jenseits von Zeit, Raum und Ort. Daher hast du nachts sogar Träume, in denen ein geliebter Mensch, der den Übergang aus der physischen zur nichtphysischen Welt vollzogen hat, nun in körperlicher Gestalt bei dir verweilt. In diesem Zustand würdest du nicht sagen, dass er »fort« sei. Was also ist wirklich? Ist die Erfahrung, die du in seiner Gegenwart machst, ein Traum oder die Wirklichkeit? Eher gleicht die von dir mit dem Tagesablauf und notwendigen Tätigkeiten assoziierte »Wachzeit« dem Traum.

Wir sind hier, um dich auf eine andere Bewusstseinsebene emporzuheben und mit einer umfassenderen Perspektive auf deine Möglichkeiten vertraut zu machen. Du und deine Leserschaft, ihr habt unsere Zusammenkunft herbeigeführt, eben weil du bereits vermutet hast, dass du dich mit einem geschärfteren Bewusstsein jenseits der allgemeinen Beschränkungen in den Raum unendlichen Potenzials einfühlen kannst, was zur Erweiterung deiner Seele beitragen und die Freude an deiner menschlichen Erfahrung enorm steigern wird.

Wir lieben euch, wunderbare Menschen! Und würde jeder von euch seine Mitmenschen so lieben wie wir und erkennen, dass euch das Menschsein die Gelegenheit gibt, das hiesige Leben in seiner Fülle zu erfahren, würdet ihr euch in euer Menschsein und die menschliche Erfahrung buchstäblich verlieben. Euer menschliches Wesen in physischer Form ermuntert euch dazu, Teil dieses großartigen Experiments und Abenteuers zu sein. Feiert es! Und beginnt zu verstehen, dass ihr im Wesentlichen das Bewusstsein seid, das alles, was ihr wahrnehmt, geschaffen hat und weiterhin schafft.

Warum aber sind wir, jeder und jede Einzelne von uns, in der Form, die wir sind? Wer sagte: »Wir brauchen einen Mike Dooley, eine Sara Landon, einen John Doe«?[2] Oder war es das sich entwickelnde Bewusstsein, das jeden und jede von uns gestaltete? Wenn ja, können dann alle Seelen ihr Bewusstsein auf die Erde projizieren? Wie gelingt es uns, unsere Ursprünge als Individuen zu begreifen?

2 »John Doe« ist im angelsächsischen Sprachraum ein Platzhaltername für eine fiktive Person.

Ihr seid aus der Quelle hervorgegangen. Als Bewusstsein habt ihr euch auf die physische Form fokussiert, indem ihr euch zunächst als reines Potenzial, reine Möglichkeit wahrgenommen habt. Anschließend richtete sich eure Konzentration auf das Kraftfeld des Bewusstseins, das ihr seid. Aus verschiedenen Gründen habt ihr eine bestimmte physische Erfahrung mit all den damit verbundenen Details gewählt – etwa wo und wem ihr geboren wurdet und dergleichen mehr.

Stets entscheidet ihr selbst, wie ihr euer Bewusstsein, eure Seele, euren Geist, euer Licht und das göttliche Wesen, das ihr seid, entwickelt und erweitert durch jene Erfahrungen, auf die ihr euch fokussiert, wie auch durch eure anfänglichen Lebensumstände und die sich entfaltenden Lebenserfahrungen, die ihr ebenfalls wählt.

Die Merkmale der Entwicklung sind Ausdehnung, Ausdruck und Erfahrung. Sie bedingen die Entwicklung eurer Seele und eures Bewusstseins. Gibt es für diese Merkmale einen höheren Zweck und tieferen Grund jenseits dessen, was ihr wahrnehmt, und folgt daraus eine noch größere Entwicklung? Absolut.

Euer Menschsein fängt nicht einmal an zu begreifen, wie wichtig eure Lebenserfahrung für das Ganze ist. Ungeachtet dessen sagen einige, wenn sie ihr Leben betrachten: »Nun, ich bin gescheitert«, »Ich hab's nicht richtig gemacht« oder »Warum sollte ich je beschließen, ich selbst zu sein?« ... Doch gerade indem ihr euch jederzeit gestattet, die Energie der Quelle zu fühlen, mit der ihr eins seid, und euch als Zentrum eurer Welt erkennt, werdet ihr feststellen, dass euch all diese Entscheidungen und Erfahrungen zum jetzigen Bewusstseinszustand geführt haben. Das ist die Vervollkommnung von allem.

EINSICHT UND UNERWARTETE MANIFESTATIONEN

Wie können wir das Unerwartete verstehen, das oft in unser Leben eingreift – das Gute oder das Schlechte und Hässliche, das immer wieder zufällig erscheint und ohne Verbindung zu dem, worauf wir uns bewusst fokussiert haben? Sind solche Vorgänge möglicherweise Zeugnisse eines göttlichen Willens?

Da ist nur dein Wille, der so göttlich ist wie nur möglich. Es besteht keine wesentliche Trennung zwischen dir und der Energie der Quelle. Die von dir bezeichneten Vorgänge resultieren aus deinen eigenen tieferen Sehnsüchten oder Einsichten, manchmal auch aus deinen Missverständnissen, doch sie alle dienen dazu, deine innere Kraft zu wecken.

Das »Gute«, wie du es nennst, übertrifft das »Schlechte und Hässliche« bei Weitem, aber das Letztere wirft eher derartige Fragen auf, daher wenden wir uns zu deinem besseren Verständnis ihm zu.

Gehen wir aufgrund deiner Überlegungen davon aus, dass du die Schule besucht, dann studiert oder eine Stelle angetreten oder dich dem Militär angeschlossen hast. So oder so bist du in die Welt hinausgegangen, um zu tun, was du deiner Ansicht nach tun solltest. Dann ist eines Tages etwas geschehen, das dein Leben auf den Kopf gestellt hat – vielleicht war es eine medizinische Diagnose, ein Unfall, eine Scheidung, ein Vergehen, der Tod eines geliebten Menschen, der Zusammenbruch eines Unternehmens, der Verlust des Arbeitsplatzes oder deines Zuhauses. Jedenfalls hat es dich veranlasst, das Leben, wie du es kanntest, infrage zu stellen.

Angesichts eines solchen Ereignisses kannst du dir einen Silberstreif am Horizont nicht einmal vorstellen. Du reagierst nur und widersetzt dich. Du willst nicht verlieren, was du besitzt oder was du zu sein glaubst. Allmählich zeichnet sich jedoch eine andere Richtung ab, die dir günstiger erscheint als alles, was du bisher gekannt oder empfunden hast. Ein tieferes Wissen wird dir zuteil. Du findest wieder Halt und gehst stärker denn je aus dem Unglück hervor.

Das mag einige Zeit beanspruchen. Natürlich werden manche noch immer die Augen vor der Realität verschließen und dadurch ihre Weiterentwicklung vorläufig verhindern. Doch wenn du deinen Weg konsequent fortgesetzt hast, war dann das »neue Ich«, das sich mutig aus der misslichen Lage befreite, nicht so beschaffen, wie es dir stets vorschwebte? War es nicht eine Manifestation deiner Sehnsucht nach Erweiterung und Verbesserung? Wurden so nicht Fortschritte ermöglicht und Ziele erreicht? Kannst du verstehen, dass zwar die Umstände, die derlei bewirkten, vielleicht nicht erwünscht waren, die Ergebnisse aber sehr wohl? Betrachtest du dies auch jetzt noch als Zeugnis des göttlichen Willens – oder fängst du an zu begreifen, dass vielmehr dein eigener Wille am Werk war? Hat nicht deine angeborene Fähigkeit, ins Staunen zu geraten und nach persönlicher Entwicklung, größerem Selbstvertrauen, erhöhter Standfestigkeit, klarerem Überblick zu streben, das Chaos gemeistert und gerade auf diese Weise ihren Ausdruck gefunden? Ungeachtet dessen, ob es von dir selbst verursacht oder Folge einer kollektiven Umwälzung war, des allgemein bekundeten Wunsches nach Erwachen und Selbstbemächtigung?

Viele Leserinnen und Leser werden sich bedeutsamer Umbrüche und Erhebungen in der Zeitspanne von 2007 bis 2009 erinnern, zwischen 2011 und 2013, schließlich ab dem Jahr 2020. Wenn du über diese Phasen nachdenkst, wird dir bewusst, dass nicht nur in deinem Leben Veränderungen stattgefunden haben, sondern auch in dem vieler anderer Menschen.

Vergegenwärtige dir, dass zu jenen Zeiten euer kollektiver Wille intakt und lebendig war und eine vorläufige Erfüllung eurer größeren Sehnsüchte bewirkte. Fast so, als hätte euch die Energie wie magnetisch zu einer Art von vorweggenommener Erleuchtung hingezogen. Oft sagen wir, die Quelle kenne den schnellsten, einfachsten, mühelosesten Weg zwischen der hiesigen Welt und den Träumen in euren Herzen, aber wir beziehen uns auf das Höchste in euch. Je mehr ihr es zulasst, desto weiter öffnet ihr euch, um die wirklich großen Manifestationen zu empfangen, die eure wildesten Vorstellungen übersteigen und aufgrund bestimmter Umstände völlig unerwartet eintreten, damit sowohl gemeinsame wie auch ganz persönliche Ziele erreicht werden.

Sobald du zu verstehen beginnst, dass etwas jenseits des

Menschseins euch immerzu leitet – Energie, Licht und eine höhere Intelligenz, die eure Träume inspiriert und euch in einen umfassenderen Rahmen überführt –, wirst du allmählich den sogenannten göttlichen Willen erfassen und zulassen, dass er in deinem Leben für dich tätig wird.

Es gibt einen Plan. Und es gibt einen Grund, warum du auf Erden bist. Darüber kannst du dich nicht täuschen. Deine Erfahrung hier und jetzt kann um so vieles vergnüglicher, freudvoller und zauberhafter sein, als die meisten von euch es wahrhaben wollen. Beginne damit, Wahrnehmung und Perspektive über die Vorstellung hinaus zu erweitern, du wärest rein menschlicher Natur. Sobald du dich einfühlst in die größere Perspektive und erkennst, was für dich möglich ist, dir von deinem Licht und deiner Energie den Weg weisen lässt, im Vertrauen auf die Reise, wie unverhofft sie auch sei, wirst du allmählich als der mächtige Schöpfer leben, der du bist und der du sein wolltest, als du dich auf die physische Form fokussiert hast.

Dein Menschsein wird das nie ganz begreifen oder aus seiner begrenzten Perspektive den Dingen auf den Grund gehen können, aber du vermagst die Wahrheit dahinter zu fühlen. Die jeweilige Situation erscheint dir vielleicht unlogisch oder sinnlos, doch indem du das tiefere Wissen in dir trägst, dass alles äußerst gut ist, spürst du umso deutlicher, welche Richtung du an jedem Scheideweg einschlagen sollst. Dann bleibt dir gar keine andere Wahl mehr. Dein Leben wird einfacher und müheloser verlaufen als jemals zuvor.

Heißt dies, dass die beste Einstellung zum Leben schlichtweg in der Lektion besteht, sich dem Geschehen zu fügen – und gerade damit am Ende zu »gewinnen«? Durchaus, aber wir möchten darauf etwas näher eingehen, weil wir es für hilfreich halten.

Die meisten von euch würden sagen: »Aber wie füge ich mich dem Geschehen, wenn da Dinge sind, die ich wirklich haben will? Auf die Weise werde ich sie wohl nie bekommen.« Du meinst, dass du jeden Moment deines Lebens unter Kontrolle haben musst. Dadurch begrenzt du jedoch deine Möglichkeiten. Aufgrund dieser Einstellung kann es sein, dass du später im Leben deine »Punktekarte« betrachtest und denkst: »Ich habe versagt. Ich habe nicht alle meine Wünsche verwirklicht.« Selbst wenn es dir gelungen ist, viel mehr als erhofft in die Tat umzusetzen, ist das »Spiel« nicht vorbei (noch wird es je enden).

Wie könntest du bereits früher noch mehr erfahren? Indem du dich all dem öffnest, was du bist, und von der Energie der Quelle oder dem Gottesbewusstsein, die du bist, leiten und dir den Weg leuchten lässt. Es ist die Energie, die Welten erschafft, und dieselbe, die deine Welt erschafft.

Darauf erwiderst du vielleicht: »Nun, trotzdem will ich das unbedingt haben.« Sei versichert: Der Auftrag wird weiterhin bearbeitet! Der »göttliche Wille« weiß nämlich um deine Potenziale und Optionen, die größer, kühner, lichter, reichhaltiger sind, als du glaubst, und nicht nur enthalten, was du im Moment möchtest, sondern alles, was du je ersehnt hast. Es gibt potenzielle Manifestationen, die dein Menschsein sich nicht einmal vorstellen kann. Wohlgemerkt, wir raten dir keineswegs dazu, deine Träume zu vergessen, sondern fordern dich auf, vornehmlich der Energie und dem Licht zu folgen, damit sie auf schnellste, großartigste, harmonischste Weise in dir wirksam werden können.

Während du dir den Zugang zu diesen höheren Bewusstseinsebenen gestattest, erkennst du allmählich, dass sich das Leben einfach und mühelos gestaltet. Es wird mehr Magie und Wunder geben, herrliche Offenbarungen jenseits deiner wildesten Träume werden dir plötzlich zuteil, und du beginnst zu begreifen, dass dein bloßes Menschsein all das nicht hätte hervorbringen können. Du siehst ein, dass es Grenzen hat, und nimmst allmählich mehr von dem wahr, was dir möglich ist.

Da wir von »gewinnen« sprachen, würden wir dich gerne fragen: Wenn du zurückblickst, hast du diese Erfahrung gemocht? War sie erfreulich? Hat sie Spaß gemacht? Hast du gespielt? Warst du kreativ? Hast du jeden Augenblick in deiner Wirklichkeit so gestaltet, wie du ihn erleben wolltest? Das verstehen wir unter »gewinnen«. Immerzu erschaffst du etwas, und falls du diese Zeilen liest, erinnert sich ein Teil von dir daran. Dein Leben kann in jeglicher Hinsicht überschwänglich, beglückend und erfüllend sein. Du bist imstande, Schönheit, Lebenskraft und Wohlbefinden herbeizuführen und aus allem einen Reichtum zu gewinnen, einschließlich Ressourcen, Menschen und Erfahrungen. Du kannst auf jede Weise gedeihen, die höchsten Schwingungen und höchsten Gefühle von Freude Harmonie, Liebe, Behagen, Fülle und Freiheit empfinden. Und während du dies für dich selbst bewerkstelligst, leistest du einen positiven Beitrag, um das Bewusstsein innerhalb der menschlichen Gemeinschaft zu heben – in der Gewissheit, dass du in jedem Moment deiner Bestimmung folgst.

Möchtet ihr die Begriffe »Bestimmung« und »Erfüllung« näher erläutern?

Wenn wir gefragt werden: »Was ist meine Bestimmung?«, lautet unsere Antwort: »Was wünschst du dir am meisten?« Ist es Frieden oder Freiheit, Liebe oder Freude, Schönheit, Reichtum oder Fülle? Worum es dir auch geht, in jedem Moment ist es deine Bestimmung, dich in diesen Zustand zu bringen; und indem du das tust, wird es dir die Welt ringsum widerspiegeln.

Dein Ziel liegt darin, deine Wirklichkeit so zu gestalten, wie du sie ersehnst. Zu diesem Zweck sagen wir: Der göttliche Wille, der wie erwähnt den umfassenden Plan deiner Seele oder deines höheren Selbst darstellt, ist hier für dich verfügbar, und er entfaltet sich in einer Weise, die du fühlen, der du dich anpassen, mit der du übereinstimmen kannst.

Der nächste Schritt mag dir unlogisch erscheinen. Du musst vielleicht einiges ändern, anderes beenden, aber etwas in dir weiß, ob du im Einklang bist mit der Energie und dem Licht, die dich leiten, oder dich ihnen widersetzt, sie bezweifelst oder gar verleugnest, weil du meinst, das Verhalten jedes Menschen kontrollieren zu müssen. Dadurch entfernst du dich unbewusst von der Wirklichkeit, die du zu gestalten dachtest, spürst die Schwere und Dichte, die du nicht mit dir tragen solltest.

Wir wissen, dass niemand unter euch vorsätzlich Krankheit oder Missklang im Körper, in euren Beziehungen oder in eurem Leben hervorrufen würde. Doch dergleichen geschieht, sobald ihr die Energie der Quelle, die ihr seid, verneint. Wenn ihr eurem eigenen göttlichen Willen zuwiderhandelt, werdet ihr Mühsal erleiden. Der göttliche Wille wohnt euch inne – er ist ein Teil von euch und führt euch auf allen Wegen. Er wird euch nie im Stich lassen noch enttäuschen.

In der Mehrzahl fühlt ihr euch nur dann als Gewinner, wenn ihr eure Pflichten und Erwartungen erfüllt, die ihr selbst und jeder andere – Familienmitglieder, Freunde, Kollegen, Vorgesetzte, ja die Gesellschaft im Ganzen – euch aufgeladen haben. Aber in dem Moment, da ihr ausnahmslos die volle Verantwortung dafür übernehmt, Schöpfer inmitten eurer Schöpfung zu sein, werdet ihr frei sein und anfangen, eure Wirklichkeit als die Meister, die ihr seid, gemäß den eigenen Wünschen zu entwerfen. Außerdem werdet ihr wissen, dass alles vollkommen ist und es immer schon war, dass alles stets *für* euch geschah, dass in eurer Wirklichkeit alles von euch geschaffen wird und dass nichts missraten ist. Es gab keine Fehler, ihr habt eigentlich nichts verloren, ihr seid nicht gescheitert.

Sobald ihr die volle Verantwortung übernehmt, werdet ihr erkennen, dass euch nichts *zustößt* noch je *zugestoßen* ist. All eure Schöpfungen waren lediglich eine Widerspiegelung eurer Überzeugungen, Geschichten und Gedanken, mithin eurer früheren Bewusstseinsebene. In diesem Augenblick der Freiheit werdet ihr einsehen, dass sich nicht das Leben nach seinen Regeln durch Veränderung bewegt, sondern dass ihr euch seit jeher durch eure Gestaltung bewegt. Und indem ihr dann diesen Weg wählt, werdet ihr wahrscheinlich umso liebevoller, harmonischer, zielgerichteter schaffen und neu erschaffen.

Am Ende gewinnt jeder, weil jede Erfahrung euch Daten und Informationen liefert, die größere Erweiterung und tieferen Ausdruck zur Folge haben. Dies wiederum bewirkt das nötige Verständnis, um noch häufiger solche Erfahrungen ins Auge zu fassen, die ihr als Schöpfer im Rahmen eurer eigenen Schöpfung gerne machen möchtet.

DIE ILLUSION DES TODES, DIE MENSCHLICHE ERFAHRUNG UND DAS VERSTÄNDNIS VOM MISSGESCHICK

Bedeutet eure Versicherung »Der Auftrag wird weiterhin bearbeitet!«, dass einige unserer diesseitigen Träume im nächsten Leben erfüllt werden? Was könnt ihr in diesem Zusammenhang über Reinkarnation sagen?

Tatsächlich werden alle Träume wahr, solange der Wunsch bestehen bleibt.

Eine der größten Illusionen auf eurem Planeten ist die des Todes: zunächst die Angst vor dem Tod – eurem eigenen oder dem eines geliebten Wesens – sowie die Trauer, die oft damit einhergeht, dann bei einigen die Sorge, ob ein Mensch in den »Himmel« oder in die »Hölle« kommt.

Wie gesagt: Niemand und nichts kann je sterben. Alles ist Fortdauer und Ausdehnung. Wenn ihr die Dichte des Körpers abstreift, um eure Reise im Formlosen fortzusetzen, seid ihr euch weiterhin der Persönlichkeit bewusst, die ihr als die eure kennt. Und ihr reist in einen größeren Raum – auf höhere Bewusstseinsebenen und zu umfassenderen Erfahrungen eurer selbst innerhalb dieses Universums, das ihr seid.

Weder das Bewusstsein noch das, was ihr »Seele« oder »Geist« nennt, ist auf den Körper beschränkt. Diese Aspekte von euch existieren ewig. Der Körper selbst kehrt in die Erde zurück, wo er sich auflöst und etwas Neues aus ihm geschaffen wird. Es gibt keinen Tod. Es gibt kein Ende, nur eine Fortsetzung der Ausdehnung, aber auf höheren Bewusstseinsebenen. Diese sind nicht besser als andere, sondern einfach so beschaffen, dass ihr euch in stärkerem Maße als Energie der Quelle erlebt.

Als euer Bewusstsein auf die physische Form ausgerichtet war, habt ihr Dichte angenommen. Das ermöglichte euch die Bewegung in die Form, um darin zu schaffen und zu spielen.

Wer die Dichte des Körpers hinter sich lässt, verfügt über eine äußerst hohe Schwingungsrate, die nicht mit physischen Sinnen wahrgenommen werden kann, es sei denn, man bringt sich aus dem Diesseits in Einklang mit höheren Bewusstseinsdimensionen.

Nun zu deiner Frage über Reinkarnation. Aus menschlicher Perspektive betrachtet, projizierst du tatsächlich das Bewusstsein, das du bist, in die physische Form auf Erden und erfährst dich als bestimmte Persönlichkeit. Sobald dann deine Lebensziele erreicht sind oder nach deiner Einschätzung nicht mehr erreicht werden können, löst du dich aus der körperlichen Dichte.

Beizeiten magst du beschließen, dich erneut auf die menschliche Erfahrung einzulassen. Einige Wesen entscheiden sich nie dafür, andere haben sie schon mehrfach gewählt. Manche wiederum treffen erst jetzt diese Wahl zum ersten Mal.

Im Folgenden wollen wir, nur um des Vergnügens willen, deinen Verstand ein wenig verwirren.

Noch einmal: Alle Dinge geschehen *jetzt*. Da du dich als den Menschen wahrnimmst, der dir als deine Person bekannt ist, kannst du nicht begreifen, dass du dich gegenwärtig und gleichzeitig auf viele verschiedene Erfahrungen fokussierst. Aber genau das geschieht: Du bist nämlich ein multidimensionales Wesen, existierst also im Raum der Gleichzeitigkeit.

Darüber hinaus schaffst du in deiner Wirklichkeit alles. Als du irgendwann neugierig auf Reinkarnation und »vergangene Leben« wurdest, hast du dich allmählich jenseits dieses einen physischen Lebens wahrgenommen, in dem du du selbst bist, und in die Erfahrung vielfacher Leben und Erfahrungen eingefühlt, in denen du mehr als du selbst bist. Dein Interesse an und dein Verständnis von Reinkarnation waren – und sind es vielleicht noch immer – ein sehr wichtiger Bestandteil der Entwicklung deines Bewusstseins.

In jener Zeit, da du zum ersten Mal mit der Vorstellung von Reinkarnation in Berührung kamst, wärst du nicht imstande gewesen, die Wahrnehmung darüber hinaus zu richten. Doch während du nun dein Bewusstsein erweiterst und dich als reichhaltigeres Wesen erkennst, kannst du auch mehr wahrnehmen. Deine Neugier gewährt dir Einblick in höhere Bewusstseinsdimensionen, in denen unendliche Potenziale, Optionen und Erfahrungen existieren, wodurch du eine umfassendere Perspektive auf all das erlangst, was du bist und was wirklich vor sich geht. In dem Maße, wie du sie dann zulässt, eröffnest du den Raum für noch weitere Potenziale, Optionen und Erfahrungen.

Ein Verständnis von deiner multidimensionalen Natur mag dir als dem Schöpfer deiner Wirklichkeit in den Bereichen dienlich sein, in denen du dich mit erlittenen Verletzungen auseinandersetzt. Wenn du dir eines schrecklichen Vorfalls bewusst wirst, der in der Vergangenheit stattgefunden hat – entweder in deiner früheren Erfahrung oder in einem »vergangenen Leben« –, handelt es sich oft um die Widerspiegelung einer gegenwärtigen Erfahrung, aufgrund deren du dich auf gewisse Weise verfolgt oder ungerecht behandelt fühlst. Allzu häufig jedoch herrscht bei dir der Eindruck vor: »Nun, so war die Wirklichkeit, die ich in der Vergangenheit erfahren habe. Das kann ich nicht ändern. Ich wurde zum Opfer gemacht.« Und damit hörst du auf zu fragen, warum du die Erfahrung, ein Opfer zu sein, in deiner heutigen Erfahrungswelt noch immer wiederholst. Indem du jene missliche Situation als ein vergangenes Ereignis betrachtest, schränkst du die Möglichkeit ein, dich hier und jetzt damit zu befassen. Stattdessen kann deine Kenntnis von einer solchen Erfahrung aus früherer Zeit dich nun befähigen, an der gegenwärtigen Situation zu arbeiten. So bist du in der Lage, das Gefühl von Machtlosigkeit oder die Vorstellung, ein Opfer zu sein, genauer zu untersuchen.

Erinnerst du dich einer früheren, von Ohnmacht oder Schikane geprägten Erfahrung, ist dir augenblicklich jede Zeitschiene zu deren Potenzial weiterhin zugänglich, wenn du vollständig einwilligst, der Schöpfer innerhalb deiner eigenen Schöpfung zu sein. Möchtest du diese Erfahrung also auf ein höheres Niveau verlagern, dann begib dich mithilfe deiner Vorstellungskraft in sie hinein und gestalte daraus eine andere »Wirklichkeit«, wie du sie bevorzugst. Kehre zurück in die Erfahrung, aber aus deinem jetzigen Zustand heraus. Steh in deiner Kraft, statt dich hilflos zu fühlen, formuliere, was heute für dich wahr ist, gelange ins Wissen um die Liebe, das Licht, die Energie der Quelle, die du bist und die sie sind. Erschaffe jenes schmerzliche Ereignis neu auf der Bewusstseinsebene, die du momentan einnimmst. Dadurch bringst du Licht in die Erfahrung. Du hebst dich und sie auf die höchste Bewusstseinsstufe, zur einzigen Wahrheit von allem, die mit der Liebe zusammenfällt. Nicht das Geschehen selbst wird verändert, sondern die Art und Weise, wie du dich fühlst und die eigene Fähigkeit einschätzt, sowohl deine Gegenwart umzugestalten als auch deine Zukunft zu entwerfen.

Sämtliche »Leben« geschehen jetzt, ebenso wie deine Vergangenheit. Und während du dein Bewusstsein in einer Lebenserfahrung vollständig hebst, hebst du es damit in jeder Lebenserfahrung. Du kannst die Energie der Quelle, das Gottesbewusstsein und deine Wahrheit in jede frühere oder heutige Lebenserfahrung einfließen lassen. Allein dein Bewusstsein davon wird dir helfen zu erkennen, dass alles in deinem Erleben augenblicklich stattfindet. So kannst du dich in jeder Situation als das großartige multidimensionale Wesen wahrnehmen, das du bist, aber in völliger Übereinstimmung mit der Wahrheit, der Kraft, der Liebe und der Bewusstheit.

Das meinen wir mit größter Liebe und tiefstem Mitgefühl, denn wir verstehen sehr wohl, dass viele von euch aufwühlende oder gar traumatische Erlebnisse durchgemacht haben. Infolge des emotionalen Schocks habt ihr – natürlich unabsichtlich – immer wieder eine Wirklichkeit nacherschaffen, in der ihr die in solchen Momenten fühlbare Machtlosigkeit zum Ausdruck brachtet, und seht euch nun weiterhin in der Opferrolle.

Wir bekunden dies mit der größten Hochachtung vor euch und eurem Mut, den es braucht, um in diese menschliche Erfahrung einzutreten, wohl wissend, dass hier alles in unteren Bewusstseinsdimensionen existiert. Ihr seid nicht identisch mit dem, was euch widerfahren ist. In diesem Augenblick könnt ihr eine höhere Perspektive wählen und die Wirklichkeit nach euren Wünschen anders ausrichten. Auf solche Weise schafft ihr neue Möglichkeiten, in allen Lebenslagen eure Kraft wiederzugewinnen und aufrechtzuerhalten.

Ihr seid imstande, eure gesamte Erfahrung auf Bewusstseinsebenen zu heben, die ausschließlich auf eure Wahrheit ausgerichtet sind, die Liebe. In solchen Momenten der Erkenntnis ist die Vergangenheit völlig geheilt und wiederhergestellt, denn sämtliche Erfahrungen wurden dem Licht anheimgegeben, in Liebe neu erschaffen. Das bedeutet nicht, dass die früheren Ereignisse ungeschehen gemacht werden, sondern dass sie im Licht des Mitgefühls, des Verständnisses und der unbedingten Liebe gesehen werden.

Viele unter euch wissen nicht, wer sie sind ohne jenes Missgeschick, das ihnen »widerfahren« ist. Wenn ihr also die Bereitschaft aufbringt und euch vergegenwärtigen könnt, dass es nicht das ist, was ihr seid, und dass ihr die Kraft besitzt, jenen Moment ganz zu durchdringen und eine andere Geschichte darüber zu erzählen, werdet ihr ihn übersteigen und euch als Gott, als Quelle, als Schöpfer erkennen. Dann werdet ihr eure Energie zunehmend in die Gestaltung einer neuen, von der Vergangenheit befreiten Wirklichkeit leiten, all eure Kraft, Liebe und Bewusstheit in das Jetzt einfließen lassen und bislang ungewohnte Zeitschienen, Realitäten und Erfahrungen wählen, die ihr gerne durchleben möchtet.

Kehrt euer zweites Ich jedoch in die Vergangenheit zurück und kämpft es dabei um seine Begrenzungen – »Nun, das ist mir wirklich zugestoßen, ich wurde zum Opfer gemacht, sie haben mir unrecht getan« –, widmet ihr eure Kraft und Aufmerksamkeit jener unerwünschten Realität, die dann in eurem Bewusstseins- und Schwingungsfeld virulent bleibt.

Darüber hinaus teilen wir euch noch etwas mit, das durchaus hilfreich sein könnte. Jeder einzelne Mensch ist imstande, die von ihm begehrte Wirklichkeit zu erschaffen. Unabhängig davon, wer ihr seid, was ihr getan oder erfahren habt und was dann Leiden verursachte: Wenn ihr fortfahrt, euer Bewusstsein zu heben, und zur tieferen Einsicht kommt, wer ihr eigentlich seid, werden die traumatischen Ereignisse der Vergangenheit keine so große Rolle mehr spielen, falls sie überhaupt wiederauftauchen, und in eurer Schwingung nicht länger wirksam sein. Es verhält sich wie bei unserem bereits erwähnten Beispiel mit der vielstufigen Treppe. Je mehr ihr von eurer Wahrheit und der der anderen, also von der Liebe selbst begreift, desto weiter oben steht ihr auf der Treppe, sodass die Erfahrungen am unteren Ende deutlich weniger Einfluss auf euch haben werden.

Stellt euch vor, am unteren Ende der Treppe laufe ein schrecklicher Film im Fernsehen. Je höher ihr steigt, desto weniger könnt ihr dessen Ton hören. Mit jedem Schritt herrscht tiefere Ruhe, größere Harmonie, und vielleicht erklingt sogar von irgendwoher eine wunderbare Melodie. Alles scheint leichter, heller, einfacher zu werden; das ist ebenso entzückend wie verblüffend. Je weiter ihr nach oben gelangt, desto herrlicher wird die Aussicht; und plötzlich könnt ihr euch viel mehr für euch vorstellen. Ihr werdet von diesen Erfahrungen des höheren Bewusstseins derart angetan sein, dass ihr euch nicht umdrehen und schon gar nicht die Treppe wieder hinuntersteigen wollt, um diesen schrecklichen Film noch einmal zu sehen.

Gut, das verstehe ich. Doch für diejenigen, die aus begreiflichen Gründen noch immer verbittert sind …

Vergegenwärtige dir erneut: Sobald dieses Leben zu Ende geht und du die Dichte des Körpers loslässt, werden der Schmerz und die Verwirrung dieser Erfahrung ersetzt durch

Freude, Liebe und Begeisterung angesichts all der künftigen Abenteuer in bislang unbekannten Sphären.

Willst du also weiterhin irgendwelche unglücklichen Erinnerungen für den Rest deines hiesigen Lebens mit dir herumschleppen, bis du dich aus der Dichte des Körpers befreist? Oder würdest du jetzt nicht lieber deine Wirklichkeit so gestalten, wie du sie dir wünschst?

Ziehe außerdem in Betracht, dass in der menschlichen Erfahrung offenbar vielerlei Dinge geschehen sind, die du »schrecklich« nennen würdest, von denen du aber nie gewusst hast. Da aber niemand über diese Ereignisse spricht oder sie als »schrecklich« bezeichnet, weißt du gar nicht, ob sie tatsächlich geschehen sind. Sind sie demzufolge die Realität? Jedenfalls sind sie nicht deine Realität, weil du weder auf sie fokussiert bist noch ihnen besondere Bedeutung beimisst oder ein bestimmtes Gefühl empfindest, das solche Ereignisse in deiner Schwingung wachhält.

Wenn nun in der Realität von jemand anderem etwas »Schreckliches« passiert, ist das deine Realität? Nur wenn du die Aufmerksamkeit darauf richtest und ihm in deiner Wirklichkeit eine Bedeutung beimisst, ist es ein Teil von ihr. Das Einzige, was existiert, ist dieser Moment, und wenn solche schrecklichen Dinge in der Vergangenheit vorgefallen sind, dann in jenen Momenten. Du besitzt nichts als diesen Moment. *Der Gegenstand, auf den du dich jetzt konzentrierst und eine Bedeutung projizierst, erschafft deine Realität.* Und das ist die Realität, die du erfahren und aufrechterhalten wirst.

Gibt es die Möglichkeit, sich nicht auf etwas zu fokussieren, das dir in der Vergangenheit widerfahren ist, sich nicht verletzt oder schikaniert zu fühlen? Ihm keine Beachtung zu schenken oder Bedeutung zuzuschreiben und so die Erfahrung aus deiner Realität zu löschen? Absolut. Du kannst es in jedem Augenblick tun.

Einige von euch werden beeinträchtigt durch Geschichten über bestimmte Ereignisse, entweder weil ihre Familie daran beteiligt war oder infolge einer emotionalen Reaktion auf Vorgänge, die sie in den Nachrichten, in Büchern, Filmen oder anderswo mitbekommen haben. Also werden wir diesen Satz wiederholen, denn er ist äußerst wichtig und zugleich der Grund, warum ihr hier seid: *Der Gegenstand, auf den du dich jetzt konzentrierst und eine Bedeutung projizierst, erschafft deine Realität.*

Das zu hören, mag nicht einfach sein, aber wir versichern euch, dass ihr diese Information wie magnetisch angezogen habt, weil ihr euch der eigenen Kraft entsinnen wolltet, um eure Realität immer mehr so zu gestalten, wie sie euch vorschwebt.

Oft kämpft ihr deshalb um eure Begrenzungen oder früheren Dramen und Traumata, weil ihr nicht wisst, wer ihr ohne sie wäret. Derart lange schon seid ihr auf diese Realität fokussiert, dass ihr keine Vorstellung davon habt, wie eure Realität aussehen könnte. Aber wir versichern euch, dass eine von mehr Frieden, Freude, Liebe, Harmonie, Schönheit und Wohlbefinden geprägte Realität euch jetzt und in jedem weiteren Moment zugänglich ist, wenn ihr dies wünscht.

Das ergibt tatsächlich Sinn. Sicherlich wird das viele Menschen vor eine Herausforderung stellen, aber wir sind hier, um unser Denken zu erweitern und herauszufinden, was in unseren menschlichen Erfahrungen möglich ist.

Das folgende Verfahren wird vielen hilfreich sein:

Versetzt euch zuerst in einen Zustand der Vergebung. Vergegenwärtigt euch dann, dass es ausschließlich Liebe gibt.

Wir sprechen eher selten über Vergebung, weil die höchste Wahrheit lautet: Es gibt nichts als Liebe. Ihr seid aus der Liebe hervorgegangen, und die Liebe ist das, was ihr seid. Darin liegt die höchste Wahrheit überhaupt, ungeachtet dessen, wie sich jemand in der physischen Form zum Ausdruck bringt.

Sobald ihr versteht, dass allein die Liebe existiert, könnt ihr euch öffnen, um sie mitsamt den Geschenken und Segnungen wahrzunehmen, die aus jeder einzelnen Erfahrung resultieren. Das ist Vergebung.

Das Festhalten an Ressentiments, Wut, Zorn, Hass und anderen Emotionen hat hingegen zur Folge, dass sie immer wieder in euch wachgerufen werden – ob bei der Arbeit, in zwischenmenschlichen Beziehungen oder eurem sonstigen Leben, ja sogar wenn ihr einfach nur mit dem Auto die Straße entlangfahrt. Vielleicht merkt ihr gar nicht, dass jemand euch deshalb den Weg abschneidet, weil ihr auf eine Erfahrung fixiert seid, die eben nicht von Liebe zeugt; aber genau so verhält es sich.

An dieser Stelle werden wir auf etwas Weiteres hinweisen. Manche Leute sagen uns: »Aber die Erfahrung, misshandelt zu werden oder Vorurteilen ausgesetzt zu sein, jedwede Erfahrung dieser Art hat nichts mit Liebe zu tun.« Und sie fragen: »Wo ist Gott in all diesen Angelegenheiten?«

Wir verstehen, warum ihr so denkt, doch Gottes Funke wohnt jedem Menschen inne. Mögt ihr eines begreifen: Wer jemanden verletzt oder misshandelt, hat völlig vergessen, worin seine eigene Wahrheit besteht. Er befindet sich auf einem derart niedrigen Schwingungsniveau und in einer derart tiefen Erfahrung des Getrenntseins, dass er beschließt, eine Realität zu schaffen, die Schmerz und Unheil, Mühsal und Leiden verursacht – zuallererst bei sich selbst, dann bei den anderen in seinem Umfeld. Trotzdem ist jeder Mensch die Quelle, ein Aspekt des Göttlichen.

Auf der seelischen Ebene offenbart sich, dass solche Ereignisse in niedrigeren Bewusstseinsdimensionen geschehen, wo seit langer Zeit die Neigung vorherrscht, den Zustand des Getrenntseins – und damit das Leiden – aufrechtzuerhalten. Doch wie wir bereits sagten, seid ihr jetzt hier, um das größte Erwachen zu bewirken, das die Menschheit bisher erlebt hat. Mehr Menschen denn je erkennen die Wahrheit, dass ihr alle Liebe seid, Quelle, Gott oder das Göttliche.

Wenn ihr die Dinge aus dieser Perspektive betrachtet,

mit diesem Bewusstsein begreift, könnt ihr tatsächlich anfangen, das Ganze von einer weitaus höheren Warte aus zu sehen – ohne Urteil darüber, was richtig oder falsch ist. Dadurch werdet ihr euch nicht in Mühsal und Leiden, Misshandlung und Angst verstricken, die in einer niedriger gelegenen Bewusstseinsdimension auftreten.

Jede und jeder Einzelne von euch kann sich einer Ebene der Gotteskraft und ursprünglichen Energie öffnen, auf der ihr die Wirklichkeit der Liebe, der Freude, des Friedens und der Harmonie erfahrt, wohin ihr auch unterwegs seid, mit jedem Wesen, dem ihr begegnet, in all euren Interaktionen. Entscheidend ist, worauf ihr euch fokussiert und welche Bedeutung ihr damit verbindet.

Nehmen wir an, ihr kommt mit einer Gruppe von Freunden zusammen und jemand beginnt, über eine bestimmte Person zu sprechen, führt aus, wie schrecklich sie sei. Er beschreibt, was sie Schlimmes getan hat und in welcher Weise ihn das betrifft. Während der Freund redet, entsteht vor eurem inneren Auge ein holografisches Bild, das die Schrecklichkeit dieser Person widerspiegelt und vielleicht sogar entsprechende Gefühle in euch hervorruft. Plötzlich hört ihr euch sagen: »Oh, wie furchtbar; andere so zu behandeln, ist einfach scheußlich.« Also fällt ihr ein Urteil über die Person. Mit einem Mal erinnert ihr euch all der schrecklichen Leute, die ihr kennt und die sich ähnlich schlecht benommen haben, ja all der grauenhaften Dinge, die in der Welt geschehen. Das meinen wir mit »Verstrickung«. Indem ihr den Fokus auf das Schreckliche richtet, bringt ihr sogleich jene Schwingung niedriger Frequenz in die Erfahrung des jetzigen Moments ein. Das Resultat? Ihr fühlt euch schrecklich.

Tretet ihr jedoch einen Schritt zurück und betrachtet die Situation unvoreingenommen, wird euch bewusst, dass es einen Moment – im Grunde viele Momente – gab, in denen ihr den freien Willen hättet ausüben und die Wahl treffen können, hellwach zu bleiben, vollkommen präsent und in Übereinstimmung mit der Wahrheit dessen, was ihr seid, statt euch in Urteile über andere zu verstricken. So wärt ihr weiterhin der Wahrheit treu gewesen, dass jeder Mensch die Quelle ist, Gott oder das Göttliche. Dann hättet ihr tatsächlich ein tiefes Mitgefühl empfunden und jederlei Einmischung vermieden.

Dank der Besinnung auf das Mitgefühl verschwindet allmählich das Interesse, auf die »Verfehlungen« in der Welt hinzuweisen, eben weil sie durch die Aufmerksamkeit, die ihr darauf lenkt, reproduziert würden – mitsamt den Leiden, die damit einhergehen. Folglich bleiben sie in eurem Bewusstseinsfeld wie auch im kollektiven Bewusstsein nach wie vor wirksam. Eine Welt hingegen, die mehr von Frieden, Freude, Harmonie, Liebe, Fülle, Freiheit und Wohlbefinden geprägt ist, könnt ihr nur schaffen, indem ihr euch höher aufschwingt. Richtet den Fokus, erfüllt von Liebe und Vergebung, auf die höhere Perspektive.

Versteht dies ganz und gar: Ihr seid die Schöpfer innerhalb eurer Schöpfung. Wenn ihr eure tiefsten Wünsche verwirklicht, tragt ihr auf positive Weise zu neuen Potenzialen und Möglichkeiten in eurer Umgebung bei. Möchtet ihr eine friedliche, beglückende, harmonische, reichhaltige Welt sehen, in der alle Menschen Liebe, Behagen und Freiheit erfahren, so gestaltet sie zuerst in eurem Innern. Sobald ihr dafür die volle Verantwortung übernehmt, könnt ihr von einem Augenblick auf den nächsten wählen, ob das Unerwünschte oder das Erwünschte zum Gegenstand eurer Betrachtung und eurer Sinngebung werden soll. Wie immer ihr euch entscheidet – das ist die Realität, die ihr erschafft. Davon hängt dann ab, wie stark ihr seid.

Können wir mehr Details darüber erfahren, was passiert, wenn man stirbt? Der Mensch entledigt sich der Dichte seines physischen Körpers, aber was dann?

Zunächst möchten wir dir aufzeigen, was die Erfahrung, eine physische Gestalt anzunehmen, für dich und all jene, die sie wählen, bedeuten kann. Sie erfordert nämlich viel mehr Aufmerksamkeit und Energie, als die Dichte des Körpers zurückzulassen und den von euch so genannten Tod zu erleben, obwohl es dergleichen im Grunde nicht gibt.

Die höchste Perspektive äußert sich darin, dass ihr euer wunderbares irdisches Leben auf den höchsten Stufen von Freude, Frieden, Liebe, Harmonie, Fülle, Freiheit und Wohlbefinden verbringen und extrem hohe Schwingungs- und Bewusstseinsebenen erreichen könnt, bis dann der Moment des Übergangs eintritt, in dem ihr kaum bemerkt, dass die Dichte des Körpers von euch gewichen ist. Wie wird euch das Wissen zuteil, dass ihr dafür bereit seid? Ihr empfangt eine Eingebung, einen Aufruf zu einem völlig neuen, aufregenden Abenteuer. Und ohne jede Angst – im alleinigen Gefühl von Frieden und Harmonie, Liebe und

Freude – kommt ihr zur Einsicht, dass sich die Dichte des Körpers allmählich auflöst und der Wechsel vom Physischen ins Nichtphysische erfolgt. Aufgrund eures hohen Bewusstseinsniveaus werdet ihr diese Veränderung willkommen heißen und feiern, statt sie zu betrauern oder dagegen aufzubegehren. Ihr werdet die innigsten Augenblicke der Liebe und der Dankbarkeit gegenüber dem Leben empfinden, für alles und jeden in eurem Leben, für jede Erfahrung, die ihr machen konntet. Und in diesem Augenblick absoluter Fülle gebt ihr euren Körper der Erde zurück, nehmt in völligem Frieden und Einklang einen letzten Atemzug. Daraufhin gelangt ihr in die Wirklichkeit des Formlosen jenseits der physischen Welt, um eure Reise fortzusetzen.

Zu Lebzeiten kann jeder Mensch wählen, wie er eines Tages, wenn die hiesige Reise beendet ist, seinen Körper verlassen wird. Ihr braucht nicht in Verwirrung zu geraten durch Krankheit, Schmerz, Mühsal, Leiden oder Verfall, sondern könnt euren Übergang in friedlicher und harmonischer Weise vollziehen – wohl wissend, dass ihr zum nächsten Abenteuer unterwegs seid, und mit der tiefen Wertschätzung für das Leben, das ihr gerade verbracht habt.

Wie auch immer ihr jeweils aus diesem verkörperten Zustand zu scheiden gedenkt – sobald der letzte Atemzug getan wird, die Dichte des Körpers schwindet und das Bewusstsein vom Physischen ins Nichtphysische überwechselt, herrschen vollkommene Ruhe und reine Glückseligkeit, in der Gewissheit, dass es allein die Liebe gibt. Die meisten Menschen sind sich nicht bewusst, dass sie die Art ihres Übergangs wählen können, ja, sie glauben nicht einmal an die eigene Fähigkeit, ihn selbst zu gestalten. Ihr Widerstand gegen den Tod und ihre Furcht davor sind so groß, dass sie sich einen schmerzvollen, schrecklichen Tod infolge Krankheit oder Behinderung vorstellen – natürlich unabsichtlich, denn wohl niemand würde eine solche Erfahrung wachen Sinnes wollen. Wenn man vergisst, wer man in Wahrheit ist, wie das Leben abläuft und welche Möglichkeiten es bietet, verstrickt man sich leicht in Krankheiten, um dadurch die körperliche Hülle abzustreifen.

Dieses Verhaltensmuster hat viel mit dem gegenwärtigen Bewusstsein der Menschen vom Tod zu tun. Im Verlangen, den Körper zurückzulassen und höhere Bewusstseinsebenen zu erreichen, flüchten sich die meisten in Widerstand und Furcht. Wenn sie dann jemandem – nahen Familienmitgliedern und Freunden – mitteilen, dass sie sich aufgerufen fühlen, sich aus dem irdischen Dasein zu verabschieden und zu neuen Abenteuern aufzubrechen, sind sie häufig mit Verzweiflung, Kummer, Wut, Enttäuschung, Leiden und Qual konfrontiert.

Wer unter euch dies liest oder hört, wird eine andere Wahl treffen, denn ihr seid euch eines neuen Potenzials bewusst. Und indem ihr eine harmonische, friedliche und selbstbestimmte Vorgehensweise bejaht, um den Körper loszulassen und die Reise fortzusetzen, weist ihr eurer menschlichen Familie einen neuen Weg. Nach wenigen Generationen wird sich das Muster verändert haben, wie Menschen ihren Übergang vollziehen. So beseitigt ihr im Übrigen auch tödliche Krankheiten auf dem Planeten.

Von Menschen, die Nahtoderfahrungen gemacht haben, hören wir, dass sie währenddessen ihr Leben im Rückblick betrachtet und manchmal Unterweisungen empfangen haben. Was könnt ihr uns darüber sagen? Und haben wir alle die Wahl, im Leben nach dem Tod zu bleiben oder hierher zurückzukehren?

In der Tat habt ihr immer die freie Wahl.

Worin bestehen einige der üblichen Etappen des Übergangs ins nächste Dasein?

Während der Nahtoderfahrung verfügen Menschen noch immer über ein Bewusstsein, auch wenn es nicht mehr auf den Körper beschränkt ist. Die Wahrnehmung und das Wissen, wer ihr seid, sind weiterhin vorhanden. Darüber hinaus gibt es infolge der enormen Schwingungsfrequenz, die euch jenseits der Dichte des physischen Körpers kennzeichnet, Liebe und Licht im Übermaß.

Aus diesen Gründen würden viele gerne in besagtem Zustand bleiben, doch manchmal wird ihnen durch jene, die ihr als himmlische Leitfiguren bezeichnet, ein tieferes Verständnis zuteil. Euer höheres oder göttliches Selbst ermuntert euch, mit der Kenntnis von der erhöhten Bewusstseinsebene und dem flutenden Licht, deren Zeugen ihr jetzt seid, den Rückweg anzutreten. Daher erleben etliche Menschen eine vollständige Erweckung oder Erleuchtung. Aber auch hierin bekundet sich ihre eigene Wahl.

Ungeachtet dieser Beschreibung einer Nahtoderfahrung braucht ihr nicht zu warten, um das unglaubliche Gefühl des Lichts und des Bewusstseins, wer ihr wirklich seid, zu empfinden. Das ist unsere wichtigste Lehre. Wer immer sich dafür entscheidet, zur heutigen Zeit auf dem Planeten zu sein, kann bereits hier wahre Erleuchtung erlangen und noch in physischer Gestalt die ihr oder ihm eigene Meisterschaft verkörpern.

An der Stelle sollte wiederholt werden, dass über unzählige Jahrhunderte und Generationen diejenigen zuerst erleuchtet wurden, die vor ihrem Übergang beschlossen hatten, fast augenblicklich den Körper zu verlassen und in die formlose Sphäre überzuwechseln. Doch zu diesem besonderen Zeitpunkt auf Erden seid ihr aufgefordert – oder, besser gesagt, habt ihr bestimmt, selbst wenn ihr euch nicht daran erinnert –, in die Verkörperung einzugehen, die Wahrheit über euch zu erkennen und als die Meister zu leben, die ihr seid, vollkommen erleuchtet in vollständiger Manifestation.

Meisterschaft bedeutet nicht, auf einem Berggipfel zu sitzen und tagtäglich zu meditieren, sondern eure Realität wunschgemäß zu gestalten und euer Leben in vollen Zügen zu genießen – in unbedingter Liebe und mit all dem, was ihr seid. Gerade indem ihr eure Glückseligkeit auskostet, leistet ihr einen wesentlichen Beitrag, um Bewusstsein und

Schwingung auf dem Planeten zu heben, und sät den Samen für neue Potenziale und Möglichkeiten in der menschlichen Erfahrung.

Das ist der Traum. Es ist dein Traum, und deshalb hast du dich entschieden, hier zu sein. Du hast diese Information wie magnetisch angezogen, damit du dich erinnerst. Ein Teil in dir weiß dies jetzt, auch wenn du vielleicht sagst: »Ich bin kein Meister. Ich bin nicht bereit dafür. Wie kann ich ein Meister sein?« Wir versichern dir, unserem Freund, dass du, wenn du diese Mitteilungen herbeigerufen hast, tatsächlich ein Meister bist. Nicht Meister über jemand anderen. Meister in menschlicher Gestalt zu sein, bedeutet ganz einfach, als verwirklichtes Wesen zu leben: Du verwirklichst dich selbst nicht nur als Mensch, sondern als die Ganzheit, als Quelle, als Gott, als Licht, und du verwirklichst den Traum in deinem Herzen für den Himmel auf Erden – für Frieden, Freude, Liebe und Harmonie, für Wohlbefinden, Fülle, Schönheit und Freiheit zugunsten aller. Verwirklichung ist die Verkörperung all dessen, was dir innewohnt, und dein Grund, warum du nun hier bist.

Dazu muss die Welt nicht perfekt sein. Sobald du sie in Ordnung bringen oder verändern willst, verlierst du dich in Mangel und Begrenztheit. Dann bist du wieder im Zustand des Getrenntseins und auf niedrigeren Bewusstseinsebenen, wodurch du nur weitere Erfahrungen machen wirst, die von Mangel, Begrenztheit und Getrenntsein zeugen.

Du gelangst zur Verwirklichung, weil du in der menschlichen Erfahrung dein höchstes Potenzial ausnutzen und das größte Maß an Fülle, Behagen, Wohlstand und Freude, an Liebe, Freiheit, Schönheit, Harmonie und Frieden erleben möchtest. Du setzt sie ins Werk, um diese Erfahrung mehr zu genießen, als du es dir je hättest vorstellen können. Wenn du deine Gestaltungen derart verkörperst, werden Menschen auf dich zukommen, dich beobachten und sehen, dass du das Leben anders bewältigst. Sie werden merken, dass du dich jenseits von Mangel, Begrenztheit und Trennung bewegst. Sie werden wahrnehmen, welch großartige Dinge völlig unerwartet um dich herum geschehen, wie du Zauber und Wunder wirkst – und dass du deine Zeit auf den höchsten Stufen der Fülle, des Wohlbefindens, der Liebe und Freude, der Freiheit, Schönheit, Harmonie und tiefen Ruhe verbringst. Sie werden wissen, dass all dies irgendwo in ihnen verborgen und auch für sie möglich ist. Und das ist in einer Weise förderlich, die euer Menschsein niemals verstehen wird.

VERWIRKLICHUNG, FOKUS UND DER HIMMEL AUF ERDEN

Ist *jeder Mensch* nun hierhergekommen, um sich dieser Verwirklichung zu widmen? Oder sind nur einige hier, um die Großartigkeit aller Gefühle, die inneren Reisen, die Höhen und Tiefen, die Schönheit, die eigene Stärke wie auch die Angst zu erfahren?

Ihr alle seid hier zugunsten der menschlichen Erfahrung, um Teil dieses großartigen Experiments in physischer Form zu sein. Alle sind anwesend, um in der Manifestation, dem verdichteten Zustand, auf der sogenannten »Anschauungsebene« des menschlichen Daseins schöpferisch tätig zu sein.

Ihr seid hier, um all das zu erforschen, was zu diesem Abenteuer gehört, und dabei erweitert ihr euren Horizont. Sogar jene, die sich in euren Augen nicht verwirklicht haben oder an der Entfaltung des eigenen Potenzials kein Interesse verspüren, tragen zur Erweiterung des Bewusstseins bei – eben indem sie etwas schaffen und sich durch ihre Erfahrungen zum Ausdruck bringen. Man muss nicht sich selbst verwirklichen, um einen Beitrag leisten zu können. Wenn du jedoch unsere Mitteilung gleichsam angezogen hast, so liegt dem die Entscheidung zugrunde, im jetzigen Leben die vollständige Verwirklichung deiner selbst zu erreichen.

Wir wollen dir die Sache nicht erschweren. Es ist keine Prüfung, und du kannst nicht durchfallen. Wie gesagt soll diese Erfahrung großes Vergnügen bereiten. Du bist hier, um zu spielen, zu entwerfen, zu genießen, dich zu entwickeln und zu erweitern, immer mehr von all dem zu verwirklichen, was du bist. Es besteht keine Eile, keine Frist. Eigentlich gibt es nichts zu tun. Im Grunde geht es eher darum, Abstand zu nehmen – die üblichen Illusionen zu durchschauen, dein gesamtes Wesen zu erkennen und all deine Eigenschaften in jede Erfahrung einfließen zu lassen. So führst du das Leben eines wahren Meisters. Nichts Äußeres veranlasst dich dazu, Urteile zu fällen, oder übt Druck auf dich aus, bestimmte »Lektionen« zu lernen. Das sind nur Überzeugungen, die du lange Zeit vertreten hast.

Wenn du meinst, auf die Probe gestellt zu werden, wirst du ständig Erfahrungen in deine Wirklichkeit locken, die sich wie Proben anfühlen. Wenn du glaubst, du seist hier, um Lektionen zu lernen, wirst du weiterhin Lektionen anziehen.

Es ist tatsächlich ziemlich einfach: Deine freien Willensentscheidungen bedingen deine Erfahrungen in der physischen Form. Was möchtest du in größerem Maße erfahren? Ist es Frieden, Freiheit und Freude – oder Auseinandersetzung, Begrenztheit und Mühe? Du bist der Schöpfer innerhalb deiner eigenen Schöpfung, also musst du wählen.

Du könntest einige deiner Mitmenschen betrachten und sagen: »Nun, sie gewinnen das Spiel. Sie haben viel Einfluss, Macht und Geld; sie sind erfolgreich.« Wenn deren höchstes Potenzial jedoch nicht in Ruhm, Vermögen oder Reichtum bestünde, sondern in der Verwirklichung ihrer selbst, würden sie dann noch immer die Oberhand behalten? Etliche von ihnen haben sich dank des sogenannten Erfolgs verwirklicht, während andere, die du vielleicht als erfolgreich bezeichnest, das nicht geschafft haben wegen der Ansprüche, die sie dabei ihrem Menschsein aufbürden – Ansprüche, die sie von der Verwirklichung ihrer selbst ablenken.

Ich habe euch sagen hören, dass wir als Menschen noch nicht einmal eine Ahnung davon haben, wie sich alles zum Guten wenden wird. Könntet ihr uns einen kurzen Einblick geben, wie gut das Leben für uns sein kann,

sobald wir den Himmel auf Erden, die Neue Erde, erreichen, an deren Schwelle wir nun zu stehen scheinen?

Wir haben unzähligen Menschen die Frage gestellt, wie ihr perfekter Tag aussehen würde. Und ohne Ausnahme geben alle uns die gleiche Antwort in verschiedenen Variationen:

»Ich würde mich beim Aufwachen voller Energie, quicklebendig, inspiriert fühlen und meinem Leben in freudiger Erwartung entgegensehen. Nach dem Aufstehen würde ich etwas tun, was mir besonders gefällt – meditieren oder visualisieren, Sport treiben oder lesen, mit meinen Kindern oder Tieren spielen oder in die freie Natur gehen. Ich würde ein wenig Zeit erübrigen, um mit mir selbst zu sein und mich auf das zu besinnen, was ich an dem Tag machen und erleben möchte. Ich würde ein gesundes, köstliches Frühstück zu mir nehmen, das meinen Körper nährt und kräftigt. Anschließend würde ich mich einer Tätigkeit, einer Aufgabe oder Dienstleistung widmen, die mich beflügelt und anregt, bei der ich in Einklang komme mit der Energie der Quelle, woraufhin Inspiration und Kreativität durch mich strömen.

Ich würde etwas Wunderbares schaffen, genau das machen, was mir am Herzen liegt, und es mit der Welt teilen. Dann würde ich spielerische, lustige Dinge tun, die ich genieße. Ich würde Zeit mit den Menschen verbringen, die ich liebe; ich würde tanzen und singen und lachen. Und den ganzen Tag über würde ich versuchen, die höchsten Perspektiven, die höchsten Stufen des Behagens und die höchsten Ebenen der Erfüllung einzunehmen, die mich dazu animieren, meine Wünsche zu verwirklichen. Ich hätte all die nötigen Mittel zur Verfügung, um meinen Tag auf die motivierteste Art und Weise zu gestalten. Ich würde mich in meinem Körper äußerst wohlfühlen, und meine Beziehungen wären liebevoll, harmonisch und achtsam. Ich würde fortfahren, meinen Horizont zu erweitern, inspiriert sein, neue Bereiche erkunden und mir bislang unbekannte Bewusstseinsebenen erschließen. Ich würde in allem ringsum die Schönheit wahrnehmen: in meinem Zuhause, in der Natur und in den Menschen, denen ich an dem Tag begegne.

Ich würde ungewohnte Erfahrungen machen, die mich in freudige Erregung versetzen, entzücken und bereichern. Abends würde ich den herrlichen Sonnenuntergang betrachten. Nach Einbruch der Nacht würde ich zu den Sternen aufblicken und meinen Tag in dem Gefühl beenden, ihn in vollen Zügen ausgekostet zu haben – zutiefst dankbar, glücklich, erfüllt von meinem Leben und der Liebe. Schließlich würde ich, derart beseelt und derart all das genießend, was ich tagsüber erlebt habe, die Lider senken, um zu ruhen und wieder Kraft zu schöpfen, um den nächsten, dann den übernächsten perfekten Tag zu gestalten.«

Das ist die großartigste Vision, die wir dir mitteilen können.

Was für eine wunderbare Vision. Und ich glaube, ihr würdet uns ebenso mitteilen, dass wir diese Existenz jetzt sofort wählen können.

In der Tat. Und viele von euch wählen sie auch.

—✲—

Ich vermute, dass mehr von uns diese Wahl treffen und andere darin bestärken werden, es ihnen nachzutun.

—

Deine nächste Frage mag folgendermaßen lauten: »Was, wenn ich diese Wahl für mich treffe, die Menschen um mich herum sich aber für Kampf, Leiden, Disharmonie, Chaos, Armut, Mangel und Begrenztheit entscheiden? Wie kann ich meinen perfekten Tag verbringen, wenn andere nicht so leben? Und wie können meine perfekten Tage meine Wirklichkeit sein, wenn sie nicht die Wirklichkeit ist, die alle anderen einschließlich meiner Lieben erfahren?«

Du bist der Schöpfer innerhalb deiner Schöpfung. Das, worauf du dich fokussierst und eine Bedeutung projizierst, erschafft deine Wirklichkeit. Wenn du diese Wahrheit in dir zu tragen beginnst – im Wissen, dass der Himmel auf Erden hier und jetzt für dich und jeden Menschen ebenso zugänglich ist wie der damit verbundene Bewusstseinszustand –, wirst du eine Wirklichkeit erschaffen, die dir genau das zurückspiegelt. Da du diese Wirklichkeit für dich wählst, kannst du das, was deiner Gestaltung der Wirklichkeit nicht entspricht, schlichtweg weder wahrnehmen noch dich darauf konzentrieren oder dich davon ablenken lassen.

Die stärkste Ablenkung innerhalb der menschlichen

Erfahrung besteht in der Vorstellung oder Überzeugung, dass du die anderen führen oder beaufsichtigen und für sie wählen musst. Deiner Meinung nach sollen sie das wollen, was du willst, und das tun, was du tust, damit du so leben kannst, wie es dir wünschenswert erscheint. Aber so funktioniert es einfach nicht.

—✵—

Was, wenn jemand völlig mit dem übereinstimmt, was ihr sagt, zugleich aber befürchtet, dass es in diesen herausfordernden Zeiten nicht genügt, einfach nur unbeschwert in der eigenen kleinen Glücksblase zu leben? Was würdet ihr den Menschen mitteilen, die der Uneinigkeit oder Polarisierung, wie sie heute Gemeinschaften und Nationen auseinanderreißen, keine Beachtung schenken und daher vielleicht das Gefühl haben, wichtige soziale Probleme zu vernachlässigen, die ihre Existenz gefährden können? Wäre es besser, sich in beiden Welten aufzuhalten? Einerseits in der Glücksblase zu sein, andererseits jedoch Protestschilder in die Höhe zu recken, einen Kandidaten zu unterstützen, persönlichen Ansichten Gehör zu verschaffen und informiert zu bleiben? Ist es möglich, dass wir die Kontrolle über unser Leben verlieren, wenn wir uns in unsere kleine Glücksblase einschließen?

—

Wir haben es bereits dargelegt: Was immer du ins Auge fasst und mit einer Bedeutung versiehst, erschafft deine Wirklichkeit. Durch deine gebündelte Aufmerksamkeit gibst du deine Stimme ab. Wenn du dich also auf Krieg, Verbrechen und alle Übeltaten in der Welt fokussierst, verwendest du deine Kraft darauf. Die Energie der Quelle durchströmt dich, und du lenkst sie – durch deinen Fokus – auf Krieg, Verbrechen und Übeltaten.

So wie du nicht krank genug werden kannst, um einen kranken Menschen gesund zu machen, kannst du dich auch nicht genug auf die Krankheit eines Menschen besinnen, um ihn dadurch gesund zu machen. Dasselbe gilt für sämtliche Krankheiten dieser Welt. Es funktioniert nicht, sich auf all die Kranken zu konzentrieren in der Überzeugung, dass sie irgendwie wieder gesund werden. Kriege, Verbrechen, Übeltaten oder Krankheiten ereignen sich deshalb, weil eine Person oder eine Gruppe von Menschen vergessen hat, wer sie eigentlich ist.

Im Grunde meinst du Folgendes: »Ich weiß um die Wahrheit dessen, der ich bin – als Quelle, als Gottesbewusstsein, als Licht, als das Göttliche –, und habe einen Bewusstseinszustand erlangt, in dem ich meine innere Kraft erkenne, den Schöpfer, der ich im Rahmen meiner Schöpfung bin. Aber da so viele andere rings um mich in einer Illusion leben, werde ich den Fokus gezielt auf ihre Realität richten statt auf meine.«

Die meisten von euch würden einräumen, dass sich ein solches Vorgehen nicht besonders gut anfühlt. Es ist unangenehm, die Wirklichkeit von jemand anderem zu durchleben, zumal, wenn sie der eigenen zuwiderläuft. Das bedeutet nicht, dass ihr nicht motiviert wärt, mit Liebe großartige Dinge zu vollbringen, die einen enormen Einfluss auf die nähere und fernere Umgebung haben, doch eigentlich lautet deine Frage: »Sollte ich mein Bewusstsein, meine Schwingungsfrequenz senken, indem ich an der Illusion der Trennung, des Krieges, des Chaos, des Urteils, der Unstimmigkeit, des Todes, von Richtig und Falsch teilhabe? Bin ich dazu aufgefordert, die Welt zu retten, weil so viele der Illusion anhängen, sie müsse gerettet werden?« Wir sagen dir, dass dadurch weder deine noch ihre tiefe Wahrheit oder die Wahrheit dessen respektiert würde, was hier auf Erden geschieht.

Wir kennen den Traum in euren Herzen und wissen, wie sehr ihr alle helfen möchtet. Helft, indem ihr beschließt, euer Bewusstsein in eure Wahrheit zu heben. Auf diese Weise tragt ihr zur Hebung des Bewusstseins innerhalb der ganzen Menschheit bei und ebnet einen Weg zu Liebe, Frieden, Harmonie und Wohlergehen für alle. Eure Wahrheit ist Liebe. Die Wahrheit aller anderen ist Liebe. Die Wahrheit von allem ist Liebe. Ihr seid Kanäle der Energie, die aus der Quelle stammt, das ist die Wahrheit dessen, was ihr seid, was auch alle anderen sind, und das ist die Wahrheit in allen Dingen.

Steht zu eurer Kraft, steht zu eurer Wahrheit und haltet euer Bewusstsein, eure Schwingung auf diesem hohen Niveau, ganz gleich, mit wem ihr zusammen seid, was andere tun, was in den Nachrichten oder rings um euch passiert. Vergesst nicht die Wahrheit von euch und gebt euch keinen Illusionen hin.

Du bist derart stark, wenn du zu deiner Wahrheit stehst und für die Energie der Quelle, das Gottesbewusstsein, das dich durchströmt, ganz offen bist. Würde irgendwo in deiner Nähe eine Auseinandersetzung stattfinden und du würdest den Ort des Geschehens aufsuchen, um diese Kraft völlig zuzulassen, jene Energie der Quelle, die du bist, und dein Bewusstsein und deine Aufmerksamkeit stets auf die Wahrheit von dir und von jedem Menschen vor dir zu richten, herrschte eine so hohe Frequenz des Friedens und der Liebe im Raum, dass der Streit enden würde. Dabei würde es für dich keine Rolle spielen, ob irgendjemandem bewusst wäre, dass du etwas mit der Sache zu tun hast. Du wüsstest um die Kraft, die dir innewohnt, hättest sie aber nicht eingesetzt, um die Situation zu bereinigen oder weil du das Verhalten der anderen als falsch beurteilst, sondern weil deine Wahrheit in Frieden, Harmonie und Wohlergehen begründet ist sowie in der gezielten und wirksamen Übereinstimmung mit dem entsprechenden Bewusstseinszustand. In dem Moment würden sich auch die anderen ihrer eigenen Wahrheit erinnern.

Diesen Ansatz kannst du in der Weise perfektionieren, dass du an einem Fernsehgerät vorbeigehst, auf dessen Bildschirm die »schrecklichen Dinge« gezeigt werden, die du zuvor genannt hast, ohne dass es dich tangiert. Du bist imstande, auf einer solchen Bewusstseins- und Aufmerksamkeitsstufe zu bleiben, dass du die Illusion zwar zur Kenntnis nimmst, aber nicht beurteilst. Du weißt einfach: *Es gibt nur Liebe.* Fortan kannst du zulassen, dass die anderen auf ihrer Reise durch verschiedene Bewusstseinsebenen und Erfahrungen innerhalb der menschlichen Existenz sich in ihrem jeweiligen Zustand befinden.

Wäre das ein Beispiel für das Gesetz der Resonanz, wonach ein Mensch, erfüllt von heiterer Ruhe und tiefer Wahrheit – bezeichnen wir seinen Zustand als Erleuchtung –, die konfliktgeladene Atmosphäre in einem Raum, den er betritt, besänftigen könnte? Wäre darüber mehr zu sagen?

Es gibt viele Gesetze, aber wir bevorzugen den Ausdruck »deine Wahrheit«. Die Wahrheit lautet, dass du ein Schwingungswesen bist, also deine Schwingung und Frequenz überallhin mit dir trägst, und dass beide nicht auf deinen Körper beschränkt sind, denn du bist zugleich ein Kraftfeld des Bewusstseins. Je weiter es sich durch die Hebung deines Bewusstseins, deiner Schwingung und Frequenz ausdehnt, desto mehr Energie ziehst du an, um Schöpfung und Gestaltung in die Form zu überführen.

Du magst bei dir zu Hause sitzen, dich mit aller Kraft auf einen Bewusstseinszustand besinnen, der sich durch vollkommene Ruhe und Harmonie, Wohlbefinden und Freiheit, Erfüllung und Liebe auszeichnet. Von dort aus kannst du den Fokus noch höher lenken, auf das Gottesbewusstsein, das du bist und das dir immer zugänglich ist. In dem Moment wird – so weit deine Vorstellung oder Einsicht reicht – absoluter Frieden herrschen. Er rührt jedoch nicht aus deinem Menschsein. Vielmehr hast du es auf eine sehr hohe Schwingung ausgerichtet, in der du die Energie der Quelle und das Gottesbewusstsein bedingungslos durch dich in die physische Erfahrung strömen lässt.

Genau dann geschehen Zauber und Wunder – nicht, weil du etwas zu ändern oder wiederherzustellen versuchst, sondern weil du einfach in die Wahrheit von dir gelangst und ihr ermöglichst, deine Erfahrung zu durchdringen. Du bringst Bewusstsein, Schwingung und Frequenz in Übereinstimmung mit der Quelle und lässt ihre Energie durch dich fließen.

Je vollständiger du das Licht, die Liebe, die Energie der Quelle, das Gottesbewusstsein, das du bist, zulässt und je häufiger du die Dinge übersteigst, die dich aufregen, zu Fall bringen und davon abhalten, dem Licht in deinem Innern uneingeschränkt Ausdruck zu verleihen, desto stärker wirst du. Daher sagen wir: *»Einer unter euch mit all seiner Stärke ist stärker als Millionen, die ihrer ermangeln.«* Vergiss nicht: Es ist keine Macht *über* andere, sondern *mit* ihnen, damit auch sie sich des Traums in ihrem Herzen erinnern können.

Apropos Resonanz: Jedes Wesen, jedes Ding besitzt eine Schwingung. Wenn du dich also einer Person oder einem Ort – einschließlich der Orte in der Natur – näherst, suchen deine Schwingungen immer nach Resonanz, ob du dir dessen bewusst bist oder nicht. Mit unbeschwertem Wohlgefühl magst du ein Zimmer betreten, dann aber merken, dass dort jemand den Kopf senkt und betrübt, ja aufgelöst ist. Dabei nimmst du die Schwingung oder Frequenz dieses Menschen wahr. Falls dir nicht einsichtig ist, dass deine Schwingungen nach Resonanz streben, neigst du vielleicht dazu, ebenso den Kopf zu senken, um dem anderen in seinem Zustand zu begegnen.

Indem du dir dies vergegenwärtigst, kannst du hellwach statt unwillkürlich reagieren, gezielt im Moment verharren, tief durchatmen, deiner Wahrheit wie auch der seinen folgen, mit deiner Kraft verbunden bleiben und dich auf der höchsten Schwingungsebene befinden, die dir aktuell zugänglich ist. Du versuchst nicht, dein Gegenüber zu ändern, sondern bleibst einfach offen für das gehobene Bewusstseinsniveau.

Tust du das mit unbedingter Liebe im Herzen, mit völliger Akzeptanz dessen, was ist, wird sich der andere intuitiv allmählich auf eine höhere Schwingungsfrequenz zubewegen. Noch einmal: Du willst ihn nicht ändern, und du machst es nicht, weil du recht hast und er unrecht, sondern weil du der wirkmächtige Schöpfer deiner Schöpfung bist. Du verkörperst die Wahrheit deiner selbst – als Liebe, Schönheit und Freiheit, als Wohlergehen, Fülle und Frieden. Das ist ein Beispiel dafür, wie du den Traum in deinem Herzen lebst. Und dadurch machst du es jemand anderem leichter, die gleiche Wahl zu treffen. Gerade deshalb, liebe Freunde, nennen wir euch »Wegbereiter«; deshalb seid ihr hier.

Ihr seid sehr wichtig. Ihr habt beschlossen, zu dieser Zeit, während des größten Erwachens der Menschheit überhaupt, menschliche Gestalt anzunehmen. Das habt ihr aus eurer tiefen Liebe zur Menschheit, zur Erde und all ihren Bewohnern getan. Ihr kamt hierher, um euch zunächst des Traums in euren Herzen zu erinnern und ihn dann zu leben. Denn indem ihr ihn lebt, sät ihr die Samen für neue Potenziale und Optionen, welche die menschliche Erfahrung und die darin enthaltenen Möglichkeiten für immer verändern werden. Das zeigt, wie wichtig ihr seid.

TEIL 3

Die Reise

**In diesem Abschnitt erforscht der Rat,
wie wir klug mit unseren Träumen,
Erfahrungen und Herausforderungen
zwischen Geburt und Tod umgehen.**

Wie werden wir unserem höchsten Potenzial gerecht? Wie verfahren wir am besten mit den Dingen, die geschehen, die geschehen sollen, die nicht geschehen; und wie interagieren wir mit all den darin verborgenen Potenzialen und Optionen? Mit anderen Worten: Wie gestalten wir die Reise durch unsere Tage?

Euer höchstes Potenzial besteht letztlich darin, zu der Einsicht zu gelangen, dass ihr Schöpfer im Rahmen eurer eigenen Schöpfung der Wirklichkeit seid. Das heißt, jene Dinge zu verkörpern und zu leben, die ihr am meisten schätzt und in noch größerem Maße erfahren möchtet – Freude, Frieden und Liebe, Harmonie, Fülle und Wohlbefinden, Freiheit, Schönheit und Vergnügen, Abenteuer, Inspiration und Kreativität –, sowie Wahrnehmung und Bewusstsein zu einem Zustand zu erheben, den wir als Himmel auf Erden bezeichnen und in dem für euch innerhalb der menschlichen Erfahrung alles möglich ist. Indem ihr derartige Bewusstseinsebenen erreicht, werdet ihr eure Potenziale und Optionen wie auch die der gesamten menschlichen Familie kontinuierlich erweitern.

Drücken wir es vereinfacht aus. In jedem Moment entscheidest du dich entweder für die Angst oder die Liebe. Was ist dein höchstes Potenzial? Die Liebe. Dieselbe Frage betrifft Knappheit oder Fülle. Welche von beiden offenbart dein höchstes Potenzial? Was würdest du wählen? Natürlich die Fülle. Schließlich fragen wir dich: »Mühsal und Zwang oder Freiheit? Worin siehst du dein höchstes Potenzial? Was bevorzugst du?« – »Die Freiheit«, würdest du sagen.

Ihr alle kennt die höchsten Potenziale: Freiheit, Freude, Liebe, Frieden, Harmonie, Wohlbefinden, Fülle, Schönheit, Vergnügen. Doch eure Gedanken und Wahrnehmungen hinsichtlich eurer Wirklichkeit sowie eure Ansichten über euch selbst und das, was möglich ist, lenken von diesen höheren Bewusstseinszuständen ab. Viele unter euch bezweifeln und verleugnen ihr höchstes Potenzial, statt es einfach zuzulassen. Die meisten lenken ihre Aufmerksamkeit auf die unwahren, von Mangel und Begrenztheit geprägten Geschichten, die sie über sich, ihr Leben und die eigenen Möglichkeiten erzählen. Diese Geschichten enthalten nicht die Wahrheit über euch, aber da ihr sie jahrzehntelang wiederholt habt, erachtet ihr sie für wahr. Würden sie zutreffen, bestünde euer höchstes Potenzial in Mangel und Begrenztheit, wo ihr doch wisst, dass es auf Fülle und Gedeihen, Freiheit und Wohlergehen ausgerichtet ist. Ihr seid diejenigen, die solche Geschichten wählen.

Euer höchstes Potenzial liegt auch im Wissen, dass ihr über unendliche Ressourcen, mithin über die Energie der Quelle verfügt, die euch jederzeit zugänglich ist. So wie diese Energie ganze Welten erschaffen kann, bringt sie auch eure Welt, euer Leben, eure Erfahrung in der Weise hervor, wie ihr es gerne möchtet.

Wenn ihr für diese Energie offen seid und sie gewähren lasst, ist euch alles möglich. Bezweifelt und verleugnet ihr sie hingegen, erfahrt ihr Mangel, Begrenztheit, Angst und Trennung, Mühsal, Leiden, Armut, Krankheit und Verzweiflung – all das und manches mehr.

Die Vorstellung vom Versagen ist menschengemacht, ebenso aber die vom Erfolg. Solltest du uns fragen, wonach er sich in der menschlichen Erfahrung bemisst, würden wir dich erneut an den Grad der Freude erinnern. Wie viel Freude empfindest du in jedem deiner Lebensbereiche? Viele unter euch gelten als erfolgreich, weil sie über Ruhm und Reichtum verfügen, doch in ihrem Leben, ihrer Arbeit oder ihren Beziehungen sind sie missmutig. Sie verspüren kein Gefühl von Freiheit, führen keine liebevollen Beziehungen, leiden unter körperlichen Beschwerden. Dein höchstes Potenzial äußert sich in folgender Formel: Je größer deine Freude, desto mehr Erfolg wird dir zuteil.

Aus unserer Perspektive gibt es eigentlich kein Versagen. Dergleichen ist eine Illusion. Jeder Mensch liefert Daten und Informationen, die zu eurer Weiterentwicklung beitragen. Darüber hinaus gibt es keine Erfahrung, die dir *wider-*

fährt. Alles geschieht *für* dich. Und um noch einen Schritt weiterzugehen: Alles geschieht *durch* dich.

Lass es uns erklären. Auf deiner Reise durch verschiedene Bewusstseinsebenen innerhalb der menschlichen Erfahrung gibt es Phasen, in denen du auf unerwünschte Umstände und Situationen triffst. Wir wissen, dass du nie absichtlich eine Krankheit, Schulden, den Verlust von Geld oder eines Geschäfts, Unglück, Zerstörung oder Leiden jeglicher Art verursachen würdest. Doch als Schöpfer im Rahmen deiner Schöpfung bist du imstande, solche Erfahrungen durch eine unbewusste Fokussierung auf Mangel und Begrenztheit in einem deiner Lebensbereiche wie magnetisch anzuziehen. Da wir deine Wahrheit als Schöpfer innerhalb deiner Schöpfung, als Energie der Quelle, Gottesbewusstsein oder Göttliches kennen, können wir immer nur sagen, dass dir im Grunde nichts *widerfährt.* Aber der Glaube an diese Illusion hält so viele deinesgleichen in der Ohnmacht gefangen.

Du bist hier zugunsten deiner Weiterentwicklung, und sämtliche Erfahrungen sind ihr förderlich. Alles geschieht *für* dich. Es geschieht um deiner Erweiterung willen, der Erweiterung deines Bewusstseins, deines höchsten Potenzials. Sobald du das akzeptierst, wirst du in jeder Sache, jedem Ereignis den Frieden und die Vollkommenheit finden können. Dann gäbe es weniger Angst, Mühsal, Mangel und Begrenztheit – und weniger Trennung zwischen dir und deinen Erfahrungen.

Sobald du schließlich dein Bewusstsein hebst im Wissen, dass dir nichts *widerfährt* und alles zu deinen Gunsten geschieht, kannst du dich als Schöpfer innerhalb deiner Schöpfung erkennen und erleben. Du gelangst auf eine sehr hohe Bewusstseinsebene, auf der du fähig bist, die volle Verantwortung für dich als Schöpfer deiner Wirklichkeit zu übernehmen. Aus dieser Perspektive wirst du ganz genau wissen, was wir wissen, nämlich dass alles *für* dich geschieht.

Während du dich in eine weitaus umfassendere Erfahrung dessen bewegst, was sowohl dir wie auch innerhalb der gesamten Schöpfung möglich ist, fällst du keine Urteile mehr über das, was dir früher vielleicht »schrecklich«, »schlecht« oder »schlimm« erschien. Vielmehr näherst du dich der Bewusstseinsebene der reinen Liebe, des Einssein- oder Einheitsbewusstseins, und du siehst in allem die Vollkommenheit. Ob Krankheit, Schulden, der Verlust von Geld oder eines Geschäfts, der Tod eines geliebten Menschen oder dergleichen – du erfährst den Vorfall von jener zuvor beschriebenen Ebene der Wahrheit aus und verstrickst dich nicht in quälende, undurchdringliche Gedanken und emotionale Reaktionen, die dich früher oft für lange Zeit in Kummer oder Scham versinken ließen.

Was ratet ihr, auf dass wir unser Leben meistern und – wie ihr gerade erklärt habt – die höchsten Grade der Freude erfahren?

Von der höchsten Bewusstseinsebene aus betrachtet, erhaltet ihr mehr von dem, was ihr seid, nicht mehr von dem, was ihr wollt. Sobald ihr eure Aufmerksamkeit auf die Freude lenkt, Tätigkeiten ausführt, die euch Freude bescheren, und freudiger Stimmung seid, wird euch noch mehr Freude zuteil. Je häufiger ihr diesen Grundsatz in die Praxis umsetzt, desto weniger könnt ihr euch an eine Lebensphase erinnern, in der ihr nicht froh wart. Dann seid ihr derart auf die Freude ausgerichtet, dass ihr euch für die Freude entscheidet, in einer von Freude getragenen Schwingung solchen Aktivitäten nachgeht, die euch Freude bringen, also mehr von dem, was ihr seid – Freude.

So ist es. Es gibt eigentlich nur einen Ratschlag:

Tu das, was dir Freude bringt!

Sei in Freude, besinne dich auf die Freude, fühle die Freude, lebe voller Freude, so wirst du immer noch mehr Freude an dich ziehen.

Nun haben einige von euch gefragt: »Kann ich Freude empfinden, wenn ich den Verlust oder den Übergang eines geliebten Menschen durchmache? Ich bin zutiefst traurig, dass er physisch nicht länger hier sein wird.« Unsere Antwort lautet, dass ihr, obwohl ihr euch der menschlichen Erfahrung der Trauer völlig bewusst und – wann immer sie auftaucht – dafür empfänglich bleibt, ihr dennoch die Freude fühlen werdet. Ihr wählt sie, indem ihr weder euch selbst noch diese Erfahrung verurteilt, euch nicht in schmerzliche Geschichten verstrickt und Raum lasst für Liebe, Frieden, Wohlbefinden, die euch stets zugänglich sind. Tatsächlich könnt ihr in jeder Situation hellwach und präsent bleiben, ohne eure Freude zu verlieren.

Wir verstehen sehr gut, dass manche Aspekte des Menschseins ein Gefühl von Verlust und Trauer wecken, sobald gewisse Personen, Tiere oder Orte, denen ihr Liebe entgegenbringt, ihre Daseinsform verändern. Begreift, dass dies auf die Geschichte zurückzuführen ist, die ihr euch selbst erzählt. Eure Überzeugungen rufen eine emotionale Reaktion der Trauer innerhalb des Körpers hervor.

Vergegenwärtige dir folgendes Szenario. Sagen wir, dein Liebling sitzt neben dir im Zimmer. Du fühlst eine tiefe Liebe zu ihm und verbringst in seinem Beisein eine wunderbare Zeit. Dann teilt er dir mit, er werde einen herrlichen, für ihn bedeutsamen Ort aufsuchen, und bricht auf. Du weißt, dass er nur ein paar Minuten, einige Stunden oder wenige Tage fort sein wird. Darüber wärst du wahrscheinlich nicht traurig.

Nehmen wir nun an, er verlässt nicht einmal das Haus, sondern begibt sich ins andere Zimmer, wo du ihn weder sehen noch hören kannst. Er befindet sich einfach nicht mehr an derselben Stelle wie vorher. Das würde dich sicher nicht betrüben noch während seiner Abwesenheit mit Leiden oder innerer Unruhe erfüllen. Warum? Weil er gemäß deiner Geschichte absolut wohlauf ist. Er hat sich bloß kurz entfernt, wird in absehbarer Zeit zurückkommen, und so seht ihr euch bald wieder.

Doch wenn jemand seinen Übergang vollzieht, den physischen Körper verlässt und in die nichtphysische Sphäre überwechselt, ändert sich oft die Geschichte. »Oh, er ist von uns gegangen!«, ruft ihr und erzählt die Geschichte, er sei »tot«, ihr würdet ihn nie wiedersehen, wie schrecklich es sei, ihn nicht mehr zu spüren, zu berühren oder anzusprechen. Ihr glaubt, es gäbe keinerlei neue Möglichkeiten, sagt, er sei noch nicht bereit oder zu jung gewesen, habe sich auf so vieles gefreut, das fortan für immer ausgeschlossen sei. Mit dieser Geschichte geratet ihr in eine von Verlust, Trauer, Kummer und Schmerz geprägte Wirklichkeit – und findet euch am unteren Ende der Treppe wieder.

Unterdessen ist eure geliebte Person nach ihrem Übergang noch enger bei euch im Zimmer als jemals zuvor. Aber ihr seid es derart gewohnt, euch mit körperlichen Sinnen auf sie zu konzentrieren, dass ihr gar nicht merkt, was euch in höheren Bewusstseinsdimensionen, wo sie weiterhin erreichbar und ihr Wohlergehen gewährleistet ist, nach wie vor zur Verfügung steht.

Wir verstehen durchaus, dass ihr die Persönlichkeiten der Wesen, mit denen ihr diesen verkörperten Zustand auf Erden teilt, über alles liebt, dass es für euch nicht das Gleiche ist und nichts mehr so sein wird wie vorher, wenn sie nun ihre Reise zu höheren Bewusstseinsebenen fortsetzen. Energie wird jedoch niemals zerstört, sie wechselt nur unaufhörlich die Gestalt. Wenn ihr also das Dahinscheiden der Lieben und die Möglichkeiten, die sich euch dadurch bieten – umso größere Liebe und Erweiterung –, in gewisser Weise gutheißen und eine höhere Perspektive einnehmen könnt, werdet ihr in eurem Menschsein zwar einige Momente der Trauer empfinden, aber nicht eure Freude verlieren.

SCHNELLE MANIFESTATION UND EBENEN DES BEWUSSTSEINS

Das sind sehr tiefgründige Aussagen. Habt herzlichen Dank. An dieser Stelle würde ich gerne zu einem anderen Thema übergehen: Manifestation. Wie ihr wisst, sind vor einigen Jahren das inzwischen berühmte Buch und der Film *The Secret (Das Geheimnis)* von Rhonda Byrne erschienen. Sie handeln vom Gesetz der Anziehung. In Bezug darauf würde ich euch gerne fragen: Was ist aus eurer Perspektive das Geheimnis für eine bessere, glücklichere, schnellere Manifestation?

Bewusstsein. Die Antwort liegt im Bewusstsein. Wie bereits erwähnt, lautet die Formel für die Schöpfung: Bewusstsein bewegt Energie in die Form. Das Wunderbare an *The Secret* war, dass es der Menschheit zu der Einsicht verhalf: Dein jeweiliger Gefühlszustand macht dich empfänglich für weitere Empfindungen der gleichen Energie.

Dem Gesetz der Anziehung folgend, besteht der nächste Entwicklungsschritt in der Wahren Schöpfung. Sie hat keine Hintergedanken. Um auf dieser Ebene zu schaffen, hebst du einfach dein Bewusstsein, um die Energie der Quelle, die du verkörperst, ungehindert ins eigene Leben strömen zu lassen, worauf sie immerzu aufregende, überraschende, unfassbare Formen annehmen wird. Bewusstsein bewegt Energie in die Form und kann unbegrenzte Lichtkraft und Liebe in dein Leben bringen.

Wenn Menschen heute über Manifestation sprechen, rührt ihre Motivation häufig daher, unerwünschte Umstände oder Angstgefühle zu vermeiden.

Sie leben in Angst, sind mit Mangel und Begrenztheit konfrontiert, mühen sich ab und leiden. »Ich will nicht, dass mir das Geld ausgeht. Ich will meine Familie, meine Kinder nicht enttäuschen. Ich will vor den Leuten nicht als Versager dastehen. Ich will nicht krank werden. Ich will meinen Job nicht verlieren. Ich will nicht allein sein. Ich will nicht ...« Die Liste ließe sich endlos fortsetzen. Dann sagen sie sich: »Ich geh besser nach draußen, leg mich ins Zeug, mach Dampf, box mich durch, damit was passiert und ich das alles geregelt kriege.« Damit wollen sie das Unerwünschte vermeiden, merken aber nicht, dass ihr ganzer Fokus gerade auf dem Unerwünschten liegt. Da sie mächtige Schöpfer im Rahmen ihrer Schöpfung sind, verketten sich in ihrer Wirklichkeit die Partikel der Unendlichen Schöpfung weiterhin zu unerwünschten Erfahrungen.

An diesem Punkt stellen sie sich vielleicht die Frage: »Wer bin ich eigentlich?«, und erkennen, dass sie nicht mehr die gleiche Motivation besitzen oder dass nichts Aufregendes sie motiviert. Sie führen nicht das Leben, das sie ersehnen, und wissen nicht, wie sie etwas mit Freude schaffen können.

Die menschliche Erfahrung ist eine Reise durch verschiedene Bewusstseinsdimensionen, und erst in der fünften Dimension bewegst du dich allmählich in die Wahre Schöpfung. Wie du weißt, ist die dritte Dimension die der Trennung, die vierte die der Transformation und die fünfte die der reinen Liebe. In ihr sind Wohlbefinden und Fülle absolut gewährleistet. Dort tritt unmittelbar in Erscheinung, was immer du möchtest und brauchst, noch ehe du dir deiner Wünsche und Bedürfnisse bewusst wirst. Dort herrscht die Gewissheit vor, dass alles für dich göttlich orchestriert oder aufeinander abgestimmt ist.

In der fünften Dimension folgst du der Energie, lässt dich vom Licht leiten und mit völliger Offenheit von der Energie der Quelle durchströmen. Vorbehaltlos bejahst du das Gottesbewusstsein im Innern, ohne dein Vermögen, die eigene Welt und Wirklichkeit so zu erschaffen, wie sie dir vorschwebt, anzuzweifeln oder zu verleugnen. Im Laufe deiner Erweiterung bieten sich dir immer neue Potenziale und Optionen, und wie aus dem Nichts tauchen die Dinge plötzlich vor dir auf. Nicht länger hast du mit Mangel und Begrenztheit, Verzögerung oder Angst zu tun. Das Geschehen ringsum begeistert und entzückt dich, weil du in solch tiefem Einklang, auf so hoher Ebene des Bewusstseins lebst.

Dorthin bist du nun zusammen mit unseren Lesern unterwegs. Du überwindest den Drang, »da draußen« etwas zu manifestieren aufgrund von Mangel, Begrenztheit, Angst, Unzulänglichkeit und Trennung, die du in dir fühlst. Die nächste Entwicklungsstufe der Schöpfung besteht darin, dass du in die absolute Erfülltheit und Ganzheit gelangst, in den völligen Einklang mit Freude, Liebe und Wohlergehen, Glück, Freiheit, Schönheit und Reichhaltigkeit.

Dann wirst du nicht mehr lange Phasen des Wartens erleben, in denen du versuchst, geduldig zu sein, Lösungen zu finden, etwas zu erreichen und die Energie gewaltsam in die von dir gewünschte Richtung zu lenken.

Es gibt niemals »falsche« Manifestationen noch Urteile von unserer Seite über eure Manifestationen. Aber diese sind entweder im Einklang mit eurer Wahrheit, die in Liebe, Fülle und Wohlbehagen, Harmonie, Glück und Freude, Freiheit, Schönheit, Inspiration und Kreativität zum Ausdruck kommt – oder sie entsprechen einer wahrgenommenen Idee von Mangel und Begrenztheit. Dessen ungeachtet kann die Manifestation trotzdem gelingen, was wiederum zeigt, welch großen Einfluss ihr ausübt.

Nehmen wir an, du bist in einer Situation, in der du nicht über die finanziellen Mittel verfügst, die du deiner Meinung nach in diesem irdischen Dasein brauchst oder ersehnst. Denn wir erkennen durchaus an, dass du in deiner Welt Geld benötigst. Also schaust du dich um und denkst: »Nun, diese Leute haben mehr Geld als ich; hätte ich so viel wie sie, wäre ich ein glücklicher Mensch.« Du verharrst in einer Schwingung des Mangels und meinst, du müsstest »nach draußen« gehen und dir das Geld holen, es an dich bringen oder ihm hinterherjagen, bis du es schließlich bekommst.

Das ist in unteren Bewusstseinsdimensionen eine Möglichkeit, deine Wünsche zu befriedigen. Da du jedoch – selbst wenn dir das Geld oder was immer du suchst, zuteilwird – nie mit dem Zustand der Fülle übereinstimmst, wirst du sehr wahrscheinlich weiterhin Mangel und Begrenztheit erfahren. Du wirst feststellen, dass du ständig hinter etwas Äußerem her bist und nie die Freiheit, Fülle und Ausgeglichenheit verspürst, wie du sie erhofft hast, sobald deine angeblichen Bedürfnisse gestillt wären.

Zu Beginn dieser gemeinsamen Reise haben wir dir die

Botschaft übermittelt, dass du alles, was du zu sein wünschst, bereits bist. Schwöre dich darauf ein und schaffe aus diesem inneren Zustand heraus. Dann werden deine Kreationen und Manifestationen von den höchsten Ebenen erfolgen.

— ✲ —

Könnt ihr näher erläutern, wie wir lernen, »der Energie zu folgen«? Und wie werden wir offen für sie, wie lassen wir ihre Wirkung zu?

Sobald ihr euch in einer Situation vorfindet, in der ihr ein Problem zu ergründen oder zu beheben versucht oder denkt, bestimmte Schritte unternehmen zu müssen, gegen die ihr euch eigentlich sträubt, ist es am einfachsten und besten, innezuhalten und sich zu fragen: »Welche Tätigkeit würde mir hier und jetzt Freude bereiten?«

Anstatt die Situation aus der Erfahrung von Mangel, Begrenztheit, Mühsal bereinigen oder eine Lösung erzwingen zu wollen, solltet ihr euch auf eine höhere Schwingungsstufe und Bewusstseinsebene bringen.

Wenn ihr bei euren Fragen darauf ausgerichtet seid und die Aufmerksamkeit in den Raum der Inspiration lenkt, wird etwas »aufblitzen« – eine Überlegung, eine Idee oder gar eine Vision. Geht ihr nach und setzt sie in die Praxis um. Denn wenn ihr tut, was ihr liebt und was euch erfreut, folgt ihr der Energie, dem Licht. Ihr befindet euch nicht mehr in der unteren Bewusstseinsdimension, drängt und zwingt die Energie nicht länger dorthin, wo sie eurer Meinung nach wirken soll. Welche Eingebung ihr auch empfangt – sie wird erhebend sein, euch Vergnügen bereiten und aufheitern.

Vielleicht sagt ihr euch: »Nun, ich bin ganz schön hungrig, also geh ich zu dem kleinen Deli, das ich mag, und hol mir ein Sandwich.« Gesagt, getan. Ihr sitzt im Imbiss, genießt eure Speise, als plötzlich ein Freund erscheint, an den ihr kürzlich gedacht habt, den ihr wirklich mögt und lange nicht gesehen habt. Er besorgt sich ebenfalls ein Sandwich, setzt sich an euren Tisch und erzählt schon bald eine Geschichte, die euch eine Vorstellung davon gibt, wie das zuvor beunruhigende Problem gelöst werden kann. Dies wiederum führt zum nächsten Schritt, der dann einen weiteren nach sich zieht – und so fort. Auf diese Weise folgst du der Energie und lässt dir vom Licht den Weg weisen. Das ist eine Erfahrung der Wahren Schöpfung. Du hast aufgehört, etwas erzwingen zu wollen, und durch die schlichte Handlung, deiner Freude zu folgen, begonnen, die Dinge geschehen zu lassen.

Frag dich einfach, was sich gut anfühlen würde: »Was würde mich froh stimmen? Was würde ich sehr gerne machen? Was würde mir Vergnügen bereiten?« Lass es auf dich zukommen. Meistens entgeht dir und den anderen, dass die Antworten auf derartige Fragen nicht vom Verstand herrühren, sondern auf Inspiration beruhen. Genau das ist die Energie, die ihr empfangt, wenn ihr euch öffnet und sie gewähren lasst.

Sobald ihr herausfindet, der Energie bereitwillig zu folgen, wird euch der nächste richtige Schritt einfallen, dann der übernächste und so weiter. Ihr werdet lernen, euren menschlichen Geist für jenes höhere Bewusstsein zu öffnen, das euch stets innewohnt und zugänglich ist sowie in die Lage versetzt, die Dinge weit jenseits der begrenzten körperlichen Sinne wahrzunehmen.

Die Leute sind häufig verschlossen. Größtenteils nehmt ihr euch selbst und eure Welt durch das wahr, was ihr seht, hört, schmeckt, riecht, berührt und gedanklich verarbeitet. Dann sagt ihr: »Das ist real und logisch, so ist es nun mal.« Nichts könnte der Wahrheit ferner sein. Damit begrenzt ihr die Energie der Quelle, die göttliche Orchestrierung und zugleich die eigene Schaffenskraft, denn ihr verharrt auf einer tieferen Bewusstseinsebene, auf der die Wahrnehmungsfähigkeit eingeschränkt ist.

Öffnet euch für die Unendliche Intelligenz. Der göttliche Wille leitet euch immerzu. Er weiß, wer ihr seid, wo ihr seid, und kennt den einfachsten, mühelosesten Weg zu eurem höchsten Gut. Dazu wird euer Menschsein niemals imstande sein, und in der Regel könnt ihr euch nicht einmal vorstellen oder erträumen, was für euch möglich ist.

Diese Unendliche Intelligenz wohnt euch inne, ist euer höheres Selbst. Sie hat den größeren Überblick über die menschliche Erfahrung und das, was vor sich geht. Sie kennt alles und jeden sowie eure besten Abzweigungen. Sie weiß um die Komplexität der menschlichen Existenz, einschließlich eurer individuellen Möglichkeiten. Öffnet euch dafür – für das Wissen, dass hier jenseits dessen, was ihr mit euren begrenzten körperlichen Sinnen erfahren könnt, etwas viel Großartigeres geschieht. Dann werdet ihr die Dinge nicht mehr aus eurer beschränkten menschlichen Perspektive zu durchschauen versuchen, sondern die göttliche Orchestrierung, die Wahre Schöpfung, Magie, Wunder und unglaubliche Manifestationen einfach zulassen, die weit über das hinausreichen, was ihr euch momentan in eigener Sache vorstellen könnt.

Wieder und wieder sagen wir: Was immer du zu sein wünschst, bist du bereits. Alles ist und war stets schon in dir. Wenn du zu dieser Wahrheit, zu deiner Ganzheit, Vollkommenheit und Würdigkeit gelangst und wirklich erkennst, dass es nicht darum geht, mehr zu leisten, mehr zu verdienen oder etwas anderes zu tun, um gut genug zu sein, wirst du auf den höchsten Ebenen leben.

Sobald du jenes Bewusstseinsniveau erreichst, auf dem du deinen Wert kennst, befindest du dich in einem solchen Zustand der Freude, des Friedens und der Harmonie, des Wohlergehens, der Fülle und der Freiheit, der Schönheit, Inspiration und Kreativität, dass der nächste perfekte Schritt sich wie von selbst ergibt. Folge der Energie, folge dem Licht, und wenn es ausbleibt, so halte inne. Denn indem du dich dann auf deine Wirkkraft besinnst, hellwach und im Moment präsent bist, kannst du die Ganzheit und Vollkommenheit all dessen, was du verkörperst, tatsächlich zulassen. Du kannst der Energie der Quelle, dem Gottesbewusstsein in dir erlauben, dich zu durchdringen und zum nächsten perfekten Schritt zu führen.

Das ist die Energie, die Welten erschafft, zugleich aber auch *deine* Welt. Wenn du sie zulässt, sind die Dinge in stetem Fluss und entfalten sich auf so ideale Weise, dass alles Mögliche wie aus dem Nichts geschieht – göttliche Orchestrierung, Synchronizität und vieles mehr. Dann ist jeder

Tag aufregend und amüsant, magisch und wundersam, und dir wird bewusst, dass du schon all das bist, was du zu sein wünschst. Von da an beginnt das wahre Vergnügen, und du kannst dich für die unendlichen Potenziale und Optionen wirklich öffnen.

Etliche Lehrmeister sagen, dass wir die innere Arbeit leisten müssen – uns selbst erforschen, unsere Überzeugungen näher beleuchten, bislang ungewohnte Fragen stellen, den eigenen Ängsten begegnen, Prioritäten neu ausrichten. Andere wiederum empfehlen, einfach der Stimme des Herzens zu folgen und in Freude zu leben, dann werde sich alles von allein ergeben. Könnt ihr uns helfen, diese beiden Perspektiven miteinander in Einklang zu bringen?

Es ist eine Reise durch verschiedene Bewusstseinsebenen, und jede von ihnen kennzeichnet sich durch spezifische Erfahrungen und Emotionen. Wenn du dich in der dritten Dimension befindest, erlebst du das Getrenntsein von der Quelle. Aufgrund der materiellen Dichte nimmst du weitaus weniger von der Gesamtenergie wahr, die dir eigen und verfügbar ist, woraus folgt, dass du sie auch nur in geringerem Maße nutzen kannst.

Da es sich um die Dimension der Trennung handelt, seid ihr uneins mit euren Wünschen und Bedürfnissen und voneinander geschieden. Für euch ist alles »da draußen«. Die primären Erfahrungen sind Mangel und Begrenztheit. Und da ihr bloß teilweise aus der euch zugänglichen Quelle schöpft, forciert ihr die Abläufe, müht euch und versucht, die Energie wie unter Zwang dorthin zu lenken, wo ihr sie gerne hättet. Das ist die Bewusstseinsebene, deren typische Merkmale in rigorosem Handeln und »harter Arbeit« bestehen.

Kann man von dieser Ebene aus Dinge manifestieren? Ja. Aber es dauert wesentlich länger und bedarf weitaus größerer Anstrengung. Vor allem ist bei dieser Vorgehensweise zu bedenken, dass einem am Ende meistens nicht das zuteilwird, was man im Grunde ersehnte – Freude, Liebe und Harmonie, Freiheit und Wohlbehagen. Das Schaffen aufgrund eines Zustands des Mangels, der Begrenztheit, Angst und Unzulänglichkeit verstärkt solche Phänomene noch. So magst du ein großes Haus oder Boot bauen und enorm viel Geld auf dem Konto anhäufen, lebst zugleich aber in der Angst, all das zu verlieren, weil du aus der dreidimensionalen Perspektive heraus aktiv warst.

Sobald du innerlich zu erwachen beginnst oder dich selbst in manchen Augenblicken jenseits von Mangel, Begrenztheit und Trennung erfährst, stellst du dir allmählich die Frage, wer du wirklich bist und warum du hier bist. Wie bereits dargelegt, kann ein schockierendes Ereignis – der Tod eines geliebten Wesens, eine Scheidung oder medizinische Diagnose, der Verlust des Arbeitsplatzes oder Geschäfts, ein Bankrott oder ein anderes Missgeschick – der Auslöser für das Erwachen sein. Es ist ein Moment, in dem ein Mensch zu der Einsicht gelangen mag: »Hey, ich bin immer noch ich und nicht diese Angelegenheiten, mit denen ich mich identifiziert habe.« Also fragt er sich: »Wer bin ich, und was passiert hier in Wirklichkeit?«

Wer auf solche und ähnliche Fragen neugierig genug ist, bewegt sich zunehmend in die vierte Bewusstseinsdimension, die der Transformation. Dort gelangt ihr zu der Einsicht, dass ihr euch selbst ebenso ändern könnt wie eure Verhältnisse und Bedingungen. Ihr seid in der Lage, eure Leiden zu kurieren, an einem besseren Verständnis eurer selbst zu arbeiten, persönliche Eigenschaften und Lebensumstände einem Wandel zu unterziehen. Das ist die »innere Arbeit« der Heilung, Wiederherstellung, Veränderung, der Transmutation und der Transformation.

Man kann sagen, dass die dritte und die vierte jene Dimensionen sind, in denen ihr »die Arbeit erledigt«. Zumindest lernt ihr dort und seid fest davon überzeugt, dass ihr an euch arbeiten müsst!

Viele von euch bleiben über längere Zeiträume – einige Jahre, vielleicht Jahrzehnte oder gar für ein ganzes Leben – in der vierten Dimension. Aber wenn du diese Information wie magnetisch angezogen hast, bist du schon imstande, auf die nächsthöhere Ebene zu wechseln. Du bist bereit für die fünfte Dimension des Bewusstseins, die der reinen Liebe und Wahren oder Makellosen Schöpfung – der Manifestation ohne Hintergedanken. An dieser Station der Reise wird dir begreiflich, dass du die Energie der Quelle bist, das Gottesbewusstsein, das Göttliche. Daher schaffst und erschaffst du neu in deiner Erfülltheit und Ganzheit, nicht aus Mangel und Begrenztheit. Bei dieser Erfahrung geht die Manifestation leicht, mühelos und harmonisch vonstatten. Was immer du möchtest und brauchst, wird dir zuteil, noch ehe du von deinen Wünschen und Bedürfnissen weißt, und alles ist im Übermaß vorhanden.

Wie wir an früherer Stelle sagten, erhaltet ihr mehr von dem, was ihr *seid*, nicht mehr von dem, was ihr *wollt*. Deshalb ist es so wichtig, dass ihr in Freude lebt. Es besteht keine Notwendigkeit, in tiefer gelegene Dimensionen abzusinken, in die Erfahrung von Mangel, Begrenztheit und Angst, Trennung, Auseinandersetzung und Leiden, um zu expandieren und zu schaffen. Tatsächlich ist es um vieles einfacher und vergnüglicher, das von höheren Dimensionen aus zu tun.

In der fünften Dimension des Bewusstseins erkennt ihr die reine Liebe in euch selbst, im anderen Menschen wie auch in sämtlichen Verhältnissen und Bedingungen. Es ist die Ebene des Gottesbewusstseins, das man zugleich als Einheits- beziehungsweise Einsseinbewusstsein bezeichnet. Dort wird euch einsichtig, dass alles der Quelle entspringt – jener Energie, die Welten erschafft und von der ihr unwillkürlich mehr zulasst.

Mit anderen Worten: Eure Schöpfungen entspringen dem göttlichen Willen, der mit dem höchsten und besten Gut für alle übereinstimmt. Daher übersteigen sie gewöhnlich auch eure Vorstellungen im Hinblick auf euch selbst. Denn ihr zieht immer mehr von all dem an, was ihr seid – ohne euch unbedingt darüber im Klaren zu sein –, erweitert eure Wahrnehmung, euer Bewusstsein, wodurch die Erfahrung umso reichhaltiger wird. In der fünften Dimension versteht ihr, dass euch das gelebte Vergnügen zu einem Magneten für noch mehr Vergnügen macht, mithin für mehr Wahrheit, Erleuchtung und alle guten Dinge.

Die Antwort auf deine Frage, ob es darum geht, innere Arbeit zu leisten oder in Freude zu leben, lautet: Beides trifft zu. Doch was ein Individuum tun zu müssen glaubt, wird durch sein Bewusstseinsniveau, seine Überzeugungen bestimmt.

Falls du getrennt von der Quelle in der dritten Dimension verweilst und meinst, das Schaffen in physischer Form sei schwierig, du müssest drängen, forcieren und große Mühe aufwenden, dann wird es auch so sein, zumindest so lange, bis sich dein Bewusstsein erweitert. Der Weg zur vierten Dimension führt über die Erkenntnis, dass dir und deinem Leben mehr Qualitäten innewohnen, als du dachtest. Sobald du in diese Dimension vordringst, in der du dich fortwährend auf die Transformation fokussierst – deiner selbst, der anderen und der Lebensumstände –, wirst du immer weitere Erfahrungen anziehen, die in deinen Augen der Heilung, Wiederherstellung oder tiefgreifenden Veränderung bedürfen. Das ist das wesentliche Merkmal der vierten Dimension.

Die fünfte Dimension des Bewusstseins wiederum, der Zustand reiner Liebe, des Himmels auf Erden, der Neuen Erde, erschließt sich dadurch, dass man die Vorstellung hinter sich lässt, irgendjemand oder irgendetwas müsse geheilt, wiederhergestellt oder tiefgreifend verändert werden. Es geht darum, in sämtlichen Lebensbereichen jegliches Urteil darüber zu überwinden, was richtig oder falsch, gut oder böse, wertvoll oder wertlos erscheint. Während du die Aufmerksamkeit von der mentalen Aktivität des Urteilens abwendest und den Schwerpunkt vom Kopf ins Herz verlagerst, kannst du dir jenes Aspekts deiner Person gewahr werden, der dein Menschsein übersteigt und mit allem Existierenden verbunden ist. Hierin kommt das Bewusstsein selbst zum Ausdruck. Je mehr du dich mit diesem Aspekt in Einklang bringst, desto mehr Raum, Frieden und Freiheit wirst du verspüren. Aus einem solchen Daseinszustand völliger Präsenz wirst du dich immer deutlicher als den einflussreichen Schöpfer innerhalb deiner Schöpfung erkennen und allmählich einsehen, dass diese Kraft zur Fokussierung, Auswahl und Sinngebung schon seit jeher die deine, ja mit dir identisch war.

Dank der neuen Bewusstseinsebene kannst du nachdrücklich beschließen, deine Wirklichkeit so zu gestalten, wie du sie dir wünschst. Indem du die Liebe der Angst vorziehst, den Frieden dem Krieg, die Freiheit der Gefangenschaft, die Freude der Trauer und so weiter, hebst du dein Bewusstsein, deine Wahrnehmung und damit auch deine Perspektive. Du siehst die Dinge nicht nur aus einem größeren Blickwinkel, sondern lebst aus einer größeren Perspektive. Zugleich erhöhst du deine Schwingungsrate, was wiederum zur Folge hat, dass du mehr von der Energie der Quelle zulässt, vom Gottesbewusstsein, das mit dir eins ist und Welten erschafft, die durch dich in die physische Form einfließen. Das ist der Bewusstseinszustand, in dem du Magie und Wunder erfährst, jene unglaublichen, wie aus dem Nichts auftauchenden Manifestationen. Sie geschehen ohne Mühe, Kampf oder Zwang – und ohne dass du dich ändern oder an dir »arbeiten« musst.

Würdet ihr etwas sagen zu der Arbeit, die innerhalb der dritten und der vierten Dimension anzunehmen wäre?

Unter »Arbeit« verstehen wir schlicht die Wahl, im Moment gegenwärtig und bewusst zu bleiben.

Nun könntest du das mit einem großen Arbeitsaufwand verbinden – oder aber einfach beschließen, in jedem Moment gegenwärtig und bewusst zu bleiben.

Was die Verwirklichung deiner eigenen Erleuchtung betrifft, dreht sich alles um deine Entscheidung, dass nichts es wert ist, den jetzigen Moment, deinen Himmel auf Erden, zu verlassen. Das ist der einzige Ort, an dem du wahrhaft Freude, Freiheit und Fülle, Wohlbefinden, Harmonie und Liebe erfahren kannst.

Wenn du mit einer anderen Person argumentieren und ihr erklären willst, warum sie sich irrt und du recht hast, warum sie es machen sollte wie du und sich ändern müsste, dann halt inne und frag dich: »Ist das meinen Himmel auf Erden wert – meine Freude, meinen Frieden, mein Wohlbefinden, meine Harmonie, meine Liebe?« Einige sagen vielleicht: »Ja, das ist es, denn nur so bringe ich diesen Menschen dazu, sich zu ändern.« Das heißt, du zwingst dein Gegenüber, die Dinge auf deine Weise zu sehen und zu machen, damit du glücklich sein kannst. Doch gerade dadurch verstrickst du dich in untere Bewusstseinsdimensionen.

Stattdessen kannst du eine umfassendere Perspektive wählen, eine höhere Bewusstseinsebene, indem du wirklich präsent im Moment und hellwach bist und beschließt, mit der Freude, Liebe und Wohligkeit übereinzustimmen, die bereits in dir sind. Erst dann trägst du positiv zu mehr Freude, Liebe und Behagen bei – für dich, deine Nächsten und die Welt ringsum.

Nehmen wir an, deine Aufmerksamkeit richtet sich einfach nur darauf, dass dein Liebling einige Brotkrumen auf der Anrichte zurückgelassen hat. Nun kannst du zu dem Schluss kommen, die Brotkrumen seien deinen Himmel auf Erden wert. Dabei würden dir folgende Gedanken durch den Kopf gehen: »Das sollte nicht passieren; ich hab sie (ihn) doch gebeten, die wegzuwischen. Das ist ihr (ihm) echt egal.« Deine Gefühle schwankten zwischen Groll, Enttäuschung und Ärger. Oder du entscheidest dich, die Brotkrumen nicht weiter zu beachten oder selbst wegzuwischen, bist gleichmütig, froh und glücklich. Die Wahl liegt bei dir.

Die Brotkrumen auf der Anrichte sind neutral, wohingegen du ihnen eine Bedeutung gibst und daraus deine Erfahrung gestaltest. Du kannst dir einreden, dass jemand sie dort zurückgelassen hat, um dich zu beleidigen, zu missachten, aus Bequemlichkeit oder Ignoranz – oder aber du wählst eine höhere Perspektive.

In der Situation könntest du etwa auch denken: »Oh, wenn diese Person nicht mehr in physischer Form hier wäre, gäbe es diese Brotkrumen nicht. Was, wenn sie morgen tot wäre? Dann wären das ›heilige Brotkrumen‹ – winzige Erinnerungen daran, was sie in verkörpertem Zustand genossen hat ...« Eine solche Wahrnehmung und Perspektive ist dir durchaus zugänglich. Wir möchten dir nahebringen, dass die von dir gewählte Sichtweise über dein Bewusstseinsniveau bestimmt und folglich deine Wirklichkeit erschafft.

Wie entscheidet man sich beispielsweise für die Freude, wenn man einem Menschen im Rahmen einer geschäftlichen oder persönlichen Beziehung begegnet und von ihm enttäuscht wird – also hin- und hergerissen ist zwischen dieser Enttäuschung und eurem Rat, einfach die Freude zu wählen? Wenn ich auf mich achte, werde ich sicherstellen wollen, dass ich nicht ausgenutzt werde. Würdet ihr uns bitte einige Hinweise geben, wie man im Umgang mit schwierigen Leuten, die man nicht sonderlich mag, dennoch Freude empfindet?

Akzeptiere, wenn du kannst, den Standpunkt, dass alles für dich geschieht, nicht dir widerfährt. Wer weiß, wärst du von dieser Person nicht enttäuscht worden, hättest du vielleicht Jahre damit verbracht, um etwas mit ihr aufzubauen, und dabei nie ganz das ersehnte Gefühl von Erfüllung empfunden.

Sobald du merkst, dass dich eine bestimmte Sache frustriert oder enttäuscht, halte inne, kehre in den Moment zurück, nimm drei tiefe Atemzüge und entscheide dich schließlich für die Einstellung, dass jedes Ereignis zu deinen Gunsten ist. Lass dir von der Energie und dem Licht den Weg weisen, bis sich der beste nächste Schritt wie von selbst ergibt. Dadurch öffnest du dich unverzüglich für neue Potenziale und Optionen, die dir in noch größerer Weise und zum höchsten Gut aller Beteiligten nützlich sein können. Und da du weder Urteile fällst noch Widerstand erzeugst, bietet sich umso häufiger die Gelegenheit für Freude.

Die meisten von euch, die von diesen Lehren angezogen werden, möchten unbedingt ein sogenanntes »normales Leben« führen. Ihr habt Familie, Kinder und Freunde. Ihr habt eine Arbeit, die ihr in der Welt leistet. Dennoch würdet ihr gerne jeden Aspekt eures Lebens auf eine höhere Bewusstseinsebene heben.

Daher solltet ihr, sobald ihr etwas zu forcieren oder zu erzwingen versucht, langsamer machen, eine Pause einlegen, durchatmen, den Moment ins Auge fassen und die Perspektive wählen, dass all dies in eurem Sinne ist. Dann fragt ihr euch: »Was würde mir mehr Freude bringen?« Oder: »Wie kann ich diese Sache spielerischer, vergnüglicher, kreativer gestalten?« Wahrscheinlich fällt euch sofort auf, dass ihr die Energie gedankenlos in eine Richtung lenken wolltet, der sie sich widersetzte. Unabsichtlich hattet ihr euch in eine Erfahrung auf tieferer Bewusstseinsebene begeben, weil eure von Mangel und Begrenztheit geprägte Überzeugung sich durchsetzte. Zum Beispiel habt ihr gedacht: »Das wird niemals rechtzeitig fertig.« Oder: »Mir fehlen die Mittel, um das hinzukriegen.«

Wenn ihr wirklich begreift, dass nichts mehr mit jener alten Energie geschaffen werden und jedes eurer Werke auf Liebe, Harmonie und Frieden, Freude, Wohlbefinden und Freiheit, Fülle und Schönheit gründen soll, werdet ihr die Wahl treffen, auf eine Bewusstseinsebene zu gelangen, die im Einklang ist mit euren Wünschen und somit all euer Tun beeinflusst. In diesem Daseinszustand werdet ihr feststellen, dass alles *durch euch* vollbracht wird. Wohingegen ihr auf tieferen Bewusstseinsebenen, in Mangel, Begrenztheit und Trennung, ständig aktiv seid und immer noch mehr machen müsst.

Letztlich hängt eure Fähigkeit, auf höheren Bewusstseinsebenen zu gestalten, davon ab, wie ihr euren eigenen Wert einschätzt. Wenn du dich als die Energie der Quelle kennst, als Gottesbewusstsein oder Göttliches, als Licht und wirkmächtigen Schöpfer innerhalb deiner eigenen Schöpfung, verbunden mit allem, was ist, sowie mit einem grenzenlosen Vorrat an Ressourcen, die dir stets zugänglich und nie von dir getrennt sind, dann wirst du ausgehend von diesem Zustand schaffen. Wenn du dich als denjenigen kennst, der all dessen wert ist, was er möchte und braucht, und das sich manifestiert, noch ehe du deine Wünsche und Bedürfnisse überhaupt wahrnimmst, wirst du ebenfalls ausgehend von diesem Zustand schaffen. Wenn du weißt, dass du ein Kraftfeld des Bewusstseins bist und dass die Partikel der Unendlichen Schöpfung immerzu auf dich reagieren, wirst du gleichermaßen ausgehend von diesem Zustand schaffen. Hebe dein Bewusstsein auf diese Ebene des Wissens, und du wirst dich in die Wahre Schöpfung bewegen, wo du ein Leben entwerfen und wie magnetisch anziehen wirst, das noch deine wildesten Träume übersteigt. Auf solche Weise lässt du die Wirklichkeit ungehindert durch dich strömen.

Erkenne, welch hohen Wert du hast, statt dich davon zu distanzieren und Manifestationen hinterherzujagen mit dem Ziel, deinen Wert unter Beweis zu stellen.

Die »Arbeit« ist einfach, sobald du verstehst, was vor sich geht. Sei wachsam, wenn du unwillkürlich in tieferen Dimensionen verharrst – in Mangel, Begrenztheit, Angst, Trennung oder Urteil. Achte genau darauf, atme tief durch und kehre zu einem Bewusstseinsniveau zurück, auf dem du dein Menschsein dabei beobachten kannst, wie es derlei Dinge erfährt. Aber sie sind nicht die Wahrheit von dir, sondern bloß Gedanken, Überzeugungen und Geschichten, die du dir selbst erzählst. Verstricke dich nicht in sie. Tauche vielmehr wieder in die Präsenz ein, ins höhere Bewusstsein, und wähle einen leichten, mühelosen, stimmigen Weg, der der Wahrheit von dir entspricht, also der Freude, Friedlichkeit und Liebe, der Schönheit, Harmonie und Freiheit, dem Wohlbehagen und der Fülle.

BESTIMMUNG UND ERWACHEN

Ihr habt bereits ein wenig über unsere Bestimmung gesprochen, aber könnt ihr noch einmal näher erläutern, wie wir den Zweck unserer Existenz finden und dementsprechend leben?

Unsere Antwort auf diese Frage ist fast immer dieselbe. Wie wir dich schon vorher gefragt haben: Was wünschst du am meisten für die Menschen, die du liebst? Was möchtest du ihnen geben?

—✵—

Glück, Frieden, Liebe.

—

Nun, du kannst nicht geben, was du nicht hast. Indem du verkörperst, was du den Menschen und der Welt, die du liebst, wünschst, lebst du gemäß deinem Zweck. Verkörpere Glück, Frieden, Liebe – verwirkliche und vergrößere sie in deinem Innern, und du wirst deiner Bestimmung folgen.

Du hast dich auf die menschliche Erfahrung fokussiert, um in jedem Moment von all dem gesättigt zu werden, was hier in physischer Form für dich verfügbar ist. Du hast Gestalt angenommen, um zu schaffen, zu spielen und das zu tun, was du liebst und was dir Freude bereitet. Damit verwirklichst du deinen Zweck. Während du köstliche Speisen genießt, herrliche Düfte wahrnimmst, großartige Landschaften betrachtest, bezaubernde Musik hörst, Liebe und Frieden, Freude und Harmonie in dir fühlst, handelst du so, wie es dir beschieden war. Auch dann, wenn du erfüllt bist und die Energie der Quelle, die du bist, durch dich strömen lässt und sie bewusst erfährst, folgst du deiner Bestimmung. Sie liegt darin, mit ganzer Kraft zu leben, zu lieben und all das zu sein, was du bist.

Sei das unendliche Wesen der Liebe und des Lichts, das dir innewohnt. Das ist deine Bestimmung.

Davon wirst du abgelenkt, wenn du denkst: »Ich missachte, was mir bestimmt ist, weil ich mit meinen Gaben und Talenten nichts anzufangen weiß … weil ich meine

Firma nicht gegründet habe ... weil ich diese Partnerbeziehung nicht eingehen konnte ... weil ich es nicht geschafft habe, eine bestimmte Menge Geld zusammenzubekommen ... weil ich anderen noch nicht genügend geholfen habe ...« Dann glaubst du, deinen Zweck zu verfehlen, weil du ein gewisses Ziel in der äußeren Welt bisher nicht erreicht hast. Dasselbe gilt für die berufliche Aufgabe. Einige fragen sich, ob sie darin bestehe, Arzt zu sein, Rechtsanwalt, Heiler, Elternteil, Lehrer oder dergleichen.

Nichts von dem, was du in der äußeren Welt leistest, entspricht deiner ursprünglichen Natur. Wenn du also »da draußen« nach deinem Zweck suchst und diesen als eine externe Manifestation definierst, wird zwischen ihm und dir immer eine Kluft bleiben.

Im Ringen um den Sinn des Lebens musst du dir zunächst deines Wesens bewusst werden. Wer bist du? Fühle die Energie der Quelle in dir, die deine Wahrheit ist – nämlich Freude, Frieden und Liebe, Schönheit, Harmonie und Freiheit, Wohlbefinden und Fülle. Anschließend überträgst du diesen Zustand des Einsseins mit dir und das damit verbundene höhere Bewusstsein auf all dein Handeln, wohin du auch gehst. So wirst du die erfreulichsten Aufgaben und Aktivitäten entdecken, die dann sozusagen Begleiterscheinungen all deines Tuns sind.

Je mehr du deine Person als Medium begreifst, das die Energie der Quelle in die Welt weiterleitet, dich dieser Kraft öffnest, sie in alles einfließen lässt, was du gestaltest, und damit zum Ausdruck bringst, wer du bist, desto nachdrücklicher wirst du deinem Zweck gerecht. Ihr habt dafür die Formulierung »sein Licht leuchten lassen« gewählt.

Wenn du jedoch an dir zweifelst oder dich sogar verleugnest, bleibst du dem Menschen fern, der du eigentlich bist, und kannst deinen Zweck hier und jetzt nicht erfüllen. Das spiegelt sich in Äußerungen wider wie »Ich bin nicht bereit«, »Ich bin noch nicht gut genug«, »Ich muss mehr Geld verdienen«, »Ich muss härter arbeiten«, »Ich muss mehr fertigkriegen« oder »Ich muss meine Kinder in ihrem Leben auf ein bestimmtes Niveau bringen, dann erst werde ich gut genug sein«. Ebendeshalb sehnen sich so viele von euch nach einem echten Zweck, ohne genau zu wissen, worin er besteht. Ihr meint, es gehe darum, was ihr in der Welt bewerkstelligt, statt darum, wer ihr seid. Das ist ein sehr großer Unterschied.

Was teilt ihr den Menschen mit, die wirklich herausfinden wollen, welche Lektionen zu lernen sie hierhergekommen sind? Diese Frage leitet sich von der Vorstellung ab, dass wir uns im verkörperten Zustand bestimmte Fähigkeiten aneignen sollen, etwa Geduld, Mitgefühl oder die Erschließung der eigenen Kreativität. Vielleicht hat jeder von uns einige sehr wichtige Lektionen im Gepäck, die uns eine bislang nicht gekannte Freiheit schenken, sobald wir sie gelernt haben.

Eines der Spiele, das du mit großem Geschick spielst – wobei wir von unserer Seite niemals Urteile fällen –, besteht in der Annahme, du seist hier, um gewisse Lektionen zu lernen. Das ist nur eine andere Form von Selbstzweifel und Selbstverleugnung. Im Grunde denkst du nämlich: »Ich bin noch nicht gut genug, weil ich nicht geduldig, nicht mitfühlend, nicht kreativ bin.«

Also arrangierst du zusammen mit vielen anderen solche Spiele und widmest dich ihnen. Gewöhnlich bist du dir dessen überhaupt nicht bewusst, obwohl du die Spielregeln aufgestellt hast.

Das ist wirklich amüsant. Aber wenn du schließlich zur tiefen Einsicht gelangst – und das heißt, sämtliche Aspekte deiner selbst miteinbeziehst –, wird dir klar, dass du die Spielregeln neu schreiben kannst, wie du es möchtest. Auf dieser Bewusstseinsebene wirst du ein ganz anderes Spiel spielen, richtig Spaß haben und Dinge tun, die du sehr gern magst und genießt.

Du bist hier, um dein Bewusstsein zu erweitern, aber auch das allgemeine Bewusstsein. Du bist hier, um alles zum Ausdruck zu bringen, was du bist, die Energie der Quelle, die mit dir eins ist in physischer Gestalt. Und du bist hier, um die Erfahrungen zu wählen, die du gerne machen möchtest.

Da du im Zuge dieser Bewusstseinserweiterung deine Wahrnehmung verfeinerst und das Geschehen um dich herum aus einer größeren Perspektive betrachtest, siehst du die Dinge mit anderen Augen. So mag dir die Überzeugung, du seist hier, um Lektionen zu lernen, irgendwann einmal nützlich gewesen sein, was nun jedoch nicht mehr zutrifft. Manchen erschien diese Vorstellung vielleicht als die höchste Erkenntnisstufe, die sie aufgrund des damaligen individuellen und kollektiven Bewusstseins erreichen konnten. Umso erfreuter teilen wir dir mit, dass es hier viel mehr wahrzunehmen gibt, was nicht Teil deiner gegenwärtigen Realität ist, aber deiner künftigen angehören wird – in den Wochen, Monaten, Jahren, die vor dir liegen.

Großartig. Was würdet ihr denn jemandem sagen, der dem zustimmt und sich zugleich fragt: »Wo soll ich beginnen?«?

Unsere Antwort auf diese Frage wäre eine weitere Frage: »Was beschert dir Freude?« Und die Person würde möglicherweise erwidern: »Die Menschen, die ich liebe, meine Haustiere, in der Natur sein, ein herrlicher Sonnenauf- oder -untergang, die Vögel, wunderbare Musik, Kerzenlicht, eine Umarmung, ein warmes Bad, Schwimmen, Gärtnern, ein Spaziergang« und dergleichen mehr.

Mehr als je zuvor wirst du dir jetzt allmählich von selbst der Dinge bewusst, die dich besonders erfreuen. Und wir würden sagen: »Tu das. Widme dich alldem.« Einige würden sogar genauere Angaben machen wie »Sehr gerne führe ich tiefsinnige Gespräche über Spiritualität«, »Ich liebe es, Bücher darüber zu lesen«, »Es gefällt mir ungemein, schöpferisch tätig zu sein« – ob in Musik, Dichtung oder Malerei – oder »Ich finde es gut, anderen Menschen zu helfen«.

Alles, was du liebst, kann dich auf höhere Ebenen des Erwachens und der Erkenntnis bringen. Um es jedoch zu wiederholen: Entscheidend ist, wie du deinen eigenen Wert beurteilst. Wenn du einer geschätzten Tätigkeit nachgehst, dann aber denkst, du solltest oder müsstest etwas anderes tun, etwas, was »verantwortungsvoller« ist, oder meinst, du könntest einen Fehler machen, versagen, nicht gut genug sein, verfängst du dich in der Illusion deiner Wertlosigkeit. Dieser Art von Spiel frönen die Menschen, um im Korsett von Mangel und Begrenztheit zu bleiben.

Wenn du weißt, dass du wertvoll bist und es immer schon warst, wirst du tun, was dir Freude bereitet. Du wirst schaffen und spielen, dabei deinen Zweck voll erfüllen sowie zur Hebung des Bewusstseins und der Schwingung beitragen. Es sei allerdings betont, dass eine solche Frage lediglich jene stellen würden, die nicht an ihren inneren Wert glauben. Ihrer Auffassung nach sollen oder müssen sie etwas tun, um »den Ansprüchen zu genügen«. Dann und nur dann hätten sie es verdient, froh und glücklich zu sein.

Was ist dir zu tun bestimmt? Wie gesagt: Tu das, was dir Freude bereitet. Schlaf, ruh dich aus, lies ein Buch, unternimm einen Spaziergang, sprich mit deiner »Lieblingsperson«, trink eine Tasse Tee, genieß eine köstliche Speise, leg einen Garten an, riech an den Blumen, sitz im Gras und spür den Sonnenschein auf deinem Gesicht, was auch immer. Indem du tust, was du liebst und was dich heiter stimmt, verwirklichst du dich selbst. Durch derartige Aktivitäten erfährst du Inspiration, Kreativität und Enthusiasmus und gestaltest daraus deine Wirklichkeit.

—✵—

Wenn die Leute »Aber ich sollte nicht ...« oder »Aber dieser Umstand ...« sagen, dann haben sie das meines Erachtens

so gelernt. Ignorieren sie also einfach diese Stimme im Kopf, folgen ihrem Herzen und tun das, was sie lieben?

Nicht, was die Stimme im Kopf sagt – »Ich kann nicht …« oder »Ich sollte nicht …« –, haben sie gelernt. Vielmehr resultieren derartige Sätze aus einer Grundeinstellung, die sie sich irgendwann früher angeeignet haben. Sie dienen ihnen als Mittel, in einem Zustand des Mangels und der Begrenztheit zu verharren, eben weil sie sich noch immer für unwürdig halten.

Wenn du solche Gedanken hast, übernimmt dein Menschsein nicht die volle Verantwortung dafür, jener wirkmächtige Schöpfer zu sein, der du eigentlich bist. Etwa wenn du dir sagst: »Nun, er/sie wird mich nicht lassen«, »Ich habe zu viel zu tun« oder »Ich habe all diese Aufgaben, für die ich verantwortlich bin, und muss zuerst sie erledigen, erst dann werde ich ein wertvoller Mensch sein« …

Im Grunde besitzt du die Fähigkeit, alles in deinem Sinne so zu gestalten, wie du es für richtig hältst, und dies auf liebevolle, harmonische Weise. Wir verstehen, dass es Angst und Unbehagen bereiten kann, für dich als Schöpfer innerhalb deiner eigenen Schöpfung die volle Verantwortung zu tragen, doch ohne diesen Akt sind wahre Freiheit und wahre Schöpfung nicht möglich.

Wenn ein Mensch in seinem Leben etwas ändern will oder es bereits versucht hat, aber nicht über die nötige Wahrnehmung oder das Bewusstsein verfügt, dies behutsam und einvernehmlich zu tun, wird er Druck machen, Zwang ausüben und keine Mühe scheuen, um die Personen ringsum nach seiner Pfeife tanzen zu lassen und so die gewünschte Änderung durchzusetzen. Die anderen wiederum reagieren genervt, worauf er sich denkt: »Oh, das ist es einfach nicht wert. Ich bleib halt stecken, weil es zu schwierig ist, mir einen Weg zu den Zielen zu bahnen, die ich erreichen möchte.« In unteren Bewusstseinsdimensionen kann die Veränderung unglaublich frustrierend sein und häufig Widerstand hervorrufen.

Dagegen ist es von höheren Bewusstseinsstufen aus wesentlich einfacher, durch Veränderungen (wir bevorzugen den Ausdruck »Gestaltungen«) zu navigieren. Während du in Einklang kommst mit der Wahrheit deiner selbst und der Kraft in dir, erkennst du allmählich, dass es nichts als Liebe gibt, die stärkste transformative Energie auf dem Planeten. Sobald du die Liebe verkörperst, die du bist, und die anderen als Personifikationen der Liebe betrachtest, wirst du dich, übereinstimmend mit dieser wahren Liebe, von den höchsten Bewusstseinsebenen durch die Welt bewegen, die du gestalten willst. Dann kann alles und jedes auf müheloseste, harmonischste und verblüffendste Weise in die Form gebracht werden.

Die meisten von euch haben das Schaffen noch nicht von jener Bewusstseinsebene aus erlebt. Erst wenn sie erreicht ist, begreift ihr, dass alles für euch möglich ist. Aus dieser Perspektive werdet ihr einsehen, warum euch in der Vergangenheit vieles schwerfiel und warum das Navigieren durch die Gestaltungsmöglichkeiten aus dem Zustand reiner Liebe heraus weitaus einfacher und harmonischer verläuft.

PROBLEME UNSERER HEUTIGEN WELT

Danke. Die Menschheit macht in jüngerer und jüngster Zeit vieles durch – eine Pandemie, Polarisierung in Politik und Gesellschaft, weitere Kriege. In gewisser Hinsicht scheint uns das sehr fern zu sein, obwohl ich weiß, dass dem nicht so ist. Könnt ihr uns dazu eine historische Perspektive aufzeigen?

Was immer zu dieser Zeit auf dem Planeten geschieht, kann aus der größeren Perspektive betrachtet werden, dass sämtliche Dinge wieder in Übereinstimmung gebracht werden mit der Wahrheit der Energie der Quelle und der reinen Liebe in allem.

Es mag den Anschein haben, dass Dinge falsch laufen, auseinanderfallen – oder wie immer du es ausdrückst. Denkst du jedoch über verschiedene Phasen in deinem Leben nach, als du dich angesichts wechselnder Umstände genauso fühltest, wirst du erkennen, dass einige dieser Erfahrungen außergewöhnliche Katalysatoren für dein Erwachen und deine Einsicht waren. Wenn du dir vergegenwärtigst, wer du geworden bist und wo du dich – zumal im Hinblick auf deine Wahrnehmungs- und Bewusstseinsebene – heute befindest, wird dir klar, dass viele frühere Ereignisse zu mehr Liebe, Freude und all dem führten, was du dir immer gewünscht hast.

Sei versichert, dass dies ebenfalls auf die gesamte Menschheit zutrifft. Wenn dir die Vorteile einer Veränderung verborgen bleiben, kannst du dennoch sicher sein, dass sie tatsächlich existieren. Um es zu wiederholen: Alles geschieht für dich, für euch.

Wenn ihr euch in diesen Zeiten tiefgreifenden Wandels für die Illusion der Trennung entscheidet, wird sich das noch schrecklicher anfühlen als je zuvor. Zugleich aber bietet sich die Gelegenheit, genau darauf zu achten, ob ihr die reine Liebe und die Wahrheit wählt, sodass die Energie der Quelle in allem enthalten ist. Anderenfalls vergrößert ihr nur das Leiden.

Dank dem Votum für die Liebe werdet ihr wissen, dass alles für euch geschieht und stets zu euren Gunsten aufgeht. Ihr werdet die Welt aus einem weiteren Blickwinkel betrachten. Als Schöpfer innerhalb eurer eigenen Schöpfung werdet ihr das Verständnis erlangen, dass alles vollkommen ist. Eure Wirklichkeit ist immer eine getreue Widerspiegelung jener Bewusstseinsebene, von der aus ihr gestalterisch tätig wart. Und wenn ihr dafür die volle Verantwortung übernehmt, werdet ihr niemandem und nichts mehr außerhalb eurer selbst für was auch immer verantwortlich machen.

Ich würde gerne unsere heutige Umbruchsphase vor dem Hintergrund früherer Epochen betrachten, in denen es vielleicht ebenso viele oder gar noch mehr erleuchtete Wesen gab, wie etwa in den Zivilisationen von Atlantis oder

Lemuria. Ist das die bislang größte Transformation des menschlichen Bewusstseins, weil sie die absoluten Höhepunkte vergangener Zivilisationen noch übertrifft oder weil sie in der Wirklichkeit globale Ausmaße annimmt?

Nun, die Erdbevölkerung umfasst heute mehr Menschen als jemals zuvor. Allein schon aus dieser Perspektive ist die Transformation tiefgreifender. Aber auch wegen all dessen, was sich wandelt. Ihr übersteigt die Illusion der Trennung, mehr noch als die Mitglieder früherer Zivilisationen, die vielleicht bereits auf höheren Wahrnehmungs- und Bewusstseinsebenen lebten. Ruf dir in Erinnerung, dass auf höheren Bewusstseinsebenen – ab der fünften Dimension aufwärts – nur eines geschieht: die Ausdehnung von Licht und Liebe, die du bist.

Aus unserer Warte ist dies wirklich das größte Ereignis im ganzen Universum. Ihr habt beschlossen, euch zu dieser Zeit auf die menschliche Erfahrung einzulassen. Ist das nicht ein Beweis, dass jetzt etwas Unerhörtes im Weltall geschieht? Diese Wahl habt ihr selbst getroffen. Wenn irgendwo anders etwas Besseres stattfinden würde, wärt ihr dann nicht dort?

Ist es möglich, dass ich auch dort bin?

Natürlich! Du bist ein multidimensionales Wesen, und einige deiner Aspekte machen auf unterschiedlichen Bewusstseinsebenen alle möglichen Erfahrungen bis in alle Ewigkeit und darüber hinaus. Diese Aspekte sind nicht von dir getrennt, sondern auf Bewusstseinsebenen, die du während dieser physischen Existenz nicht wahrzunehmen vermagst.

Wenn du akzeptierst, dass dein menschlicher Geist niemals vollständig begreifen wird, was hier auf Erden vor sich geht, kannst du deine Aufmerksamkeit darauf richten, es zu empfinden. Du bist imstande, dich ins Einheits- oder Einsseinbewusstsein einzufühlen, das heißt in die Istheit all dessen, was ist, und dich selbst als Schöpfer innerhalb deiner eigenen Schöpfung wahrzunehmen. So wirst du beginnen, dich durch deine Sinne in Realitäten hineinzuversetzen und das ganze Universum intuitiv in dir selbst zu erfassen. Da gibt es keinerlei Trennung von was auch immer.

Bald wirst du dann dein Bewusstsein auf die Wahrnehmung dessen ausrichten, was jenseits davon existiert. Aber die Reise derjenigen unter euch, die diese Botschaft wie magnetisch angezogen haben, führt nun einstweilen zur Verwirklichung des Lebens als die verkörperten Meister, die ihr seid, um in dieser Zeit die kollektive Schwingung auf dem Planeten zu heben. Voller Begeisterung habt ihr beschlossen, hier zu sein und das großartigste Dasein zu erschaffen, das ihr euch vorstellen könnt.

Dass ihr euch als Verkörperungen der Energie der Quelle erkennt, wird sich in der gegenwärtigen menschlichen Erfahrung niederschlagen. Aus diesem Grund seid ihr hier, und ebendeshalb seid ihr so wichtig. Wie wir bereits erklärt haben, gibt es im gigantischen und herrlichen Universum einen weitaus größeren Zweck für die Erde, derweil ihr individuell wie kollektiv euer Bewusstsein steigert und eure Schwingungsfrequenz erhöht.

Noch einmal möchte ich das Gespräch darauf lenken, was die Welt gerade durchmacht, insbesondere wegen der extremen Polarisierung in der Politik. Kann man diese Polarisierung schlichtweg damit erklären, dass sich ihre Verfechter für die Angst statt für die Liebe entschieden haben? Oder ist das eine allzu grobe Vereinfachung? Warum kommt es zu derart scharfen Gegensätzen, weshalb polarisieren sich die Menschen so vehement, wo sie doch vorher toleranter und kompromissbereiter schienen?

Es wird dich vielleicht überraschen, aber aus unserer Perspektive herrschen auf eurem Planeten mehr Frieden, Harmonie und Zusammenarbeit als jemals zuvor. Und mehr Menschen denn je möchten zusammenkommen, um gemeinsam etwas zu erschaffen und neue Veränderungen herbeizuführen.

Das ist unsere Auffassung. Gewiss gibt es mehr Liebe. Mehr Menschen leben in Freude, Frieden und Harmonie, Wohlgefühl und Fülle als jemals zuvor und mehr Menschen denn je erfahren die Freiheit.

Das, worauf du dich fokussierst und eine Bedeutung projizierst, erschafft deine Wirklichkeit. In früheren Zeiten mögen größere Kriege auf der Erde stattgefunden haben, aber aufgrund der geringen oder gar nicht vorhandenen Berichterstattung in den Medien und der wenigen sozialen Plattformen wurde die »Erfahrung« dieser Kriege stark abgeschwächt.

Entscheidend ist, dass du dich auf eine größere Perspektive besinnst, um zu verstehen, was hier eigentlich passiert. Was du beobachtest, ist lediglich eine Wahrnehmung innerhalb jener Bewusstseinsdimension, die auf Trennung beruht. Doch du kannst dich jederzeit über richtiges und falsches Verhalten hinwegsetzen. Je öfter du das tust, desto weniger wird sich die Allgemeinheit damit beschäftigen. Schon bald wirst du merken, dass solche Beobachtungen nicht mehr Teil deiner Wirklichkeit sind.

Gehen wir noch einen Schritt weiter. Da ihr bestrebt seid, zusammenzuarbeiten und gemeinsam neue Strukturen und Systeme zu entwerfen, die in mehr Frieden, Harmonie und Fülle, Freude, Wohlgefühl und Freiheit gründen, werdet ihr es viel einfacher finden, die Änderung obsoleter Verhältnisse nicht mit Mühe und Zwang bewirken zu wollen.

Niemals werdet ihr durch Kampf oder Krieg zu einer Lösung kommen. Wie auch kein Problem dadurch gelöst wird, dass ihr nachzuweisen versucht, wer recht und wer unrecht hat, wie oft jemand richtig- oder falschliegt. Auf dieser Bewusstseinsebene werdet ihr euch selbst und die anderen nur in der Erfahrung des Getrenntseins festhalten.

Heute übersteigen mehr von euch denn je solche Denkweisen. Und während ihr euren Weg fortsetzt, verwirklicht ihr mehr Frieden und Harmonie, Freude und Zusammenarbeit, bis genau das eure Art des In-der-Welt-Seins sein wird, eure ständige Erfahrung der Wirklichkeit.

Tief innen besitzt ihr die Kraft, jedes menschliche Geschehen zu beobachten und dabei in einem Zustand reiner Liebe zu bleiben, statt euch in die Illusion der Trennung zu verstricken. Zum Beispiel könnt ihr eine aufgeheizte politische Diskussion verfolgen, zugleich aber die wahre Liebe im Innern wahrnehmen, außerdem an den Kontrahenten, dem leidenschaftlichen Hin und Her, der fließenden Energie eure Freude haben, ohne euch über die Inhalte zu ereifern. Wenn ihr, ausgerichtet auf eine so hohe Schwingung der Erkenntnis, des Einheits- und Einsseinbewusstseins, tatsächlich eure Präsenz im Moment aufrechterhaltet und die Energie der Quelle, die ihr seid, durch euch strömen lasst, habt ihr nicht einmal eine Ahnung davon, welche spontanen Einsichten und Erweckungserlebnisse euch zuteilwerden.

Obwohl es für das Menschsein auf unteren Bewusstseinsebenen vielerlei Herausforderungen gibt, plädieren wir doch dafür, dass ihr hier in vollen Zügen lebt. Um es zu wiederholen: Ihr braucht nicht als Nonne oder Mönch auf einem Berggipfel zu verweilen, es sei denn, ihr wählt diese Art der Abgeschiedenheit. Die meisten von euch aber möchten unbedingt an der Welt und all den Erfahrungen teilhaben, die sich jetzt auftun.

Ihr besitzt die Fähigkeit und die euch stets verfügbare Energie der Quelle, um in jedem Lebensbereich vollkommen gegenwärtig zu sein. Nicht um jemand anderen oder eine Situation zu ändern, sondern weil es äußerst wohltuend ist, in der eigenen Wahrheit zu leben. Dann werdet ihr die Kraft der Wahren Schöpfung ohne Hintergedanken erkennen und Zeugen von Magie, Wundern und Manifestationen sein, wie ihr sie nie zuvor erfahren habt. Diese Möglichkeiten stehen euch allen offen.

Den Blick über die Covid-19-Pandemie hinaus richtend, stellt sich die Frage: Was steckt hinter *jeder* Krankheit – ob Erkältung, Allergie, Heuschnupfen, Krebs, Herzkrankheit oder Arthrose? Sind es die Gene, bestimmte Überzeugungen, Emotionen, Abkapselung, Stress, Verwirrung? Könntet ihr uns eine Antwort übermitteln, die all diese Gesundheitsprobleme einbezieht?

Beginnen wir die Antwort auf deine Frage damit, dass wir dir die höchste Vorstellung von Gesundheit und Wohlbefinden geben. Anschließend werden wir dir die heilsamen Potenziale und Optionen innerhalb verschiedener Bewusstseinsebenen aufzeigen.

Zunächst einmal ist es jeder und jedem von euch möglich, auf einer so hohen Ebene des Wohlbefindens zu leben, dass sich die Zellen in eurem Körper rasch erneuern und verjüngen, während ihr fortfahrt, bei bester Gesundheit zu schaffen und wiederherzustellen. Indem ihr die Energie der Quelle ungehindert durch euch strömen lasst, ermöglicht ihr es den Zellen und dem Körper, optimal zu funktionieren.

Obwohl die gesamte Menschheit heute ihr Bewusstsein

durchaus heben kann, sodass ihr alle über eine wesentlich höhere Schwingungsfrequenz verfügt, ist dies aufgrund der herrschenden Überzeugungen hinsichtlich der Krankheit eher schwierig. In höheren Dimensionen gibt es weder Schmerz noch Leiden oder gesundheitliche Probleme, die sich nur auf tieferen Bewusstseinsebenen manifestieren.

Dennoch ist jede Krankheit zu eurem Nutzen, auch wenn ihr sie aus eurer Perspektive fast immer als etwas Negatives erachtet, was lieber nicht geschehen sollte. Einige der größten Erweckungserlebnisse auf eurem Planeten hatten Menschen, die krank oder sonst wie körperlich eingeschränkt waren, sich aber gerade deshalb darauf besannen, wer sie wirklich sind. So gelangten sie zu der Einsicht, dass sie nicht bloß Körper sind, und beschlossen, die Wahrnehmung über ihn hinauszurichten. In dem Moment war der Körper, der jeglichen Widerstand aufgab, zugleich imstande, die Beeinträchtigung zu überwinden und wieder heil zu werden.

Im Erkenntnisprozess erweitert sich stets das Bewusstsein – und damit auch die Auffassung, was euch möglich ist. Was ihr dann als möglich erfahrt, verbunden damit, wie ihr eure Wirklichkeit gestaltet, hat ebenfalls eine derartige Erweiterung zur Folge.

In der dritten Bewusstseinsdimension würdest du mit den meisten anderen sagen, dass ihr identisch mit eurem Körper seid. Du hältst dich für eine Persönlichkeit und den Menschen, als den du dich kennst. Durch deinen Körper nimmst du die Wirklichkeit wahr. In dieser Dimension erklären die Leute: »So bin ich nun mal, das ist alles, und daran kann ich nichts ändern.« Ihr findet euren Körper groß genug oder nicht groß genug, zu dünn oder zu korpulent, zu alt oder zu jung und so fort. Ständig liegt der Fokus auf den körperlichen Schwachstellen.

Außerdem habt ihr eine ganze Reihe von Gefühlen, die euch auf schweren, mehr oder weniger undurchdringlichen Bewusstseinsebenen festhalten, wodurch eure Schwingungsrate gesenkt wird. Da ihr in solchen Zuständen die Energie der Quelle nur teilweise durch euch strömen lasst, entsteht ein Mangel, eine Verlangsamung oder ein Ungleichgewicht im Energiefluss, was wiederum Störungen und Fehlausrichtungen verursacht. Diese zeigen sich zuerst auf der energetischen, dann auf der emotionalen und schließlich auf der physischen Ebene, wo Krankheiten auftreten.

Nie würden wir behaupten, irgendjemand würde absichtlich Krankheit, Missklang, Schmerz oder Mangel im Körper hervorrufen. Wir sagen nicht: »Oh, du bist selber schuld an deiner Krankheit.« Doch während ihr schrittweise auf höhere Bewusstseinsstufen gelangt, werdet ihr in euren Gestaltungen versierter und zielgerichteter und könnt eine Wirklichkeit wahrnehmen, in der Gesundheit und Wohlbefinden immer verfügbar sind, ungeachtet eurer momentanen Erfahrung.

Viele Menschen, die eine schwere Krankheit, körperlichen Schmerz oder eine krankheitsbedingte Nahtoderfahrung durchgemacht haben, begannen sich Fragen zu stellen wie »Wer bin ich?« oder »Wer bin ich jenseits dieses Körpers, der sich derart abmüht?«. In solchen Augenblicken versetzt ihr euch auf höhere Bewusstseinsebenen und erkennt, dass ein Aspekt in eurem Innern den physischen Körper übersteigt. Ihr fühlt euch allmählich in die vierte Dimension ein, in der euch deutlich wird, dass ihr euren Körper umgestalten könnt. Etliche große Meister haben das Wissen um die Wechselbeziehung zwischen der Disharmonie auf der energetischen und der emotionalen Ebene geteilt, die dann als Disharmonie auf der physischen Ebene zum Ausdruck kommt. Sie haben gelehrt und sogar nachgewiesen, dass eine Reinigung, Heilung, Wiederherstellung und Umgestaltung auf den ersteren Ebenen ebensolche Vorgänge im physischen Körper nach sich ziehen kann.

Obwohl wir bemerken und beistimmen, dass ihr in dieser Transformationsphase oft Jahre verbringt und stecken bleibt - stets darum bemüht, zu heilen, wiederherzustellen, loszulassen, an euch selbst zu arbeiten und neue Methoden ausfindig zu machen, die den Körper ins Gleichgewicht bringen sollen –, ist sie Bestandteil der Reise durch verschiedene Bewusstseinsebenen. Doch auf der hiesigen Ebene, auf der ihr euch und euren Körper ständig als »überholungsbedürftig« betrachtet, werdet ihr weiterhin unwissentlich negative oder im Körper als negativ empfundene Umstände anziehen, die geändert oder behoben werden müssen.

Überwindet eure Urteile darüber, was sich im Körper manifestiert hat, um so auf höhere Ebenen des Bewusstseins zu gelangen. Entscheidet euch, statt es für richtig oder falsch zu halten oder Abhilfe schaffen zu wollen, für die Einsicht, dass alles immer für euch geschieht. Damit ignoriert ihr nicht die Tatsachen. Stellt dann fest, ob ihr sie akzeptieren und euch öffnen könnt, um der Gaben, der Wunder und jener Entwicklung teilhaftig zu werden, die eintritt, sobald ihr auf höheren Ebenen der Gesundheit und des Wohlbefindens zu schaffen beginnt.

Meistens lehnt ihr euch gegen körperliche Symptome auf und erzeugt Widerstand: Ihr reagiert und versucht mit aller Kraft, sie zu beseitigen. Dabei geht euch der Gedanke durch den Kopf: »Was stimmt mit mir nicht?« Mit dieser Reaktion senkt ihr euer Bewusstseinsniveau, um die Veränderung von der niedrigeren Ebene aus herbeizuführen, was jedoch nur weitere Problembewältigungen und Mühen nach sich ziehen wird.

Treten Symptome auf, besteht eine ganz andere Möglichkeit darin, sogleich in sich zu gehen und die Aufmerksamkeit darauf zu richten, im Innern das momentan höchste Wohlbefinden herzustellen. Bringt sämtliche Zellen eures Körpers miteinander in Einklang, um wieder ins Gleichgewicht zu kommen und von Freude erfüllt zu sein.

Wenn ihr damit fortfahrt – also langsamer macht, nach innen schaut und heilsame Gefühle weckt, statt euch fast zwanghaft einen Weg durch die Störung oder Blockierung zu bahnen –, versetzt ihr euren Körper auf wesentlich einfachere und stimmigere Weise in einen Zustand des Wohlbefindens. Die Bewusstwerdung dessen, was ihr erfahren möchtet – etwa Harmonie und Freude –, mag euch dann auch einen Einblick in das geben, was auf emotionaler oder körperlicher Ebene aus dem Gleichgewicht geraten ist. Aber das wird aus einer viel höheren Perspektive erfolgen und eurem höchsten Wohl entsprechen.

Jeder Mensch, der eine spontane Heilung erlebt hat, war davor an einen Punkt gelangt, an dem er den inneren Widerstand völlig aufgegeben hatte. Er ließ das Leiden los, das Drängen und Zwängen wie auch die Angst vor der Krankheit, dem Schmerz und in manchen Fällen sogar vor dem Sterben. Mit einem Mal leistete er keinerlei Gegenwehr mehr, um sich bedingungslos zu fügen und alles zuzulassen. In dem Moment konnte die Energie der Quelle durch ihn strömen und so die Ganzheit im Körper wiederherstellen.

Ihr braucht nicht zu warten, bis eine schlimme, lebensbedrohliche Krankheit euch heimsucht, um die innere Ausrichtung auf euer höchstes Wohl einzuüben. Vielmehr könnt ihr die Energie der Quelle immerzu ganz gezielt in jede Zelle eures Körpers leiten.

Viele Leute fragen mich, warum die Energie der Quelle oder Gott nicht all das Leiden und Böse in der Welt beseitigt. Ich habe meine eigenen Antworten darauf, und sie bescheren mir tiefen Frieden. Aber diese universelle Frage hören viele, die auf dem geistigen Weg sind. Würdet ihr uns euren Standpunkt dazu mitteilen?

In diesem Zusammenhang spielen mehrere Aspekte eine Rolle. Zunächst einmal macht ihr alle die Erfahrung des freien Willens; das heißt, nichts und niemand außerhalb eurer selbst kann für euch die Wahl treffen. Falls ihr zu dem Schluss kommt, nicht gut genug, unwürdig, ein Opfer der Umstände zu sein oder nicht geliebt zu werden, und es passieren schreckliche Dinge, etwa dass nie etwas in eurem Sinne funktioniert und das Leben euch ungerecht erscheint, werdet ihr auf einer Bewusstseinsebene und in einer Schwingungsdichte ausharren, die euch tatsächlich mit Leiden konfrontieren. Demnach steht es euch gleichermaßen frei, entweder das Leiden oder die Freude zu wählen. Alles hängt von euren Gedanken und der Bedeutung ab, die ihr den Ereignissen gebt, was wiederum die Bewusstseinsebene beeinflusst, auf der ihr euch gerade befindet.

Die Wurzel allen Übels ist die Überzeugung, dass ihr den Ansprüchen nicht genügt und von der Quelle, Gott, dem Schöpfer - der ihr eigentlich seid - nicht geliebt werdet. Ihr müsst große Mühe aufwenden, um euch in niedrigeren Schwingungen des Bewusstseins zu halten: Es braucht viel Kraft, um die Wahrheit und eure Herrlichkeit zu verleugnen.

Individuen wie auch Kollektive vergessen die Wahrheit über sich selbst, übersehen, wie großartig sie eigentlich sind. Dabei nehmen sie die Wirklichkeit von unteren Bewusstseinsebenen wahr, wo das Gefühl vorherrscht, unwürdig, nicht liebenswert, ungenügend zu sein, und ihnen ebenso wie anderen Leid zufügt. Doch ihr alle seid die Quelle, Gott, das Göttliche. Gott ist in euch, in jeder und jedem, in allem. Entweder seid ihr darauf fokussiert, diesen Gott und die Liebe in euch, in anderen, in allem wahrzunehmen - oder aber die Abwesenheit der Quelle, des Gottes und der Liebe in euch, in anderen, in allem. Stets habt ihr die Wahl.

Immer wieder geratet ihr in unangenehme oder gar verstörende Situationen. Daraus gestaltet ihr eine Geschichte, die vom Schlimmsten handelt, was überhaupt je geschehen kann, und äußert Sätze wie »Es ist schrecklich, ein Horror«, »Das ist verkehrt; es hätte nicht passieren dürfen«, »Warum ich? Gott liebt mich nicht« oder »Ganz bestimmt bin ich nicht liebenswert«. Und ihr seid aufgebracht, wütend, bestürzt. Ihr quält euch und kämpft wie besessen. Damit vergrößert ihr jedoch das Leiden, indem ihr eure Geschichte dauernd wiederholt und die schmerzlichen Gefühle erneut empfindet. Vielleicht zieht ihr sogar Familienmitglieder und Freunde mit in die Not oder findet andere Menschen, die ähnliche Erfahrungen gemacht haben und ebenfalls klagen. Dann bildet sich eine Gruppe von Leuten, die sich gegenseitig ihr Herz ausschütten. In unteren Bewusstseinsdimensionen erhaltet ihr auf solche Weise das Leiden aufrecht.

Doch auf der Reise durch verschiedene Bewusstseinsebenen habt ihr möglicherweise Glück genug, Erfahrungen zu machen, die euch Einblick in eine höhere Perspektive gewähren. Nehmen wir einmal an, bei der verstörenden Situation handle es sich um eine Trennung, das Ende einer Beziehung, und ihr seid unglaublich verletzt, wütend, außer euch und nachtragend. Die Partnerin oder der Partner hat euch unrecht getan, missbraucht und ist einfach schrecklich. Das ist das Schlimmste, was ihr je erlebt habt. Also betet ihr in eurem Leiden zu Gott, die Sache zu richten und alles zum Besseren zu wenden. Einige Monate oder Jahre später begegnet ihr einer hinreißenden Person, die die Liebe eures Lebens ist. Ihr seid zutiefst glücklich und könnt kaum glauben, dass ihr mit diesem Menschen zusammengekommen seid, um eine wunderbare, harmonische, liebevolle Beziehung aufzubauen. Im Rückblick auf jene Trennung sagt ihr euch vielleicht: »Oh, das ist das Beste, was mir je passiert ist.« Nun ist Gott gut und »auf eurer Seite« wegen all der schönen Ereignisse, die jetzt in eurem Leben geschehen.

Wenn ihr die Geschichte vom Leben, das schwierig sei, ein Kampf, überall gäbe es nur Unheil und böse Menschen, immer wieder erzählt und euch weiterhin darauf fixiert, verursacht ihr noch mehr Leiden in eurem Leben und in der Welt.

Viele von euch befragen uns über das Leiden der anderen. Unsere Antwort ist stets dieselbe: Du wirst *dir selbst* unentwegt Schmerz zufügen, wenn du zu wissen glaubst, wie die Seelenreise deines Nächsten verlaufen sollte. Zwar bist du dir nicht wirklich im Klaren darüber, warum ein Mensch bestimmte Erfahrungen durchmacht, kannst aber entweder mit ihm leiden – und dadurch sein Leiden, deines und das in der Welt vergrößern – oder im Gegenteil auf eine höhere Bewusstseinsebene gelangen und dir seine, deine und die im Ganzen wirksame Wahrheit vergegenwärtigen. Alles geschieht immer für euch alle, denn die Energie der Quelle ist ebenso in eurem Innern wie in allen Dingen und permanent verfügbar, sodass ihr die eigene Welt in jeder gewünschten Weise gestalten könnt. Die Wahl liegt immer bei euch. Da ihr euch auf die Wahrheit des anderen Menschen besinnt und wisst, dass er sich nach seinem Rhythmus und seiner Art ebenfalls darauf besinnen wird, seid ihr imstande, ihn seinen Weg gehen zu lassen. Ihr werdet ihn weder drängen noch zu etwas zwingen, weder eurem Willen unterwerfen noch für ihn entscheiden wollen, nur weil ihr mit seiner momentanen Situation nicht einverstanden seid.

Wenn ihr versucht, die Wahl für ihn zu treffen, und meint, er sei auf dem »falschen Weg«, nicht da, wo er sein sollte, glaubt ihr an die Illusion von Mangel, Begrenztheit, Trennung und habt daran teil.

An dieser Stelle sei ein wichtiger Punkt genannt: Keine dieser Ausführungen soll euch nahelegen, anderen in Not nicht beizustehen, ihnen nicht die Hand zu reichen oder nicht für sie aktiv zu werden, wenn eure Seele danach verlangt. Noch sollen unsere Worte gewaltsames oder verletzendes Verhalten bagatellisieren oder gar rechtfertigen. Wir sind hier, um euch eine größere Perspektive auf alle Lebensumstände zu bieten und daran zu erinnern, dass es keinen Grund gibt, euren Wert oder die Liebe zu euch selbst zu verleugnen.

Ihr alle seid auf der Reise durch verschiedene Bewusstseinsebenen. Dessen ungeachtet wollt ihr einem Menschen erklären, wo er stehen oder wohin er gehen sollte, und Entscheidungen für ihn treffen, obwohl ihr es meistens nicht mögt, wenn andere so mit euch umgehen. In dem Zusammenhang führen wir ein Beispiel an, das viele von euch mit gewissen Nahrungsmitteln in der Kindheit verbinden können. Wenn ihr an eure frühen Jahre zurückdenkt, kommt euch sicher eine bestimmte Palette von Aromen in den Sinn. Es gab Gerichte, die ihr wirklich geliebt habt, andere, die ihr nicht unbedingt mochtet, zu denen euch aber die Eltern gedrängt haben, und solche, die ihr einfach scheußlich fandet. Als Erwachsene verzehrt ihr nun größtenteils nicht mehr die gleichen Speisen wie in der Kindheit. Ja, etliche unter euch verleiben sich gerade jene »scheußlichen Sachen« ein, die ihr damals freiwillig nie gegessen hättet!

Im Verlauf dieser Reise ändern sich eure Präferenzen, desgleichen eure Sichtweisen und Einstellungen. Ihr macht Erfahrungen, die euch auf neue Wahrnehmungsebenen führen, was eine Erweiterung eures Bewusstseins zur Folge hat. Und das heißt: *Ihr tragt Verantwortung für euren eigenen Weg*. Wenn es also Leid in eurer Welt gibt, dann wendet euch nach innen und erschafft dort jene Umstände, die ihr im Außen erleben wollt. Sobald ihr so handelt, werden sich auch andere allmählich daran erinnern, dass sie ebenfalls die Fähigkeit haben, eine Welt zu erschaffen, die von Freude, Frieden und Freiheit, Liebe, Harmonie, Fülle und Wohlbefinden geprägt ist, wann immer sie sich dafür entscheiden.

Ist es Gott, der das Leid in der Welt verursacht? Nein. Es ist der Glaube an die Trennung von Gott – von dem Gott in eurem Innern, in all den anderen, in allem. Das ist es, was Leid hervorbringt.

Auch werdet ihr Leid erfahren, sobald ihr vergesst, dass nichts je zerstört wird. Nur die äußere Gestalt ändert sich ununterbrochen. Die Schöpfung kennt kein Ende. Wenn ihr denkt, sie sei zum Abschluss gekommen, erliegt ihr wieder der Täuschung. Wird eine Stadt durch eine Flutwelle oder einen Vulkanausbruch verwüstet, weswegen sie in euren Augen für immer untergegangen scheint, werdet ihr an dieser Illusion leiden. Könnt ihr hingegen den Blick aus einer höheren Perspektive auf das Geschehen richten, wird euch oftmals bewusst, dass aus der Zerstörung noch mehr Liebe, Freundlichkeit und Mitgefühl, Inspiration, Kreativität und Innovation hervorgehen. Alles hängt von eurer Wahrnehmung ab, alles beruht auf eurer Wahl.

Jede und jeder von euch ist in der Lage, sich von der Energie der Quelle so durchs Leben leiten zu lassen, dass ihr euch in keinerlei Bedingungen oder Verhältnisse verstrickt, die nicht zu eurem Besten sind. Ihr beschreitet zum Beispiel einen Weg und meint, ihr solltet rechts abbiegen, bis ihr plötzlich die Eingebung empfangt, weiterhin geradeaus zu gehen. Derart wirkt die Energie der Quelle. Ihr folgt der Energie, lasst euch vom inneren Licht führen, weil ihr präsent und hellwach, offen und nachgiebig seid. Frohgemut und ohne irgendwelche Fragen zu stellen, erfahrt ihr vielleicht nie, dass ihr dank jener intuitiven Führung womöglich einer Katastrophe entgangen seid, die sich auf dem anderen Weg ereignet hätte, den ihr nicht eingeschlagen habt.

Sobald ihr euch der Energie der Quelle im Innern öffnet, erfahrt ihr das Leben auf ganz neue Weise. Dann lebt ihr in einem solchen *Flow*, lasst euch von der Energie und dem Licht den Weg weisen und betrachtet die Ereignisse aus einer größeren Perspektive, ohne in Reaktionen oder Widerstände verwickelt zu werden.

Sollten wir die Frage stellen, was die Welt jetzt am meisten von euch brauche, würde niemand ernsthaft antworten: »Dass wir zu Auseinandersetzung und Leiden, Mangel und Begrenztheit, Angst und Trennung beitragen.« Noch würde jemand erwidern: »Nun, das Beste, was ich für die Welt tun kann, ist, selbst genug zu leiden, damit alle um mich herum fröhlicher werden können.«

Den größten Beitrag leistet ihr dadurch, dass ihr euer Bewusstsein und eure Schwingung in einen Zustand von Freude, Frieden und Liebe, Harmonie, Freiheit und Fülle,

Wohlbefinden und Schönheit hebt. Dafür könnt ihr euch dank eurem freien Willen jederzeit entscheiden, wie auch dafür, im Vollbesitz eurer Kraft zu sein, euch von der Energie der Quelle durchströmen zu lassen und so den anderen Menschen aufzuzeigen, was auch ihnen möglich ist.

An jeder Situation ist ablesbar, von welcher Bewusstseinsstufe aus ihr gefühlsmäßig dazu Stellung bezieht. Aufgrund eurer Gemütsverfassung werdet ihr stets wissen, ob und inwieweit ihr mit eurer inneren Wahrheit übereinstimmt.

Wie gesagt, einige von euch werden ihre Begrenzungen rechtfertigen und sagen: »Das ist wirklich furchtbar. Da sind schlimme Dinge geschehen, und es ist unverzeihlich, dass diese Menschen leiden.« Gerade weil sie nicht alle Zusammenhänge durchschauen, verteidigen sie ihren eingeschränkten Blickwinkel. Zugleich aber trifft es zu, dass jeder Mensch ein göttlich mächtiges Wesen mit unendlich viel Licht und Liebe ist. Daher werden auch jene Zweifler zur rechten Zeit und auf ihre Art – denn es ist *ihre* Reise – erwachen und sich auf die innere Kraft besinnen.

Wir richten unser Augenmerk immer und ausschließlich auf eure Wahrheit, auf das Gesamtbild. Wir wissen um die euch innewohnende Kraft. Wir sehen keinen anderen Weg. Sobald ihr euch selbst und andere ebenso betrachtet, werdet ihr einen tiefgreifenden Wandel erleben, in euch wie auch bei anderen und in der Welt. Wir erinnern daran, dass ihr dies nicht tut, um jemanden oder etwas zu ändern, sondern weil ihr im Erkennen der Wahrheit von euch, von anderen, von allem eurer höchsten Ausdrucksform und Bestimmung folgt, was wiederum zu eurer größten Erweiterung führt.

ERLEUCHTUNG UND PERSÖNLICHES ERWACHEN

Ich habe euch gefragt, wie das Leben verliefe, wenn ich mich in einer höheren Dimension befände. Ihr habt wunderbar beschrieben, wie sich ein perfekter Tag gestalten würde, einschließlich der Freude und Begeisterung, die mit einem Erweckungserlebnis einhergehen. Um diesen Gedanken weiter auszuführen: Wie könnte die Welt, der Planet Erde in, sagen wir, hundert Jahren aussehen, wenn die Menschheit ein höheres Bewusstseinsniveau erreicht haben würde? Was wären – abgesehen davon, dass sich die Menschen gut gelaunt durch den Tag bewegen – die Grundlagen der Kommunikation, der Bildung, der Unterhaltung, des Geschäftslebens, der Politik, der Arbeit, der Gemeinschaft? Wie würde sich der Traum vom Leben in der Wirklichkeit darstellen? Könnt ihr uns einen Blick sozusagen aus der Vogelperspektive bieten?

Verstehe zunächst, dass die Welt, die du um dich herum wahrnimmst, eine Widerspiegelung der Welt in deinem Innern ist. Wenn du in Mühsal und Leid lebst, an begrenzte Ressourcen glaubst, wütend, nachtragend oder im Krieg mit dir selbst bist, wenn in deinem Innern Chaos, Angst, Urteile vorherrschen, dann ist genau das die Welt, die du im Außen erfährst.

Unsere Weisheit dient der Erinnerung daran, dass du in der Welt um dich herum hervorbringst, was du in dir schaffst. Sobald du in dir eine friedliche, freudige, harmonische, liebevolle, reichhaltige Welt entwirfst, geprägt von Schönheit, Wohlbefinden und Freiheit, trägst du diese auch nach außen. Viele von euch vollziehen jetzt diesen Schritt: Ihr kommt in Einklang mit dem Einheits- oder Gottesbewusstsein. Und indem ihr das für euch verwirklicht, kommt es der gesamten Menschheit zugute. So tragt ihr dazu bei, ihr Bewusstsein in den Zustand der Einheit zu heben. Das geschieht nicht, damit alle von euch die gleichen Sachen und Lebensweisen wählen, sondern damit ihr gemeinsam auf einem Bewusstseinsniveau handelt, das mit eurer Wahrheit übereinstimmt. Dabei spielt es keine Rolle, wer eine andere Wahl trifft als ihr, sondern ihr vertieft euch einfach in die Gestaltung eurer inneren Welt, die ihr in der äußeren erfahren wollt.

Derzeit findet ein atemberaubender Bewusstseinswandel auf dem Planeten statt. Individuell und kollektiv gelangt ihr auf Bewusstseins- und Schwingungsebenen, die wirklich aufregend sind. Ihr werdet gewaltige Innovationen und technologische Fortschritte erleben, die weit über das bisher Vorstellbare hinausgehen, und damit einher geht ein Erwachen der Menschheit auf höherer Stufe.

Das ist euch möglich. Allerdings habt ihr immer die Wahl. Also läuft es darauf hinaus, dass ihr eure Version des Himmels auf Erden lebt. Erkennt, dass ihr euch als kollektive Menschenfamilie auf diesem Planeten befindet und mit ihm durch das All schwebt, im Innern aber einzigartig seid – mit unendlichen Potenzialen und Optionen, um euren Horizont zu erweitern, nachzuforschen, euch Ausdruck zu verleihen und die Erfahrungen zu wählen, die ihr gerne machen möchtet. Jede und jeder von euch kann die Inspiration aus der Unendlichen Intelligenz empfangen und nutzen, um Neuerungen einzuführen, die Technologie und vielerlei andere Dinge weiterzuentwickeln. Sobald ihr die Illusion von Mangel und Getrenntsein überwindet, wird die Menschheit es ebenfalls tun. Der potenziellen Erweiterung sind keine Grenzen gesetzt.

Ihr verfügt über genügend Ressourcen, um die Bedürfnisse der gesamten Menschenfamilie zu stillen. In der Tat ist der unendliche Vorrat an Mitteln ausreichend für euch alle. Indem ihr eure Aufmerksamkeit von kriegerischer Auseinandersetzung, Chaos und Teilung abwendet, nicht mehr versucht, Personen und Situationen zu ändern, aufhört, darüber zu streiten, wer recht und wer unrecht hat, hebt ihr euer Bewusstsein in einen Zustand der Inspiration, die es euch ermöglicht, optimale Lösungen für die Ressourcenverteilung und für Austauschsysteme zu realisieren, die im tiefen Verständnis des eigenen Werts gründen.

Wer in Organisationen, Körperschaften, Firmen oder als freier Unternehmer ein geistiges Erwachen erlebt, wird seinen Führungsstil der eigenen Wahrheit anpassen, bereitwillig dem Licht und der Energie der Quelle folgen, dank der daraus resultierenden Inspiration und Kreativität im Fluss sein und bleiben.

Die Zukunft der Menschheit kann so wunderbar und ruhmreich sein, wie ihr sie euch vorstellt. Euer Weg dorthin bedeutet, im Innern zu schaffen und gleichzeitig die Vision einer vollkommen erwachten Welt aufrechtzuerhalten, in der alle Lebewesen einträchtig zusammenwirken, sodass Menschen, Tiere und Pflanzen *eine Einheit mit dem gesamten Planeten* bilden. Das ist die Grundlage für Frieden, Freude und Liebe, Harmonie, Fülle, Freiheit und Wohlbefinden, die allen zugutekommen.

Vergesst dabei nicht, dass ihr nur für euch selbst wählen könnt, nicht für andere. Aber während ihr fortfahrt, euer eigenes Bewusstsein samt seiner Schwingung auf eine höhere Stufe zu heben, leistet ihr einen wichtigen Beitrag, damit alle Bewohner der Erde es euch nachtun. Sobald das Bewusstsein eine gewisse Schwingungsfrequenz erreicht hat, werden viele spontan zu ihrer Wahrheit erwachen. Dann macht sich eine rapide Erweiterung des allgemeinen Bewusstseins bemerkbar, in deren Folge die Menschen einen Wandlungsprozess durchlaufen und schließlich in den Zustand reiner Liebe gelangen.

Auf unteren Bewusstseinsebenen hingegen meint ihr, es wären all diese Probleme zu lösen, all diese Dinge zu ändern, all diese Systeme und Strukturen neu aufzubauen. Irgendwann aber tauchen wir auf und sagen euch: »Alles dreht sich ums Bewusstsein.« Wenn du den Satz im Hinblick auf dein Leben überprüfst, wirst du allmählich einsehen, dass sämtliche Lösungen und Antworten, nach denen du suchst, bereits vorhanden sind, nämlich auf einer höheren Ebene des Bewusstseins. Die beste Unterweisung, die umfassende Wahrnehmung und die größere Perspektive auf das Mögliche – all das ist *hier* abrufbar.

Die Antwort auf alles, auch darauf, wie du eine für die Menschheit gewünschte Zukunft mitgestaltest, lautet: Bewusstsein. Und sie beginnt in deinem Bewusstsein. Je höher du es hebst, desto positiver trägst du zur Hebung des Bewusstseins aller Menschen bei. So wirst du einen Zustand erreichen, in dem du dich wie magnetisch vom Einssein angezogen fühlst, von der Einheit selbst und einer Sehnsucht nach Liebe, Frieden und Freude, Harmonie, Fülle, Freiheit und Wohlbefinden für alle.

Es ist leicht zu begreifen, wie das alles vonstattengeht, sobald du ein Verständnis der verschiedenen Bewusstseinsebenen erlangst. Siehst du dich selbst im Modus des Getrenntseins – beherrscht von Urteilen über Richtig und Falsch, von Mangel, Begrenztheit und Angst –, befindest du dich in einer sehr dichten Schwingung niedriger Frequenz. Erst mit dem kontinuierlichen Aufstieg zu höheren Bewusstseinsstufen wird das Dasein für dich und all die anderen, die ebenfalls ihren Weg finden, wesentlich einfacher.

Oft nennen wir euch »Wegbereiter«, und in der Tat bahnt und beschreitet ihr neue Wege und übersteigt, was ihr je für möglich gehalten habt. Nehmen wir einmal an, ihr wandert durch die freie Natur und könnt von eurer Stelle den Berggipfel sehen, aber der Weg, auf dem ihr euch befindet – und den die meisten Menschen benutzen –, windet sich in verschiedenen Richtungen um den Berg und würde bis zum Gipfel viel Zeit beanspruchen. Ihr jedoch erspäht einen schnelleren, müheloseren Pfad. Folglich bewegt ihr euch zwischen Bäumen und Büschen hindurch und ebnet auf diese Weise einen neuen Weg. Wenn ihr den dann bei jeder Wanderung zum Gipfel entlanggeht, werden immer mehr Menschen euch folgen. Mit einem Mal schlagen alle ihn ein.

Wir haben eine weitere Analogie parat. Seit Generationen konntet ihr vom einen Flussufer zum gegenüberliegenden nur gelangen, indem ihr durch das Wasser gewatet seid. Bei jeder Überquerung wurdet ihr nass, manchmal sogar völlig durchnässt, habt gefroren und wart erschöpft, weil die Strömungen euch fortgetragen hatten. Doch das war die einzige Möglichkeit, um hinüberzukommen; und dazu wart ihr gezwungen – der Nahrung, der Vorräte oder der Arbeit wegen –, also habt ihr es auch gemacht. Eines Tages aber stand eine Brücke am Fluss, über die ihr Leute gehen saht, die den schnelleren, müheloseren Weg benutzten, und habt euch ihnen angeschlossen.

Demnach braucht ihr für euch und die Menschheit nur eine Brücke zu höheren Bewusstseinsebenen zu bauen und selbst bereits in jener Dimension zu leben. Ihr wählt übergeordnete Gedanken, die wiederum übergeordnete Gefühle hervorrufen, die ihrerseits eure Schwingungsfrequenz erhöhen sowie eure Potenziale und Optionen erweitern. Durch den Bau eurer Brücke fällt es allen anderen wesentlich leichter, ihre je eigene Brücke zu errichten.

Aus einigen Büchern und von spirituellen Lehrmeistern habe ich erfahren, dass bald eine Zeit kommen mag, in der eine gigantische Energiewelle durch das physische Universum zieht und vielen eine spontane Erleuchtung beschert. Könnte das stimmen? Wenn ja, welches Maß an geistiger Erhebung können wir erwarten? Wird jemand, der sich auf diese innere Arbeit versteht, sie erforscht, liebt und genießt,

unwillkürlich auf eine höhere Ebene versetzt, oder wird jeder Mensch, wenn überhaupt, sich einfach nur ein bisschen leichter fühlen?

Es besteht durchaus die Möglichkeit, dass eine derartige Welle der Erleuchtung sich Bahn bricht. Zugleich solltet ihr euch jedoch nicht in den Kopf setzen, eine weitere Erfahrung des Getrenntseins zu machen, so als würdet ihr darauf warten, dass etwas außerhalb von euch diese Welle zu euren Gunsten auslöst.

Fahrt damit fort, den erleuchteten Zustand wahrzunehmen, zu vergegenwärtigen und ihm eine solche Bedeutung zu geben, dass er zur Wirklichkeit wird. Es ist kein passiver Zustand. Ihr erwartet nicht, dass euch die Erleuchtung aus dem Universum zuteilwird, sondern erschafft ebenso selbst- wie zielbestimmt diese Wirklichkeit, indem ihr eure Aufmerksamkeit darauf richtet, wodurch sie dann physische Gestalt annimmt.

Wie wir bereits gesagt haben, bewegt das Bewusstsein die Energie in die Form. Du sprichst von einer gewaltigen Erleuchtungsenergie, also ist es dein Bewusstsein, das sie in die Form überführt.

Wird eine Zeit kommen, da alle Menschen beschließen, sich ihres wahren Wesens zu erinnern? Absolut. Sobald du die Magie dieser künftigen Epoche in dir und in den anderen in deinem Umfeld bezeugst, feierst und immer wieder in den Fokus rückst, erweiterst du die Möglichkeit, dass sie sich tatsächlich manifestiert.

Du bist wichtig, dein Leben ebenso, und dass du deine

höchste Verwirklichung anstrebst, nämlich zu dem verkörperten Meister zu werden, der du bist, ist ebenfalls von großer Bedeutung. Jede und jeder von euch, die oder der das liest, besitzt diese Fähigkeit. Ihr könnt euch jetzt dafür entscheiden.

Allerdings werdet ihr niemals herausfinden, wie dergleichen allein aus eigener Kraft zu bewerkstelligen wäre, und könnt es nur geschehen lassen. Ihr seid imstande, die spontan wirksame kosmische Erleuchtungsenergie anzuerkennen oder zu verleugnen. Versucht nicht, sie zu ergründen oder rein verstandesmäßig zu erfassen. Versetzt euch einfach in einen Zustand, in dem euer Menschsein sie zulässt. Gelangt so weit wie möglich in den gegenwärtigen Moment, um von der Energie der Quelle, die euch innewohnt, durchströmt zu werden. Das ist mit dem Ausdruck »Gewährenlassen« gemeint.

Natürlich ist alles möglich, aber einiges geschieht mit größerer Wahrscheinlichkeit als anderes. Also bin ich neugierig. Wie hoch ist hier und jetzt die Aussicht, dass sich »alle guten Dinge« manifestieren – geistiges Erwachen, Selbstverwirklichung, Liebe und Freude, Frieden und Fülle?

Die Wahrscheinlichkeit beträgt hundert Prozent. Wie viele von euch werden das alles mit einer Wahrscheinlichkeit von hundert Prozent in diesem Leben erfahren? Das entscheidet jeder Mensch selbst. Entweder ihr verwirklicht eure Wünsche in der jetzigen Verkörperung oder dann, wenn ihr die Dichte des Körpers abstreift und wieder zu höheren Bewusstseinsebenen aufsteigt. So oder so gelangt ihr garantiert dorthin.

Das ist ein großes Abenteuer, zugleich aber eine Reise durch verschiedene Bewusstseinsebenen. Gibt es Gesetze im Universum, die besagen, dass einige Dinge perfekt funktionieren, egal, was passiert? Ja.

Sobald ihr die Erfahrung vollkommener Erleuchtung macht, wird euch einsichtig, dass ihr das Licht, das ihr seid, in allem hervorbringen könnt. In diesem Seinszustand werdet ihr euch nicht auf bestimmte Tätigkeiten beschränken und auf der Reise in höhere Bewusstseinsebenen damit fortfahren, Harmonie und Fülle zu gewährleisten.

In unteren Bewusstseinsstadien braucht es reichlich Energie, um sämtliche Details zu planen und zu organisieren. Ist dann der Plan entworfen, wendet ihr gewöhnlich große Mühe auf, bedrängt die anderen und treibt sie an, um ihn zu verwirklichen. Das ist viel Arbeit. Während ihr euch zu höheren Bewusstseinsebenen bewegt und mehr Licht zulasst, seid ihr auch in einer höheren Schwingung und Frequenz, weshalb wesentlich mehr Energie der Quelle durch euch strömt. Auf jenen Ebenen fällt das Schaffen bedeutend leichter, bereitet weit mehr Freude und geht spürbar müheloser, harmonischer vonstatten. Da in alldem derart viel Energie der Quelle enthalten ist, wird die Kraft, die euch durch die vollbrachten Werke zuteilwird, ein Niveau erreichen, wie ihr es nie zuvor erfahren habt. Das wiederum führt zu noch mehr Fülle, noch prächtigerem Befinden und einer noch tieferen, ausgedehnteren, ergiebigeren Erfahrung des Lebens.

Der größte Reichtum auf der Erde ist heute – und in kommenden Zeiten – das Bewusstsein. Indem du in eine Schwingungsfrequenz gelangst, dank deren du die Energie der Quelle ungehindert in dir wirken lässt, wirst du zum wohlhabendsten Menschen auf der Erde. Damit meinen wir nicht nur finanzielle Mittel, sondern einen grenzenlosen Vorrat an allem, was du brauchst, sowie weitere Ressourcen – Verbindungen, Gelegenheiten, Zeit, Liebe, Kreativität und Inspiration.

All dies ist jetzt für dich verfügbar, wenn du Ja dazu sagst. Und du wirst weiterhin hervorbringen, was dich zum Schaffen inspirierte, sobald du aus deinem Zustand der Ganzheit heraus gibst und empfängst – im Wissen, dass die Energien des Gebens und Empfangens im Grunde eins sind.

Lange Zeit wurde euch anerzogen, dass ihr zuerst geben müsst, mehr und immer noch mehr, wenn ihr empfangen möchtet. Viele unter euch geben ständig, öffnen sich jedoch nie, um zu empfangen. Das gestattet ihr euch nicht. Öffnet euch also, um zu empfangen. Reichtum, Fülle, Wohlbefinden und jederlei Ressourcen sind hier im Übermaß vorhanden, wenn ihr anfangt, vorbehaltlos anzunehmen, was euch zusteht.

Falls Geben und Nehmen im Ungleichgewicht sind, werdet ihr es daran merken, dass ihr Druck ausübt oder Forderungen stellt, und jene innere Stimme hören: »Du musst mehr tun. Du musst noch mehr geben.« Würdet ihr aber einfach all die Zeit, die ihr für unzählige weitere Tätigkeiten eingeplant habt, damit verbringen, freimütig zu empfangen, dann, so versichern wir euch, würde die erworbene Fülle alles übersteigen, was ihr euch vorstellen könnt.

Welche Schritte führen dazu, dass ich mir zu empfangen erlaube? Wie gelingt uns das? Zuerst denke ich daran, die Hände auszustrecken, aber diese Geste wirkt passiv.

Nicht unbedingt. Du bist der Schöpfer innerhalb deiner eigenen Schöpfung, also könntest du bequem in einem Sessel sitzen und deine Hände öffnen, um zu empfangen. Anschließend könntest du dir gedanklich ein holografisches Bild vergegenwärtigen, dem zufolge du aus jeder Richtung wunderbares Licht empfängst – das hellste, herrlichste Licht der Fülle und des Wohlbefindens. Dieses unglaubliche Licht enthält alles, was du je ersehnen könntest, und strömt von überall her durch die geöffneten Hände in dein Innerstes. Irgendwann bist du derart fokussiert auf die Strahlkraft des Lichts, dass du gar nicht mehr weißt, ob die Energie aus deinen Händen oder in sie hineinfließt. Du lässt dich vom Licht so vollständig durchdringen, erfährst es so nachdrücklich als deine Wirklichkeit, dass es in die Welt ringsum geworfen wird. Damit gibst du dich der Energie des Empfangens hin.

Vergiss nicht: Du bist die Quelle. Du bist Gott. Du bist Schöpfer. Du bist das Göttliche. Du bist die Energie der Quelle, die du in die Form leitest, sobald du dein Bewusstsein darauf ausrichtest. All die Energie ist für dich da; sie ist ganz und gar deine Energie. Bewusstsein bewegt Energie in die Form. Wenn du das Empfangen visualisierst, projizierst du gezielt ein holografisches Bild von dir als kraftvollem Empfänger in deine Wirklichkeit. Jede Zelle in deinem Körper reagiert darauf, als wäre dies bereits deine Realität im Hier und Jetzt. Du lebst in einer weitaus holografischer gestalteten Wirklichkeit, als es dir scheint. Indem du also dein Bewusstsein fokussierst, beginnt die Energie auf dich zu wirken, und du fängst an, auf mühelose, harmonische und wundersame Weise jeder vorgestellten Erfahrung eine physische Gestalt zu geben.

Um es zu wiederholen: All die Energie ist für dich da, das heißt, *alles* ist für dich da – die Natur, das Land, das Licht, die Sterne, Sonne und Mond, die Wellen im Meer, das Gras unter deinen Füßen, die Tiere, die Berge, die Flüsse, die Bäche, der Regen und der Wind. Jede Ressource, jede Gelegenheit, jede Verbindung, deren du je bedürfen könntest, all das Geld, die Zeit und der Raum, all die Liebe und Unterstützung sind für dich da. Je mehr du verwirklichst und dabei zunehmend die Wahre Schöpfung erlebst, desto tiefer gelangst du ins Wissen deiner selbst als des mächtigen Schöpfers deiner Wirklichkeit. Dann wirst du in einer völlig neuen Welt zu schaffen beginnen, wie du sie in physischer Form noch nie wahrgenommen hast. In dieser Welt wird dir mehr von dem zuteil, was du bist, worauf du dich fokussierst, was du in dein Bewusstseinsfeld projizierst. Und du wählst genau jene Erfahrungen, die du für dich möchtest.

Ab einem gewissen Punkt wird deine Erschaffung der Wirklichkeit ausschließlich von dieser Bewusstseinsebene erfolgen. Nie mehr wirst du derart hart »arbeiten« müssen, um deine Wünsche zu erfüllen, sondern durch wohlüberlegte Entscheidungen der dir innewohnenden Energie Ausdruck verleihen, indes du die herrliche Erfahrung machst, dass alles für dich da ist.

Herzlichen Dank, Mitglieder des Rats.

ZUR VERBINDUNG MIT UNSEREN ENGELN UND SPIRITUELLEN LEHRMEISTERN

Da wir uns dem Ende des dritten Teils mit dem Titel »Die Reise« nähern, würden viele Menschen während dieser großen Erfahrung in Raum und Zeit wohl gerne hören, wie sie mit ihren Engeln und spirituellen Lehrmeistern in Berührung kommen und zusammenarbeiten können. An früherer Stelle habt ihr uns gesagt, dass solche Verbindungen existieren. Wie also nehmen wir Kontakt auf?

Ihr alle habt bereits Kontakt aufgenommen. Vielleicht bemerkt ihr noch nicht, dass euer Menschsein diese Aufgabe übernimmt, aber genau das ist der Fall. Sobald es um eine Erfahrung auf höheren Wahrnehmungsebenen bittet, weiß es, dass sie irgendwo in euch abrufbar ist – in Momenten geistiger Erhebung.

Wir haben über die verschiedenen Dimensionen des Bewusstseins gesprochen. In der dritten, verdichteten

Dimension, also auf der hiesigen Anschauungsebene, die ihr als »Erde« bezeichnet, erfahrt ihr die physische Form. Das ist keine schlechte Sache, im Gegenteil: Alles kommt aus der Quelle. Doch in dieser dichteren, schwereren Wirklichkeit sind die Schwingungen langsamer und die Frequenzen niedriger. Dementsprechend verfügt ihr nur über bestimmte Dinge und Erfahrungen. Sobald ihr dann euer Bewusstsein hebt, euch weiteren Licht- und Energieebenen öffnet, resultieren daraus umfassendere Erfahrungen. In der Tat fokussieren sich alle Arten von Wesen auf jene höheren Bewusstseinsdimensionen wegen der darin vorhandenen Erfahrungen.

Was ihr »Engel«, »Erzengel« oder »aufgestiegene Meister« nennt, sind Wesen oder Gemeinschaften von Wesen, die in höheren Schwingungen und Dimensionen des Bewusstseins existieren. Ihr könnt sie immer herbeirufen, damit sie euer Leben mitgestalten.

Während einer Trennungserfahrung glaubt ihr, von Engeln, Gott und aufgestiegenen Meistern abgeschnitten zu sein. Auf höheren Bewusstseinsebenen aber werdet ihr erkennen, dass diese Wesen lediglich *Erweiterungen* eurer selbst sind – Aspekte von euch in höheren Sphären, zu denen ihr stets Zugang habt. Und sobald ihr euch vollkommen verwirklicht, stellt ihr fest, dass ihr die Kraft der Engel seid und ihre heilsamen Eigenschaften ebenso besitzt wie das Licht und die Liebe, den Frieden und die Schönheit, die ihr dem Reich dieser himmlischen Boten zuschreibt.

Wesen auf höheren Bewusstseinsebenen haben einen anderen Standpunkt, einen anderen Blickwinkel. Sie befinden sich jenseits der Begrenzungen von Raum und Zeit.

Wenn ihr sie anruft, öffnet ihr euch also einem höheren Maß an Energie aus der Quelle, an Gottesbewusstsein, an Licht und Liebe, die euch in der eigenen Erfahrungswelt leiten. Doch schaffen sie niemals außerhalb von euch. Ja, sie verfügen über keinerlei Kräfte, die euch fehlen. Der einzige Unterschied besteht darin, dass ihr in einem verdichteten Zustand seid, während sie eingewilligt haben, in höheren Dimensionen zu bleiben, um euch von dort aus Beistand zu leisten.

Wie macht sich ihre Hilfe bemerkbar? In welcher Weise manifestiert sie sich?

Menschen berichten über Situationen, in denen sie das Gefühl hatten, von einem Engel umfangen zu werden, oder dass ein Engel die Fahrtrichtung ihres Wagens änderte, um einen Unfall zu vermeiden, oder dass sie einen Engel am Fußende ihres Bettes im Krankenhaus sahen – eine bedeutsame Erfahrung, die nur als übernatürlich zu beschreiben ist. Wir hingegen sagen euch, dass ihr derlei Wirkungen durch euer Bitten hervorgerufen habt. In dem Moment batet ihr darum, von all der Kraft, all der Energie der Quelle, all dem Gottesbewusstsein, die euch eigen sind, durchströmt zu werden. Auch wenn ihr geglaubt habt, da sei etwas außerhalb von euch, etwa ein Engelwesen, war es nicht von euch getrennt. Doch ihr erlebt es so wegen seiner einzigartigen Signatur aus Energie, Licht und Schwingung.

Am wichtigsten ist die Einsicht, dass dabei eine Mitgestaltung stattfindet. Da ihr tiefer in die Wahrheit eindringt, wer ihr seid, erweitert sich die Wahrnehmung von euren multidimensionalen Eigenschaften und übernatürlichen Fähigkeiten. Bis zu diesem Zeitpunkt seid ihr in jeder Bewusstseinsdimension genauso wertvoll, genauso stark und werdet genauso geliebt wie all die anderen Wesen. Euer Licht ist ebenso rein, glänzend und heilig wie das ihre.

Zugleich aber handelt es sich hier um eine Reise. Wenn sich die Vorstellung gut anfühlt, dass ihr einen Schutzengel habt und das Reich der Engel da ist, um euch zu führen, so empfehlen wir, sie in euer Schaffen miteinzubeziehen. Gestattet euch, um Hilfe und Unterweisung zu bitten, darum, den nächsten perfekten Schritt gezeigt zu bekommen, und um jede Form von Unterstützung, die ihr braucht. Sobald ihr euer Bewusstsein hebt, betrachtet ihr jene Sphären vielleicht nicht mehr als etwas Externes, sondern als Erweiterungen eurer selbst als Schöpfer innerhalb der eigenen Schöpfung. So oder so ist es bestens.

Gibt es noch andere Engel, die nicht Erweiterungen unserer selbst sind? Ihr habt Erzengel erwähnt, und meine liebe Freundin Lorna Byrne spricht von »unbeschäftigten Engeln«, die so etwas wie »Freiberufler« sind, stets verfügbar, um jedem Menschen zu helfen.

In der Tat. Da es zahlreiche Dimensionen des Bewusstseins gibt, kann sich ein Engel jederzeit in vielen verschiedenen Dimensionen zum Ausdruck bringen. Ihr könnt durchaus »inoffizielle« Beschützer haben, einschließlich geliebter Menschen, die verstorben sind, ein jeder bereit zu helfen, sobald ihr darum bittet.

Engel sind so wie ihr. Wenn du, Mike, zum Beispiel deiner schriftstellerischen Arbeit nachgehst, die du besonders magst, bist du weiterhin Ehemann und Vater, ebenso Sohn, Bruder und Freund. All das bist du. Auch wenn du dich in einem bestimmten Moment auf das Schreiben konzentrierst, bist du zugleich all die anderen Ausdrucksformen deiner Person. In ähnlicher Weise sind deine geliebten verstorbenen Wesen bereit, dir zur Seite zu stehen, selbst wenn sie daneben ihren Ehepartnern, Brüdern, Schwestern, Freunden oder Eltern Beistand leisten. Da sie sich in höheren Dimensionen aufhalten, sind sie immer und gleichzeitig für jeden verfügbar, der ihre Hilfe erbittet.

Stets bist du eins mit der Quelle. Je mehr du ihre Energie in die physische Erfahrung einfließen lässt, desto genauer wirst du verschiedene Dimensionen erkunden, dein Bewusstsein erweitern, dich spielerisch betätigen und Vergnügen empfinden.

Wunderbar. Würdet ihr bitte noch einmal den Unterschied zwischen Engeln und geistigen Leitfiguren erklären und uns sagen, auf wen wir uns stützen können?

Ja, es gibt verschiedene Wesen, konzentriert in je anderen Bewusstseinsdimensionen unterschiedlicher Schwingung und Frequenz. Dabei spielen geistige Leitfiguren – ebenso wie Engel – in eurer Erfahrung eine wichtige Rolle.

Doch indem ihr etwas bezeichnet, gebt ihr vor zu wissen, was es ist, und dadurch fühlt ihr euch wohler. Also könnt ihr es in eine Schublade stecken und sagen: »Gut, das hab ich kapiert.« Dann braucht sich euer Menschsein wenigstens um eine Angelegenheit nicht mehr zu sorgen. Dennoch solltet ihr Folgendes bedenken: All die euch zur Verfügung stehenden Hilfen auch nur erklären zu wollen, ähnelt in etwa dem Versuch, Gott oder die Quelle zu erklären. Durch die Benennung wird der Gegenstand zwangsläufig eingeschränkt.

Im Verlauf eurer Reise zu höheren Bewusstseinsebenen werdet ihr die Dinge ganz anders wahrnehmen. Obwohl euer menschliches Gehirn solche Geistwesen ungeachtet der Namen, die ihr dafür ersinnt, nicht völlig begreifen kann, kennt ein Aspekt in euch deren zugrunde liegende Wahrheit. Und allein schon diese Einsicht wird wie magnetisch Erfahrungen anziehen, durch die ihr die umfassendere Wirklichkeit intuitiv erfassen und erleben könnt.

Wie immer ihr sie nennen möchtet – »Engel«, »Erzengel«, »aufgestiegene Meister«, »geistige Leitfiguren« – und die Energie, Schwingung oder Frequenz beschreibt, die ihr dabei verspürt: Es ist alles genau richtig. Ihr könnt euch an eure geistige Leitfigur wenden, wenn ihr mehr Führung und Selbstvertrauen benötigt, und an das Reich der Engel, wenn ihr mehr Liebe und Unterstützung braucht – oder umgekehrt. Die Wahl liegt stets bei euch, und alles ist perfekt. Ihr seid die Schöpfer innerhalb eurer eigenen Schöpfung. Gestaltet also diese Reise durch die vielfältigen Bewusstseinsdimensionen so herrlich und aufregend, wie ihr sie euch wünscht.

Unter der Voraussetzung, dass wir über einen freien Willen verfügen, hier auf Erden sind, um uns der eigenen Kraft zu erinnern, und dass keinerlei Eingriff stattfindet, der nicht in unserem Denken festgelegt, gebilligt und veranlasst wird, stellt sich die Frage: Sind seine Wirkungsmöglichkeiten nicht begrenzt? Kann es die Realität nur beeinflussen, wenn wir daran glauben, darauf hoffen und manchmal gezwungenermaßen darum bitten?

Hilfe kann nicht empfangen werden, wenn sich Widerstand dagegen regt. Geht jemand zerstreut durchs Leben und sagt vielleicht: »Ich glaub nicht an dieses ganze Zeug«, oder gar: »Ich weiß nicht, was ich glauben soll«, dann ist das eine Form von Widerstand. Dieser Mensch versucht einfach, zu überleben, seine Rechnungen zu bezahlen, die Arbeit zu leisten, die nötig ist, um seine Familie zu ernähren, und seine diversen Pflichten zu erfüllen.

Sollte jedoch plötzlich etwas Außergewöhnliches in seinem Leben geschehen – die Geburt eines Kindes, die tief berührende Erfahrung mit einer geliebten Person oder ein anderes wichtiges Ereignis –, worauf er sich innerlich öffnen und in seiner Aufrichtigkeit den eigenen Widerstand völlig aufgeben würde, wäre er empfänglich für übergeordnete Erfahrungen, für die Hilfe oder Unterweisung, die allen stets zugänglich ist.

Die meisten von euch haben schon Geschichten von Leuten gehört, die einen schweren Autounfall überlebt haben, und dabei erfahren, dass sich unmittelbar vor dem Aufprall die Wirklichkeit zu verlangsamen schien. Die Betreffenden hatten das Gefühl, als würde die Zeit in Millisekunden verrinnen. Da sie ihre Aufmerksamkeit bündelten, sich durch nichts ablenken ließen und jeden Widerstand aufgaben, konnten sie die Energie der Quelle herbeirufen, die für ihre Rettung notwendig war. Selbst wenn sie nicht die Zeit hatten, um ganz bewusst zu sagen: »Engel, bitte helft mir!«, war dies doch genau die Botschaft, die in dem Moment von ihrem Energie- und Kraftfeld übermittelt wurde. Sie waren fähig, den inneren Widerstand zu überwinden, die Energie der Quelle zu aktivieren; und so kamen ihnen Engel zu Hilfe.

Gibt es noch eine Frage, die ich in meiner Naivität nicht gestellt habe, aber stellen sollte?

Es geht nicht um deine Naivität, sondern um deine Neugier und die genießen wir sehr. Wir würden dir Folgendes mitteilen: Die Sphären der Engel und Erzengel, der aufgestiegenen Meister, die Fabelwelten, die elementaren Bereiche – all das ist für dich da. Wenn du dir eine Erfahrung mit diesen Wesen auf höheren, aber nicht besseren Bewusstseinsebenen wünschst, so öffne dich und bitte darum. Gestatte sie dir dann: Vertrau dir selbst, pflege einen spielerischen Umgang damit und hab Freude daran.

Stell dir die Erfahrung so vor, als würdest du mit deiner Familie etwas gemeinsam schaffen. Wenn du etwa mit deiner Tochter spielst, würdest du ja auch sagen: »Nun, das ist meine Tochter, das ist meine Frau, das ist meine Familie; wir bilden eine Einheit, ein Team, wir sind eins.« Die gleiche Erfahrung kannst du mit Wesen in höheren Bewusstseinsdimensionen machen. Während du spielst und schaffst, spiegeln sie dir deine eigene Kraft zurück.

Viele von euch haben zum Beispiel gehört, der Erzengel Michael sei hilfreich für Schutz und Vorsorge. Also könnt ihr Michael anrufen, um euch und eure Familie, euer Haus oder euer Auto zu schützen. Während ihr euch auf ihn besinnt und dabei seine Energie und Schwingung fühlt, seid ihr imstande, sie zu vermenschlichen, ihr Form und Persönlichkeit zu geben. Dann mögt ihr eine Verbindung zu Michael herstellen und eine Unterhaltung mit ihm führen, denn jetzt hat er nicht nur einen Namen, sondern eine Form und eine Persönlichkeit. Das ist für den Geist äußerst wohltuend, da ihr euch auf diese Energie, mit der ihr spielt, bezieht und den Kontakt vertieft. So würdet ihr den Erzengel Michael bitten, in euer Haus zu kommen, um es zu segnen, und euch gestatten, auf einer Schwingungsfrequenz zu sein, durch die ihr wüsstet, dass alles gut ist, dass ihr stark seid im Licht, und die Energie der Quelle zulasst. Auf solche Weise verfahrt ihr spielerisch mit dem

Bewusstsein in höheren Dimensionen um eurer eigenen Erweiterung willen.

Euer Bewusstsein von dem, was ihr »Erzengel Michael« nennt, bewegte seine Energie in die Form, und dieser Prozess resultierte in der Manifestation des Gefühls, sicher und beschützt zu sein, worauf ihr von Anfang an fokussiert wart. Aber diese Energie der Quelle ist nicht außerhalb von euch, *sondern eins mit euch*. Alles ist und war immer schon für euch da.

Nun versteht ihr, warum das Menschsein Namen erfindet und Verbindungen knüpft. Ihr tut dies, um eine Beziehung zu Schwingungen und Frequenzen zu haben, die ihr spüren, aber nicht sehen könnt. Dennoch besitzt ihr die Fähigkeit, euer Bewusstsein dies alles erfahren und die Energie in die Form übergehen zu lassen. Der Erzengel Michael würde sagen, dass ihr eine innere Kraft wachgerufen habt, die in Vergessenheit geraten war und die er nun einfach auf euch zurückspiegelte.

Großartig. Danke, Mitglieder des Rats.

Ihr Menschen, wir lieben euch so sehr. Ihr lebt in einer wunderbaren Zeit der Entdeckung und der Expansion. Das, liebe Freunde, ist die Reise. Und auf dieser Reise fördern wir die Erkenntnis zutage, dass jene Kraft in allen Dingen die Energie der Quelle ist. Keine Kraft außerhalb von euch, sondern in euch. Hervorgerufen durch Wahrnehmung und

Bewusstsein, ist sie stets verfügbar. Mit ihr könnt ihr eure Welt so gestalten, wie sie euch wünschenswert erscheint. Und während ihr ein immer höheres Maß dieser Energie als eure Wirklichkeit erfahrt, erkennt ihr umso deutlicher, dass sie euch seit jeher innewohnt.

TEIL 4

Die Ewigkeit

In diesem Abschnitt erklärt der Rat, wie sich die Bewusstwerdung einer größeren Perspektive auf das, was möglich ist, und die intensive Wahrnehmung der Energie der Quelle in den Rahmen der Wirklichkeit einfügen.

Beim Thema »Ewigkeit« möchte ich das Gespräch in eher esoterische Bereiche lenken. Könnt ihr uns etwas darüber mitteilen, was sich jenseits von Zeit, Raum und Materie befindet? Geschehen dort Dinge, die wir uns nicht einmal vorstellen können?

Aus unserer Perspektive gibt es viele, viele höhere Bewusstseinsdimensionen, in die wir uns dank unserer Wahrnehmung hineinversetzen können. Lass uns dir zunächst erklären, warum du Zeit und Raum leichter wahrnimmst als die Ewigkeit.

Wenn du an all die Abläufe innerhalb deiner menschlichen Erfahrung denkst, stellst du fest: Der Tag endet, ebenso die Nacht, der Monat endet, ebenso das Jahr, die Party endet wie auch der Film, das Spiel, dein Urlaub – und schließlich das Leben. Immerzu bist du in einen Zyklus von Anfang und Ende eingebunden, wobei dir Letzteres mehr Schwierigkeiten bereitet. Alles, was du in deiner Wirklichkeit siehst und erfährst, nimmt deutlich spürbar ein Ende. Folglich hast du nie etwas als ewig erlebt.

Daher ist es für deinen menschlichen Geist so verblüffend, dich als ewig wahrzunehmen. Doch um es zu wiederholen: Energie wird nie zerstört, sondern nur umgewandelt. Die Energie in allem – ob in einem Baum, einem Schmetterling oder in dir – endet niemals.

Je mehr du dich jenseits der Erfahrung von Zeit und Raum wahrnimmst, desto stärker spürst du allmählich dein ewiges Wesen, das in andere Erfahrungen überwechselt und zu ungeahnten Abenteuern aufbricht. Du gehst in einen anderen Film, zu einem anderen Spiel oder auf eine andere Party. Du hast einen nächsten Tag, einen zusätzlichen Monat, ein weiteres Jahr.

Selbst in dieser neuen Erfahrung lebst du als der Mensch, wie du ihn kennst, in den Herzen derer weiter, die dich lieben, nach wie vor über dich sprechen und deiner gedenken. Und diejenigen, die du liebst, auch nachdem sie ihren Übergang ins Formlose vollzogen haben, leben in deinem Herzen fort. So wirst du kontinuierlich zu höheren Bewusstseinsdimensionen aufsteigen, in anderen Sphären des Möglichen forschen, spielen und schaffen.

Sobald du verstehst, dass diese »Sache«, die du »Leben« nennst, endet, du aber nicht, bist du plötzlich befreit von der Wahrnehmung, Zeit und Raum seien begrenzt. Dadurch öffnest du dich noch mehr. Es gibt stets eine Fortsetzung. Und genauso, wie du niemals endest, wirst du dich auch stetig weiterentwickeln. Während du also dein Bewusstsein auf immer höhere Ebenen der Liebe und des Lichts ausdehnst, wirst du immer mehr Erfahrungen von Liebe und Licht wie magnetisch anziehen.

Du bist Licht und Licht ist ewig, allgegenwärtig. Wärst du imstande, mit deinen Sinnen wahrzunehmen, wer du wirklich bist, würdest du das hellste, wunderbarste Licht sehen – heller als jeder Stern am Himmel. Deshalb fühlen sich viele von euch zu den Sternen hingezogen.

Könnt ihr wenigstens einen Eindruck davon vermitteln, wie eine Wirklichkeit ohne Zeit aussehen würde? Und was versteht ihr beispielsweise unter Entwicklung, wenn es keine Zeit gibt? Wie kann eine Ausdehnung ohne Vorher und Nachher stattfinden? Ich ahne, dass dies möglich ist, aber aus der Perspektive unserer einzigartigen Wirklichkeit, in der Zeit, Raum und Materie existieren, erscheint es unbegreiflich.

Wir erklären es dir auf folgende Weise. In deinem Leben hast du die Erfahrung gemacht, derart im Moment, in deine Tätigkeit versunken, mit allem im Einklang und von Freude erfüllt zu sein, dass du dich und das Leben jenseits der Zeit wahrgenommen hast. Du warst nicht auf die Zeit fokussiert, hast ihr keine Beachtung geschenkt und sie war nicht Teil deiner Wirklichkeit. Da war einfach nur das reine Vergnügen im Moment, der ewig zu dauern schien. Du warst dir der Zeit nicht bewusst, hast ihr keine Bedeutung beigemessen. Also warst du nicht in einer Wirklichkeit, in der die Erfahrung der Zeit eine Rolle spielte.

Das Gegenteil trifft ebenfalls zu. Wenn du tief besorgt bist über die Zeit, mangelt es dir an ihr, sie läuft dir davon, und du wirst nicht pünktlich sein. Plötzlich erscheint die Zeit sehr real, nicht wahr?

Im Prinzip könntest du so sehr auf die Quelle ausgerichtet sein, darauf, ihrer Energie zu folgen und dir vom Licht den Weg weisen zu lassen, dass du nie einen Termin vereinbaren müsstest oder innerhalb der vorgegebenen Zeitstruktur zur Teilnahme verpflichtet wärst. Würdest du dich veranlasst fühlen, zu einer bestimmten Zeit einen bestimmten Ort aufzusuchen, wäre das genau der Augenblick, in dem ein anderer Mensch gleichen Sinnes wie du dort erschiene. Ihr würdet euch zur selben Zeit am selben Ort treffen – als Teil der göttlichen Orchestrierung, die eintreten kann, ohne der Zeit, ohne der Aufmerksamkeit zu bedürfen.

Wie an früherer Stelle ausgeführt, verstehen Wesen auf höheren Bewusstseinsebenen mit höher ausgerichteter Wahrnehmung und ohne Erfahrung des Getrenntseins, dass sie im Nu von hier nach dort gelangen können. Sie fühlen sich einfach in die gewünschte Erfahrung ein, und alles, worin sie sich mit ihren Sinnen vertiefen, ist zur »rechten Zeit« bei ihnen.

Entweder spielst du mit der Zeit, benutzt sie als Mittel und findest Vergnügen dabei, oder du rennst gegen sie an und glaubst an ihren Mangel. In letzterem Fall wird deine Erfahrung eingeschränkt, und du bist von dem Ort getrennt, an dem du »sein solltest«, was wiederum Angst, Sorge und Überforderung hervorruft. Dementsprechend legst du es förmlich darauf an, »zur falschen Zeit anzukommen«, denn du warst zu sehr verstrickt in Mangel und Begrenztheit – in die Furcht, nicht pünktlich zu sein.

Würdest du dich stattdessen immer auf eine erwünschte Erfahrung zubewegen und wärst du, unabhängig von deinem Aufenthaltsort, vollkommen gegenwärtig im Moment, in der Freude, in Frieden und Harmonie, so lebtest du in einer zeitlosen Wirklichkeit. Ob du im Stau festsitzen, in der Schlange stehen oder auf jemanden warten würdest – stets empfändest du ein tiefes Wohlbehagen. In einem solchen Zustand würdest etwa folgende Gedanken haben: »Ich bin genau da, wo ich sein sollte. Alles geschieht für mich und zum Besten jedes Menschen. Alles fügt sich in perfekter Harmonie.« Wohin du auch gehen oder wann immer du eintreffen würdest – antizipierend hättest du deine Energie ausgesandt, damit sie die Wirklichkeit dessen erschafft, was du in dem Moment fühlen, tun, sein oder in größerem Maße haben wolltest.

Unser wichtigster Punkt hier lautet: Wenn du in einer Erfahrung von Zeitmangel gefangen und daher verdrossen bist, Widerstand leistest und die Energie mit Nachdruck in die erhoffte Richtung zu lenken versuchst, kannst du keine anderen Potenziale und Optionen wahrnehmen. Du kämst nicht einmal auf die Idee, deine Schwingung in den Raum zu projizieren, wodurch die Partikel der Unendlichen Schöpfung allmählich in die Form gelangten, auf dass du zu der für alle Beteiligten richtigen, göttlich bestimmten Zeit eintriffst.

Wie wir bereits sagten, sind deine Wirklichkeiten weitaus holografischer gestaltet, als du sie dir vorstellen kannst. Die Wirklichkeit bewegt sich durch dich hindurch - durch das Kraftfeld des Bewusstseins, das du bist. Sobald du dich auf die Energie der Quelle fokussierst, sie vorbehaltlos zulässt und im Kraftfeld deines Bewusstseins ein holografisches Bild von der gewünschten Erfahrung entwirfst, wird ebendiese Wirklichkeit durch dich ziehen, ungeachtet der jeweiligen Uhrzeit. Die Zeit spielt dann keine Rolle mehr, da sich alle Teile des Kraftfelds entsprechend anordnen, um jene Erfahrung der Wirklichkeit hervorzurufen, auf die du dich konzentriert hast.

Können wir also in dieser Dimension der Wirklichkeit die Zeit tatsächlich beeinflussen?

Wir würden nicht von Beeinflussung sprechen, denn das hieße, die Zeit oder gewisse Ergebnisse innerhalb eines begrenzten Rahmens verwalten und beherrschen zu wollen. Kannst du das Ziel deiner Wünsche - etwa pünktlich zu sein oder jemand anderen nicht gegen dich aufzubringen - konkret festlegen? Schon, aber damit würdest du dich im Zustand der Begrenztheit verfangen, außerdem bekommst oder erreichst du vielleicht gar nicht, was du möchtest. Darum geht es nicht. Vielmehr sollst du deine Schwingung und dein Bewusstsein auf eine Stufe heben, auf der du dem göttlichen Willen, der stets zum Besten aller ist, erlauben kannst, sämtliche Pläne und Details für dich zu arrangieren. Du weißt es nicht, aus zahllosen Gründen wäre es für dich und andere möglicherweise sogar besser, »spät« dran zu sein.

Begib dich auf eine Bewusstseinsebene jenseits von Zeitmangel und -beschränkung und gestalte die Dinge von dort aus. Wenn du dich in dieser Weise aufschwingst, öffnet sich ein Reich der Möglichkeiten. Das ist der Ort, von dem aus dir neue Ideen und göttliche Inspirationen zuteilwerden. Ob du dir darüber im Klaren bist oder nicht – *du erfährst dein Kraftfeld des Bewusstseins*, nicht ein Ereignis in linearer Zeit, es sei denn, du nimmst es als solches wahr.

Wenn du begreifst, dass alles immer für dich geschieht – »Ich bin rechtzeitig angekommen, ich habe mich nicht verspätet, ich bin genau da, wo ich sein soll« –, und der Energie folgen, dich vom Licht leiten lassen kannst, dann wird dies deine Erfahrung sein, im Grunde aber eine Erfahrung des göttlichen Willens. Während du dafür in jedem Moment offener wirst, mögen in deinem Leben unglaubliche Dinge geschehen, gerade weil du dich jetzt auf einer Bewusstseinsebene befindest, auf der Magie und Wunder völlig mühelos eintreten.

Ich vermute weiterhin, dass es in einer Wirklichkeit jenseits der Zeit eine Abfolge von Erfahrungen gibt – oder eine kontinuierlich sich entwickelnde Wahrnehmung davon. Wie also bezeichnet ihr diese Abfolge? Wenn es nicht die Zeit ist, was ist es dann?

Wir nennen sie »Schwingungspotenziale«. Für jede Erfahrung gibt es eine Frequenz, ein Potenzial, und du kannst dich auf eine Schwingungserfahrung fokussieren, in der sämtliche Potenziale vorhanden sind. In höheren Bewusstseinsdimensionen bestehen, wie ihr sagen würdet, unendliche Möglichkeiten. Da sind vielfache Zeitschienen und Potenziale, aber sie existieren gleichzeitig. Nicht linear wie nach eurer Auffassung. Du könntest dich auf eine bestimmte Erfahrung oder ein Potenzial fokussieren, dann zurückkehren in den Moment, dich auf eine weitere Erfahrung fokussieren, um anschließend wieder im Moment zu sein – und immer so weiter. All das geschieht, all das ist real. Es sind stets schöpferische Erfahrungen und zugleich Erfahrungen des Hier und Jetzt.

Alles ist hier und jetzt; es kann nicht anders sein. Die »Vergangenheit« war in dem Moment, als du sie erlebt hast, das Jetzt. Auch die »Zukunft« wird, wenn du sie erleben wirst, im Jetzt sein. Du ersinnst alle Arten von lustigen kleinen Spielen, die du mit dir selbst spielst, was vollkommen in Ordnung ist. Du kannst dich in der Vergangenheit wahrnehmen und darüber nachdenken, was zuletzt passiert ist, oder dich in der Zukunft wahrnehmen und darüber nachdenken, was demnächst geschehen wird. In beiden Fällen projizierst du dein Bewusstsein – in eine wahrgenommene vergangene oder künftige Wirklichkeit – und trennst dich ab vom jetzigen Moment, der das einzig Wirkliche ist.

In höheren Bewusstseinsdimensionen übersteigst du den Zustand des Getrenntseins, des Mangels, der Begrenztheit und dergleichen. Überall im Universum gibt es Schwingungspotenziale von Erfahrungen, die gleichzeitig in deiner Wahrnehmung enthalten sind. Durch die Pforte unendlicher Möglichkeiten, die du besitzt, kannst du dich auf irgendeine davon fokussieren. Daher verstehen wir, warum ihr sie als eine »Abfolge« betrachtet.

In unserer Bewusstseinsdimension sind die Dinge weitaus mehr im Fluss. Wenn wir uns irgendwo und irgendwann auf etwas fokussieren wollen, brauchen wir uns nur sein Potenzial vorzustellen, und schon sind wir dort. *Ihr könnt es uns gleichtun.*

Ich kann das nur zu verstehen beginnen, indem ich glaube, dass wir offenbar überall, fortdauernd und gleichzeitig existieren. Selbst wenn wir vorgeben – oder überzeugt sind –, jeweils an nur einem Ort zu sein.

Perfekt. Du hast dich auf diese spezielle Dimension wegen der speziellen Erfahrungen fokussiert, die sie bieten kann. Eure Radiostationen sind ein Paradebeispiel für das, was wir beschreiben. Wann immer du den Sender wechselst, stellst du eine andere Frequenz ein. Bei der Wahl eines Senders weißt du, welche Musik dort gespielt wird, aber eigentlich wählst du eine Frequenz oder Schwingung. Daraus resultiert eine Erfahrung, die gehört und genossen werden kann.

Dasselbe gilt für Fernsehstationen. Du kannst ein bestimmtes Programm einstellen, um einen Film zu sehen, und dich auf diese Erfahrung einlassen. Dann schaltest du um und erlebst etwas völlig anderes. In allen Dimensionen, einschließlich der Dimension von Zeit und Raum, gibt es eine unendliche Zahl von Frequenzen und Schwingungen zu erforschen.

Lass uns das weiter ausführen. Du lebst jetzt auf der Anschauungsebene. Das ist die Schwingung, auf die du dich fokussiert hast und durch die du dich selbst und deine Wirklichkeit in physischer Form erfährst. Du bist schon so lange in der menschlichen Existenz, dass dir Dichte und Form am meisten vertraut sind.

Doch wenn du deine physischen Sinne kurz abschaltest und dich einfach in den Moment einfühlst, kannst du dich jenseits der Zeit spüren, jenseits des Raumes. Du kannst dich in jede von dir gewählte Wirklichkeit hineinversetzen. Je intensiver du diese gegenwärtige Erfahrung so wahrnimmst und dir der Fähigkeit bewusst wirst, dich jederzeit in andere Erfahrungen zu begeben, wird dein Bewusstsein das Wissen von den unendlichen, bis in alle Ewigkeit vorhandenen Möglichkeiten erfassen, die dir stets verfügbar sind.

Das heißt, indem du dich mit der gewünschten Wirklichkeit identifizierst und dabei dein Bewusstsein hebst, kannst du neue Wirklichkeiten schaffen. Wir erinnern dich daran, dass deine jetzige Erfahrung eine Reise durch verschiedene Bewusstseinsebenen darstellt. Wenn du dich und deine Wirklichkeit bisher meistens durch die begrenzten physischen Sinne wahrgenommen hast und denkst, das sei schon alles, wirst du auch alles übrige Geschehen in der Welt nur für das halten, was es ist. Du wirst keine anderen Möglichkeiten sehen und vielleicht sagen: »So ist es halt«, dann aber immer wieder stillschweigend gegen den Status quo aufbegehren. In dem Fall lässt du die Energie der Quelle nicht frei fließen. Sie würde Zugang zu höheren Bewusstseinsebenen gewähren, wo sich dir viele weitere Alternativen bieten.

Dazu ein entsprechendes Beispiel. Auf deinem Planeten gibt es Millionen von Straßen. Da ist die Straße, die von deinem Zuhause zur Schule deiner Tochter führt, außerdem jene zum Lebensmittelgeschäft sowie eine größere zum angrenzenden Bundesstaat. Es gibt Straßen, die Länder und Kontinente miteinander verbinden, Verkehrswege, die dich von hier nach dort bringen.

Sind sie real? Existieren sie, selbst wenn du sie nicht begangen, befahren oder als Teil deiner Wirklichkeit erfahren hast?

Sie sind Potenziale und Optionen, genauso wie alles andere im energetischen Gitternetz, das auch dir zur Verfügung steht.

Das ist wichtig – und es wird dir tatsächlich helfen. Wir sagen, dass du hier in dieser physischen Erfahrung bist und mit all dem, was du wahrnimmst und erschaffst, die Potenziale und Optionen erweiterst. Indem du durch deine Aktivitäten, Erfahrungen und Abenteuer sämtliche Nervenbahnen im Gehirn aktivierst, säst du die Samen für neue Potenziale und Optionen im menschlichen Bewusstsein, die sich dann sukzessive bis ins Unendliche ausdehnen.

In der Weise nimmst du gewöhnlich all die Straßen auf dem Planeten Erde wahr. Sie sind allein für dich da, wenn du beschließt, sie zu erkunden. Und wenn du es wolltest, könntest du sogar eine neue Route einschlagen, um von hier nach dort zu gelangen – wie bei dem zuvor beschriebenen Wanderweg, der schneller und müheloser zum Berggipfel führt. Unser Beispiel von den Straßen auf der Erde ist eine Art physische Darstellung dessen, was auf den Zeitschienen der Potenziale und Optionen in jeder Bewusstseinsdimension existiert. Oder, wie du es vielleicht ausdrücken würdest, ein elektrisches Netz aller möglichen Erfahrungen in vielfachen Dimensionen, für die du dich jetzt entscheiden kannst. Aber sie sind weder »da oben« noch »da draußen«. Den Zugang zu ihnen findest du, indem du dich ins Kraftfeld deines Bewusstseins begibst. *Sie sind in dir.*

—✵—

Eine interessante Trickfrage, die »normale« Leute wie auch Philosophen stellen, lautet: »Macht ein Baum, der im Wald umstürzt, auch dann ein Geräusch, wenn niemand in der Nähe ist, der es hört?« Ich behaupte: Wenn niemand zugegen war, gab es weder Wald noch Baum. Doch wäre ein Mensch aufgetaucht – sagen wir zehn Jahre vorher, denn jetzt ist er da –, würde der Wald plötzlich existieren und wäre aufgrund der energetischen Prozesse in dieser Dimension um zehn Jahre gealtert. Einige Bäume wären inzwischen umgestürzt, und der Wald hätte sich weiterentwickelt. Aber wenn niemand ihn wahrnimmt – und ich denke, das trifft eher auf Menschen als auf Tiere zu –, existiert er nur als Potenzial und Option. Steckt darin irgendeine Wahrheit?

In der Tat. Wieder geht es darum, worauf du dich fokussierst und welche Bedeutung du jenem Objekt gibst, denn daraus gestaltet sich deine Wirklichkeit. Also kann es nicht in deiner Wirklichkeit sein, wenn du weder darauf fokussiert bist noch ihm eine gewisse Bedeutung beimisst.

Doch in dem Ganzen war eine Energie aktiv, die diese Wirklichkeit hervorbrachte. Genauso wie eine Energie im Wald und im Baum wirksam war und dessen Sturz verursachte. In den Dingen ist eine Kraft am Werk. Aber zu der von dir vorgestellten »Wirklichkeit« wird sie erst durch eine bewusste menschliche Wahrnehmung.

Du bist derjenige, der jeder Person oder Sache eine Bedeutung zuschreibt. Wenn du deine Welt als wunderbar betrachtest und in allem das Schöne, die Quelle, Gott und die Vollkommenheit siehst, dann ist das deine Wirklichkeit. Alles ist für dich da. Dein Menschsein kann gar nicht begreifen, wie sehr alles für dich da ist. Aber alles, was du erfährst, ist dir zugedacht. Sobald du deine Aufmerksamkeit auf etwas richtest, es wahrnimmst und ihm eine Bedeutung gibst, wird es in deiner Erfahrung »wirklich«.

Wenn niemand da ist, um ein Ereignis zu bemerken oder zu spüren, ist es weder Teil deiner Wahrnehmung noch deiner Erfahrung, also auch nicht Teil deiner Wirklichkeit. Aber solltest du bei einem Spaziergang auf den umgestürzten Baum stoßen und ihn als solchen wahrnehmen, wird er nun Teil deiner Wirklichkeit.

In deiner Umgebung passiert ständig so vieles, das dir entgeht und daher nicht zu deiner Wirklichkeit gehört. Indem du deine Wahrnehmung erweiterst und sie über all das hinaushebst, was du gegenwärtig zur Kenntnis nimmst, wirst du imstande sein, bislang ungeahnte Dinge als Wirklichkeit zu erfahren. Sind sie dennoch wirklich? Für uns schon, weil wir sie wahrnehmen können. Nicht aber für dich, weil du sie derzeit nicht als Wirklichkeit empfindest.

Du kannst dich in eine Wirklichkeit hineinversetzen, in der du dich eins fühlst mit der Quelle, Gott, dem Göttlichen – ja sogar darüber hinausgehen und dich als die Quelle des Lichts selbst oder als Gottes Energie wahrnehmen. Obwohl du aus deinem inneren Bewusstseinsfeld heraus Zugang zu allen Dingen findest, existiert diese Erfahrung bereits irgendwo »da draußen« im Universum. Folglich kannst du dich in ihre Wirklichkeit hineinprojizieren.

Mit anderen Worten: Du erforschst Sphären des Bewusstseins und alle darin enthaltenen Potenziale und Optionen für die Wirklichkeit. Und das tust du die ganze Zeit.

Lass uns jetzt einen Schritt zurück machen. Du glaubst, Tag für Tag in der gleichen Wirklichkeit zu leben, eigentlich aber erschaffst du sie ständig neu. Die Manifestation in physischer Form vollzieht sich aufgrund der dichten Materie etwas langsamer als auf höheren Bewusstseinsebenen, aber viel fließender, als du es wahrnimmst.

Das Schaffen in physischer Form sollte in höchstem Maße geschätzt und genossen werden. Stell dir vor, du wachst morgen früh auf, und deine Wirklichkeit enthielte nur jene Manifestationen, die du heute gezielt für die Wirklichkeit des nächsten Tages entworfen hast. Was würdest du sehen? Deine Wirklichkeit wäre grundlegend anders: All das, was du nicht ins Auge gefasst hast, um ihm physische Gestalt zu verleihen – ob es die Familie oder Freunde betrifft, häusliche Angelegenheiten, dein Bankkonto und sogar deinen Arbeitsplatz –, mag dann fehlen. Der große Vorteil des Schaffens in der Form besteht also darin, dass du diese Dinge nicht jeden Tag neu hervorbringen musst, damit sie weiterhin Teil deiner Wirklichkeit sind.

Letztlich entsteht deine Realität durch genau die Gegenstände, auf die du deinen Fokus richtest und denen du eine Bedeutung beimisst. Menschen haben die Neigung, sich mit dem zu beschäftigen, was ihnen lästig erscheint. Durch eure Wahrnehmungen werdet ihr leicht von der Wirklichkeit abgelenkt. Ihr konzentriert euch auf den Mangel, weshalb ihr weiterhin Mangel hervorruft. Dann denkt ihr: »Warum taucht diese leidige Sache immer wieder in meiner Wirklichkeit auf?«

Wir stimmen durchaus zu, dass es wohl einige Zeit beansprucht – ein paar Wochen, Monate oder noch länger –, etwas Neues ins eigene Blickfeld zu rücken und eine bislang nicht existente Wirklichkeit zu erschaffen, aber was macht das schon? Ihr habt die wunderbare Gelegenheit, eure Schöpfungen in physischer Form zu verfeinern. Das ist einfach großartig!

TIERE AUF DER ERDE

Ich interessiere mich sehr für andere Formen des Bewusstseins hier auf der Erde. Was könnt ihr uns über Tiere mitteilen, sowohl über jene in der Wildnis wie auch die bei uns zu Hause? Außerdem würde ich

gerne etwas über das Bewusstsein von Mineralien, Pflanzen und der Erde selbst erfahren.

Alles ist Energie der Quelle. Nicht alle Wesen und Dinge bringen sie gleichermaßen zum Ausdruck, aber ein jedes ist Energie der Quelle. Ebenso besitzt alles Bewusstsein, doch innerhalb der menschlichen Erfahrung gibt es viele verschiedene Bewusstseinsebenen.

Auch Tiere haben Bewusstsein und sind Erweiterungen der Energie der Quelle. Zugleich aber bringen sie sich auf einer anderen Energieebene zum Ausdruck als Menschen. Das Bewusstsein eines Tieres ist nicht ganz derselben Art wie das des Menschen, trotzdem ist das eine nicht besser als das andere. Einige behaupten sogar, Tiere seien weitaus bewusstere Lebewesen als Menschen. Wir verstehen sehr wohl, warum sie das sagen.

Wenn du mit einer dir nahen Person zusammenkommst, verbindet sich dein Bewusstsein mit ihrem, und so liegt eurem gemeinsamen Schaffen ein Ausdruck von Bewusstsein zugrunde, in dem die Energie der Quelle mitschwingt. Ihr nennt das »eine Beziehung«. Das Gleiche gilt für Tiere, die ihr in euer Zuhause bringt; sie werden Teil des kollektiven Bewusstseins der Familie. Ihr schenkt ihnen Beachtung, die sie wiederum euch zuteilwerden lassen. Haustiere sind auf einer anderen Bewusstseinsebene – verleihen der Energie der Quelle anders Ausdruck – als nichtdomestizierte Tiere, die eher instinktiv agieren und die Energie der Quelle durch Kampf-oder-Flucht-Reaktionen und weitere Überlebensmuster artikulieren.

Aber Tiere sind Energie der Quelle und besitzen genauso wie ihr einen höheren Aspekt. Da ist der menschliche Teil von euch, euer höheres Selbst oder eure Seele, die euch stets leiten. Sobald ihr die bloße Dichte des Körpers übersteigt, taucht ihr wieder ein in euer höheres Selbst oder eure Seele. Tiere tun das auch, denn sie erfahren ebenfalls die Dichte ihres Körpers. Ähnlich, wie die Wahrnehmung eurer selbst begrenzt ist, könnt ihr das weit ausgedehnte Bewusstsein eines Tieres nicht ermessen, solange es sich in physischer Form äußert. Je mehr Dichte in körperlicher Gestalt, desto geringer der Ausdruck von ursprünglicher Energie. Menschen können ihr Bewusstsein heben, um mehr Energie der Quelle zuzulassen und sich ihrer selbst als ewige, souveräne Wesen gewahr zu werden. Tiere sind ebenso dazu fähig, aber nur einige gelangen tatsächlich auf eine höhere Bewusstseinsebene.

Alles ist Energie der Quelle. So wie ihr euch auf diese menschliche Erfahrung fokussiert habt, um zu dieser Zeit auf dem Planeten zu sein und einem größeren Zweck zu dienen, haben auch die Tiere es getan.

Heißt dies, dass Tiere für uns da sind?

In der Tat. Für euch und den Planeten. Alle Tiere haben einen Zweck. Und wenn du bestimmte Tiere in der Natur betrachtest, wird dir klar, dass ihr Zweck einen äußerst wichtigen Bestandteil der Raum-Zeit-Erfahrung bildet.

Da du auf höheren Bewusstseinsebenen lebst, legst du Wert darauf, Tieren keinen Schaden zuzufügen, denn in allen erkennst du Gott. Einige Tiere haben sich jedoch eigens verkörpert, um die Menschen in Form von Nahrung mit Kraft zu versorgen. Möglicherweise durchlaufen sie weitere Inkarnationen, in denen sie entweder zum Haus- oder zum Wildtier werden.

Für diejenigen unter euch, die beschließen, tierische Produkte zu verzehren, lautet die Botschaft der Tiere, diese vollständig zu empfangen. Das ist alles, worum sie euch je bitten würden, obwohl sie um nichts bitten. Sie kennen ihre Rolle und den Dienst, den sie der Menschheit leisten. Außerdem wissen sie, welch starke, göttliche, empfindungsfähige Wesen sie sind und dass sie die Wahl treffen, zu dieser Zeit an der menschlichen Erfahrung teilzuhaben.

Wenn du deinerseits den Tieren einen Dienst erweisen möchtest, brauchst du nur zu sagen: »Danke. Danke. Danke.« Indem du sie empfängst, ehrst, segnest, ganz gleich, wo sie sich gerade in der Ewigkeit aufhalten, spüren sie deine Wertschätzung und sind sich deiner Liebe und Dankbarkeit gewiss.

Sobald du ein Gefühl von Wohlbehagen und Frieden, Liebe und Freude ausstrahlst und im Vollbesitz deiner Kraft bist – in der Schwingung reiner Liebe, die deine Wahrheit bezeugt –, überträgst du genau diese Qualitäten in deine Wirklichkeit und die Welt ringsum. Deshalb sagen wir immer wieder: Einer von euch, mit seiner Kraft innig verbunden, ist stärker als Millionen, die es nicht sind.

Sitze, wann auch immer, einfach nur da, fokussiert auf eine Schwingung und Frequenz, in der du dich als Schöpfer innerhalb deiner eigenen Schöpfung wahrnimmst, als Mittelpunkt des Universums, als Energie der Quelle, als Gottesbewusstsein, und fühle dich ein in das Einheitsbewusstsein, das Einssein. Damit projizierst du Wohlbehagen und Frieden, Liebe und Freude in ein Feld, das mit allem in Beziehung steht. Es hat nicht zufällig die gleiche Schwingung und Frequenz wie das Bewusstseinsfeld, in dem sich Tiere meistens ganz mühelos befinden.

Bemühe dich dann, diese Energie harmonischen Gleichgewichts aus deinem Herzen in die Herzen aller Tiere zu senden. Sei versichert, dass sich dadurch jedes Tier auf dem Planeten augenblicklich ein wenig wohler fühlen wird. Deine innere Ausrichtung auf Frieden, Liebe und Freude wird bewirken, dass in dem Moment jedes Tier etwas mehr Frieden, Liebe und Freude empfindet. Bald wirst du vielleicht bemerken, wie andere Menschen bewusster für Wohlbehagen und Frieden, Liebe und Freude der Tiere sorgen und dass auch die Tiere in deiner Umgebung mehr Wohlbehagen und Frieden, Liebe und Freude verspüren. Vergegenwärtige dir bei deiner Beobachtung, dass du all das hervorgerufen hast. Es zeigt, über welch enorme Kräfte du verfügst.

Ein weiterer Punkt: Wir unterstellen nicht, dass du nichts tun sollst in Angelegenheiten, die dir am Herzen liegen. Wir fordern dich nicht auf, passiv zu sein – etwa in der Art: »Oh, heb nur deine Schwingung und geh dann deines Weges, um weiterzukommen. Lass die anderen ihre Sachen machen.« Nein. Vielmehr ermuntern wir dich, der bewusste und starke Schöpfer deiner Wirklichkeit zu sein. Aber so manche, die deine Sorgen teilen, sind nicht in der Schwingung, um von den höchsten Ebenen aus zu schaffen. Sie leisten Widerstand – sind wütend, außer sich, urteilen über andere, weisen sie auf ihre Fehler hin und versuchen, ihre Entscheidungen rückgängig zu machen.

Begib dich zuerst auf höhere Bewusstseinsebenen, in die reine Liebe, und besinne dich gezielt darauf, was du gestalten und erfahren möchtest. Fühle es, wisse, dass es getan ist, und nimm es dann zusehends in deiner Wirklichkeit wahr. Während mehr und mehr von euch diese Wahl treffen, beginnt ihr alle in der höchsten verfügbaren Wirklichkeit zu leben.

Das bewirkt einen Unterschied, und die Tiere werden es spüren. Alles ist Bewusstsein. Alles ist Energie der Quelle. Wenn wir über Einssein-, Einheits- oder Gottesbewusstsein sprechen, so wisst ihr, dass ihr damit verbunden seid, dass alles damit verbunden ist. Ihr alle seid die Istheit von allem, was im Bewusstsein Gottes existiert, könnt euch jederzeit darauf einstimmen und die Wirklichkeiten erschaffen, die ihr gerne erfahren möchtet. Das wird von den Tieren tatsächlich mitempfunden. Es ist besonders wichtig.

Tiere sind unglaubliche Heiler und Lehrer im Dienste der Menschheit. Zwar steht in der biblischen Genesis geschrieben, dass Gott der Menschheit die Herrschaft über die Tiere gab, damit sie diese besitzen und beherrschen könne, aber das ist ein Missverständnis.

Während der gesamten Menschheitsgeschichte wurde Tieren eine tiefe Verehrung entgegenbracht. In früheren Zeiten galt es als selbstverständlich, dass der menschliche Körper der Stärkung durch tierisches Eiweiß bedarf. So wurde die Entwicklung des Bewusstseins weiter vorangetrieben und die Grundlage geschaffen für eine tiefe Achtung, Ehrfurcht und Dankbarkeit gegenüber den Tieren.

Heute gibt es in eurer Welt viele, die den Wert und die Bedeutung eines harmonischen Gleichgewichts zwischen Mensch, Tier, Natur und Erde verstehen. Tiere erfüllen dabei eine wesentliche Aufgabe. Wir können nicht genug betonen, wie sehr eure schöpferische Macht mit ihrem Wohlergehen zusammenhängt. Würden einige von euch sich durch die industriell betriebene Landwirtschaft und all die von ihr verursachten, durchaus beunruhigenden Probleme nicht ablenken lassen, sondern dagegen aufbegehren und das Tierwohl in den Mittelpunkt rücken, könnten sie in kürzester Zeit eine völlig neue Wirklichkeit schaffen. Diese würde auf ihrer angeborenen, reinen, unbedingten Liebe und Achtung gegenüber den Tieren beruhen. Wenn ihr euch darauf einstimmt, wird dieser Zustand tiefer Verbundenheit, großer Wertschätzung, reiner, unbedingter Liebe und Dankbarkeit bald von allen geteilt.

Viele von euch fragen, ob eine vegetarische oder vegane Ernährungsweise notwendig sei, um auf höhere Bewusstseinsebenen zu gelangen. Wir verstehen euer Mitgefühl für die Tiere. Würde eine Person mit erweitertem Bewusstsein andere Nahrungsmittel und andere Mengen davon wählen als jemand, dessen geistiger Horizont eher begrenzt ist? Wahrscheinlich. Es wäre für sie nur natürlich, in einer so engen Beziehung mit ihrem Körper zu leben, dass alles, was sie zu sich nimmt, zu deren Schönheit und Harmonie beitragen würde.

Bewahren Tiere ihre Persönlichkeit, sobald sie ihr diesseitiges Leben hinter sich lassen?

All die herrlichen Gemeinschaften der Tiere auf eurem Planeten werden ebenfalls ihre Reise zu höheren Bewusstseinsebenen fortsetzen, sobald sie aus der Form ins Formlose übergehen. Die Ewigkeit steht sämtlichen Wesen offen.

Die Entwicklung ist dem physischen Körper in Gestalt der DNA eingeschrieben. Hunderassen sind dafür ein perfektes Beispiel. Während sie sich entwickeln und Eigenschaften ausbilden, die ihre Persönlichkeit konstituieren, wird ihr Bewusstseinsfeld – nicht zuletzt durch die teilnehmende Beobachtung seitens des Menschen – mit bestimmten Merkmalen versehen. Diese sind bereits in der Erbsubstanz der Tiere angelegt, weshalb sie sich in ihrer Persönlichkeit, Größe, Form und Farbe wahrscheinlich ähneln. Das alles ist Teil der körperlichen Erfahrung.

Wenn eure geliebten Tiere die dichte Hülle des Körpers abstreifen und in die Energie der Quelle zurückkehren, in die Istheit all dessen, was ist, in das Einssein mit allem, was ist, werden sie wieder der reinen Liebe und Lichtenergie teilhaftig, aus der sie gekommen sind. Nach ihrem Übergang in höhere Dimensionen bewahren sie jedoch nur bruchstückhaft ihre einzigartige Persönlichkeit, obwohl wir wissen, wie sehr diese euch am Herzen liegt. Gerne hegt ihr die ebenso vertraute wie tröstliche Vorstellung vom unversehrten geliebten Wesen im Jenseits. Aber sobald ein Tier in die reine Energie der Quelle überwechselt, wird es Mitglied einer Gemeinschaft mit eigener Ausdrucksweise infolge einer weitaus höheren Schwingung und Frequenz, die in reiner Liebe, reinem Licht gründet.

Sobald ihr euch auf die Persönlichkeit eures Haustieres oder eines anderen Tieres einstimmt, das ihr liebt und das seinen Übergang vollzogen hat, ist es die Energie der Quelle, die ihr in seiner Persönlichkeit anruft – *jene gleiche Energie, mit der ihr in Gestalt des Tieres zuvor gelebt habt.* Alles ist Energie der Quelle.

Oh! Verhält es sich mit uns Menschen auf einer höheren Ebene genauso?

In der Tat. Doch jene Seelen, die meistens im Bereich der menschlichen Existenz tätig sind – denn ihr durchlauft vielerlei Inkarnationen, fokussiert euch auf die Form, kehrt dann ins Formlose zurück, wieder und wieder –, mögen beschließen, sich mit bestimmten gleichbleibenden Charakterzügen weiterzuentwickeln. Sobald ihr aber die hiesige Erfahrung übersteigt, werdet ihr euch weniger an die physische Form gebunden fühlen und mehr an höheren Sphären des Bewusstseins interessiert sein, ohne eurer Persönlichkeit Ausdruck verleihen zu wollen.

DIE EIGENE SCHWINGUNG HEBEN UND TIEFERE EBENEN DES WISSENS ERSCHLIESSEN

Ich suche weiterhin nach Mitteln und Wegen, meine Schwingung zu heben und mein wahres Selbst zu verwirklichen. Mir ist, als müsste ich dafür zusätzliche Schritte unternehmen. Und ich weiß, ihr sprecht von »zulassen«, aber könnt ihr etwas mehr darüber sagen? Wie hängt zum Beispiel der Schlaf-wach-Rhythmus mit einer erhöhten Schwingung zusammen?

Wir verstehen deine Frage – und stellen dir die folgende: Wie würde ein Meister sein Leben verbringen? Im weiteren Fortgang werden sich die entsprechenden Antworten wie von selbst ergeben.

Wenn du zu fragen beginnst: »Wie würde ein Meister sein Leben verbringen?«, löst du dich aus der Dimension der Trennung, des Mangels, der Begrenztheit, in der es normalerweise heißt: »Dies sollst du tun, jenes aber nicht, und andere teilen dir mit, was du zu tun hast.« Im kollektiven Bewusstsein gibt es alle Arten von Vorschriften, wonach ihr zu einer bestimmten Tageszeit aufwachen, den ganzen Tag arbeiten, dann nach Hause fahren und schließlich zu Bett gehen sollt. Außerdem habt ihr Kinder, die tagsüber die Schule besuchen, während ihr eure beruflichen Tätigkeiten ausübt. So habt ihr rundum ein menschliches Bewusstsein geschaffen, das sich von eurem ursprünglichen Potenzial für ein ausgeglichenes, auf Regeneration beruhendes Energiesystem sehr weit entfernt hat.

Idealerweise seid ihr gewöhnlich zwischen drei und vier Uhr morgens in der höchsten Schwingung – dann nämlich, wenn, metaphorisch ausgedrückt, der Schleier am dünnsten ist. Teilweise deshalb, weil zu dieser Zeit das Massenbewusstsein in eurem Umfeld überwiegend ruht, folglich das Bewusstsein in unmittelbarer Nähe ziemlich neutral ist und den Zugang zu höheren Wahrnehmungs- und Bewusstseinsebenen ermöglicht. Aber da die meisten von euch dann noch schlafen, bekommen sie das nicht mit.

Euer optimaler Schlaf-wach-Rhythmus mag sich so gestalten, dass ihr gegen neun Uhr abends zu Bett geht, dann etwa um drei Uhr nachts aufwacht, eine hohe Schwingung, gesteigerte Inspiration und Kreativität verspürt, um vielleicht zu schreiben, zu meditieren oder bei Sonnenaufgang einen Spaziergang in der freien Natur zu unternehmen. Ihr könnt ganz verschiedene, umfassende Erfahrungen machen, die euch Einsichten, Erleuchtung oder eine Begegnung mit Gott bescheren. Anschließend haltet ihr ein Nickerchen, steht wieder auf und widmet euch den bevorzugten Aktivitäten. So geht es weiter bis in die Abendstunden.

Wenn ihr jedoch Kinder und andere Menschen um euch habt, die von euch abhängig sind, in geschäftliche Angelegenheiten und den fordernden Alltag eingebunden seid, beginnt ihr mit der Arbeit gerade dann, wenn wir euch aufgrund des Dichtegrads im kollektiven Bewusstsein zum Ausruhen raten würden.

Innerhalb dieser Systeme habt ihr euch angepasst, und daran ist nichts verkehrt. Denkt ihr indes über das Selbst eures aufgestiegenen Meisters nach, wird euch bewusst, dass es überhaupt nicht schläft. Es braucht nichts außerhalb von euch, um ernährt und verjüngt zu werden. Zu dieser Zeit leben einige auf dem Planeten, die einen Zustand erlangt haben, in dem sie mit dem natürlichen Rhythmus derart im Einklang sind, dass sie sich auf gewünschte Weise mit Kraft versorgen, ohne etwas zu essen oder zu trinken. Sie praktizieren solche Tätigkeiten wie *Sungazing*, schauen also beispielsweise nach Sonnenaufgang für eine kurze Zeit in die Sonne, um von ihr energetische Nahrung zu empfangen. Aber die meisten von euch sind da gar nicht wach, und wenn ihr die Sonne betrachtet, tut ihr das nicht mit dem Wissen um den Zweck, der sich hinter dem Sicht- und Verfügbaren verbirgt.

Ihr habt alle möglichen Dinge hervorgebracht, für die ihr euch verantwortlich fühlt und die oft eure Aufmerksamkeit beanspruchen. Wenn ihr nur ein wenig Raum um euch schaffen und beschließen würdet, den ganzen Tag der Energie und dem Licht zu folgen, gäbe es weder Vorschriften noch Pflichten, nichts in eurem Terminkalender, nichts, was ihr tun müsstet, niemanden, der auf euch angewiesen wäre, und nichts, was eurer Verantwortung unterläge. Würdet ihr euch ein paar Tage zugestehen, nur um dem natürlichen Rhythmus des Universums zu folgen, der in eurem Leben zum Ausdruck kommt, und euch von der Energie und dem Licht den Weg weisen zu lassen, könntet ihr einige wirklich atemberaubende Erfahrungen machen.

Nun werden wir die größere Frage behandeln, die du gestellt hast, nämlich was es mit dem Zulassen auf sich hat.

Wenn wir davon sprechen, sich zu öffnen, die Energie zuzulassen, sich vom Licht führen zu lassen, wenn wir betonen, all die Energie sei für dich da, so meinen wir: Sie ist ganz und gar *deine* Energie. Öffne dich und lass die Energie zu – falls du diese eine Änderung vornehmen und verstehen kannst, dass du es nicht aus dem Zustand eines halb leeren, sondern eines übervollen Glases tust, dann wird es keine Zeit mehr geben, in der dein Glas nicht überfließt vor Licht und Liebe und Energie. Allein das ist eine faszinierende Erfahrung der Transzendenz.

Geh hinaus in die Welt und achte darauf, ob dein Glas voll ist und überläuft; wenn nicht, so ist es für dich am besten, eine Pause einzulegen. Schließ die Augen und nimm ein paar tiefe Atemzüge, wende dich nach innen und fülle deine Lichtmenge wieder auf, bevor du mit anderen Menschen in Beziehung trittst.

Wir erwarten nicht, dass du perfekt bist, das ist auch gar nicht nötig, aber je öfter du diese einfachen Übungen praktizierst, desto deutlicher wird dir bewusst, wie anders die Energie in deinem Leben wirkt, um dich in einer Weise zu unterstützen, wie du es vorher nie zugelassen hast. Verstehst du?

Könnt ihr bitte mehr darüber mitteilen,
wie man sein Glas auffüllt, wenn es fast leer ist?

Hebe deine Wahrnehmung, dein Bewusstsein. Wende dich wie erwähnt nach innen, atme einige Male tief durch. Komm wirklich in den Moment, erde dich und erweitere dieses Kraftfeld des Bewusstseins, das du bist. Lass das Licht ein, zumal indem du etwas tust, was sich gut anfühlt – zum Beispiel die Handflächen nach oben kehren, offen werden und einfach empfangen, vielleicht auch das Gesicht zur Sonne richten und einige tiefe Atemzüge machen, als würdest du Licht und Energie in dich aufnehmen. Schon diese kleine Änderung bewirkt viel, bevor du dann deinen Beschäftigungen nachgehst. Gewöhnlich ist es ja so, dass du, wenn du um Unterweisung und Inspiration bittest, infolge der Schwingung des Problems oder der Herausforderung auf einer niedrigeren Bewusstseinsebene bist. Aber die Lösung existiert bereits, nur auf einer höheren Bewusstseinsebene.

Deine geistigen Leitfiguren, dein höheres Selbst, die Eingebung, nach der du suchst, die inspirierte Tat – stell sie dir oben auf der Treppe vor, über die wir zuvor gesprochen haben. Du befindest dich am unteren Ende, dort, wo das Problem liegt. Wenn du die Stufen hochsteigst, ist die Antwort oder die Anleitung immer schon vorhanden. Dein höheres Selbst, deine Seele, das Universum – sie waren ebenfalls schon immer da, nämlich oben auf der Treppe. Dorthin musst du gehen.

Vergiss nicht: Alles trägt zu deiner Erleuchtung bei, und das ist das Wichtigste. Was auch geschieht, triff deine Wahl und wisse, dass es dir dient und hilft und schrittweise alles für dich ändern wird.

Wunderbar. Ihr habt viele Gedanken auf den Punkt gebracht, die mich innerlich bewegen, ohne dass ich ihnen hätte Ausdruck verleihen können. Das ist verblüffend und sehr hilfreich.

So ist es. Und deshalb sagen wir: Wir heben unser Bewusstsein und deine Wahrnehmung, damit du die Welt zunehmend anders sehen kannst; und indem du deine Perspektive wechselst oder ausdehnst, wirst du das unendliche Potenzial erweitern, ebenso wie die Potenziale und Optionen in deiner eigenen Wirklichkeit. Wenn du dann diese Möglichkeiten ausschöpfst, gelangst du immer tiefer ins Wesen der Dinge, und alles wird einfach immer besser.

Während die Menschheit höheren Bewusstseinsebenen, der Wirklichkeit der Neuen Erde oder des Himmels auf Erden zustrebt, wirst du allmählich begreifen, dass diese Wirklichkeit bereits in höheren Bewusstseinsdimensionen existiert. Du bringst sie nur in die physische Form. Momentan erfährst du die Manifestation all der Potenziale und Optionen, formlosen Wirklichkeiten und höheren Bewusstseinsebenen, die in ihr vorhanden sind. Du bist hier innerhalb des Traums als Schöpfer deiner eigenen Schöpfung. Das ist etwas ganz Außergewöhnliches!

Wie bereits ausgeführt wurde, gibt es in diesem endlos weiten und herrlichen Universum eine wesentlich größere Bestimmung für die Erde. Du kannst besser verstehen, was wir damit meinen, sobald dir deutlich wird, dass du auf einem Planeten lebst, der sich auf einer elliptischen Umlaufbahn mit hoher Geschwindigkeit durch den Raum bewegt. Du befindest dich keineswegs im Stillstand, auch wenn es so scheint. Hast du dich je gefragt, wohin du eigentlich unterwegs bist?

Du erwachst vollständig zu all dem, was du bist. Du reist durch verschiedene Bewusstseinsebenen auf einem Planeten, der genau dasselbe tut, während du deine Schwingungsfrequenz erhöhst. Sobald du die Dinge aus einer größeren Perspektive betrachtest, wird dir sehr viel mehr offenbart, einschließlich zahlreicher weiterer Erlebnisse, die du dir jetzt noch gar nicht vorzustellen vermagst. Es wird einfach immer besser. In dieser unglaublichen Erfahrung der physischen Form kannst du deine Bedürfnisse komplett stillen, dich der schöpferischen Tätigkeit ebenso hingeben wie dem Spiel und dabei Vergnügen empfinden. Aber auf höheren Bewusstseinsebenen bieten sich dir sogar noch großartigere Gelegenheiten.

Wir verstehen deine Faszination für derartige Themen. Das Beste, was wir dir raten können, ist, deine Wahrnehmung weiterhin auszudehnen – über das bloße Diesseits hinaus. Von dieser höheren Warte wirst du dann neue Potenziale und Optionen in deine Wirklichkeit einbringen. Existieren sie bereits? Auch wenn du sie nicht wahrnehmen kannst? Oder werden sie erst Wirklichkeit, wenn du sie wahrnimmst? *Dies* ist die Reise durch das Bewusstsein.

Vieles von dem, was in der äußeren Welt deine Aufmerksamkeit beansprucht, etwa im Hinblick auf Ungerechtigkeit, lenkt dich nur davon ab, dir deiner inneren Kraft bewusst zu werden. Sobald du sie erschließt, änderst du alles in deiner Umgebung – nicht, weil du dich darum bemühst, sondern weil du jene Schwingungen und Frequenzen ebenso eindringlich wie vollständig in das größere Kraftfeld des Bewusstseins ringsum aussendest. Dann werden dir neue Potenziale und Optionen zuteil, die mit deinem erweiterten Bewusstsein in Resonanz stehen. Genau das erbitten, erträumen und ersehnen die meisten Menschen in der eigenen Erfahrungswelt, selbst wenn es ihnen nicht bewusst ist.

Wenn du über den menschlichen Körper – oder einen Delfin oder ein anderes Tier in der Natur – nachdenkst: Scheinen sie nicht alle perfekt gestaltet zu sein?

Sie sind so und nicht anders beschaffen, damit sie in ihrem Lebensraum gedeihen können, und dafür sorgt eine Intelligenz. Oder vergegenwärtige dir das menschliche Gehirn und all die übrigen Funktionen im Organismus, wie vollkommen sie zusammenwirken: Ist das nicht überwältigend? Wolltest du die Intelligenz hinter der Erschaffung eines physischen Körpers – gleich, welcher Spezies – auf dem Planeten sowie sämtliche Entwicklungs- und Wachstumsphasen ergründen, die er durchläuft, würdest du in Verwirrung geraten. Euer Menschsein kann es einfach nicht begreifen.

Empfinde daher Ehrfurcht angesichts dessen, wie wunderbar alles ist: vor der fantastischen Intelligenz, die dich geschaffen hat, die du zugleich bist und die jedem Wesen und allem anderen innewohnt. Dann kannst du dich in diese Intelligenz in dir einfühlen, in alles, in die Frequenz der Worte »Ich bin Schöpfer«, wohl wissend, dass sie dir ebenso eignet wie der gesamten Schöpfung. Dein menschliches Gehirn wird jedoch nie imstande sein, sie ganz zu erfassen.

Aus diesem Zustand wirst du die Vollkommenheit von allem zulassen. Du wirst deine eigene Vollkommenheit und die eines jeden Wesens akzeptieren. Und du wirst erkennen, dass alles, wirklich alles hier für dich da ist – die Delfine, die Ozeane, die Berge, die Bäume, das Gras, die Vögel, die Bienen, die übrigen Tiere, der Sonnenschein, die Sterne am Himmel, die anderen Menschen. Sie alle sind deine Schöpfungen. Dank dieser Einsicht wirst du beginnen, mit der Schöpfung zu spielen, zu tanzen und Freude zu haben, und deine Schöpfungen werden sich ausweiten, indes du fortfährst, dich in noch mehr Welten einzufühlen.

Dein menschlicher Geist – und der Mensch, der du bist, mit der Persönlichkeit, die du besitzt – kann nicht verstehen, wie all das für dich da sein soll, stimmt's? Aber kannst du die Wahrheit davon *fühlen*? Ja? Dann nimm sie an. Willige ein, dass es einen wunderbaren Menschen mit einer wunderbaren Persönlichkeit unter deinem Namen gibt. Dieser Mensch ist deine Art des Ausdrucks in physischer Form, desgleichen die Art, wie die Energie der Quelle sich durch dich manifestiert. *Tatsächlich bist du deine eigene größte Schöpfung.* Das kannst du gutheißen – auch in dem Wissen, dass du das Bewusstsein und die Intelligenz bist, die das alles hervorgebracht hat. Du bist die Energie der Quelle in allen Dingen.

Das brauchst du nicht verstandesmäßig zu betrachten, um mit seiner Wahrheit in Einklang zu kommen und deine

Wahrnehmung von allem zu erweitern, was wirklich für dich da ist.

—✲—

Wie können wir solch eine Herrlichkeit allmählich annehmen?

—

Geh in dich und fühle jene Ganzheit, die dir fehlt. Du bist ein Kraftfeld des Bewusstseins, zusammengesetzt aus Partikeln der Unendlichen Schöpfung, die stets auf dich reagieren. Das ist es, was du bist. Je weiter du nach innen gehen und diese Wahrheit wirklich fühlen kannst, umso stärker wirst du wie magnetisch immer umfassendere Wahrnehmungen und Erfahrungen anziehen, die dir zur Einsicht in derlei Zusammenhänge verhelfen. So wird eine Kettenreaktion ausgelöst, dank deren dich neue Erfahrungen zu tieferen Ebenen des Wissens – oder, besser gesagt, der Erinnerung – führen.

Wenn du jedoch aufgrund deiner begrenzten physischen Sinne ständig durch die äußere Welt abgelenkt wirst, verpasst du eine enorme Menge von Informationen und Daten. Deine menschlichen Empfindungsorgane können immer nur einen winzigen Ausschnitt der Wirklichkeit wahrnehmen. Aber gerade weil sie einen derart starken Reiz ausüben, kannst du verstehen, warum sich die meisten Menschen nicht in die Wahrheit einzufühlen vermögen, wer sie wirklich sind.

Bislang war hauptsächlich von eurem Menschsein die

Rede – was es sieht, hört, schmeckt, berührt, riecht, gedanklich verarbeitet –, den Geschichten, die ihr darüber erzählt, was ihr möchtet oder nicht möchtet, was geschah oder nicht hätte geschehen sollen, von den Menschen, die ihr kennt, den Beziehungen, die ihr führt, der Arbeit, die ihr ausübt, vom Geld, das ihr habt oder nicht habt, und so weiter und so fort. Die meiste Zeit reflektiert ihr über euer Menschsein und definiert euch nur aufgrund dessen, was ihr durch eure physischen Sinne erfassen könnt.

Daran ist nichts verkehrt. Aber wenn ihr ein wenig langsamer macht und den Blick nach innen richtet, steht euch so viel mehr zur Verfügung. Das tut ihr nicht, um die physischen Sinne in irgendeiner Weise zu verleugnen, sondern um über sie hinauszugelangen und jenseits ihrer wahrzunehmen. Jede und jeder von euch ist ein empfindungsfähiges Wesen, eine Schwingung, eine Frequenz. Ihr seid Licht. Sobald ihr diese Aspekte von euch wahrnehmt, zieht ihr weitere Erfahrungen an, die euch deren Wahrheit erkennen lassen. Eine ganz neue, aufregende Welt wird sich für euch öffnen. Alldem könnt ihr nachgehen und dabei trotzdem vollauf und willentlich genießen, der wunderbare Mensch zu sein, der ihr seid, um euren Horizont noch mehr zu erweitern und eurer Persönlichkeit noch intensiver Ausdruck zu verleihen. Dann wird euer Fokus in noch höherem Maße auf die multisensorische Wahrnehmung eurer selbst als multidimensionale Wesen gerichtet sein.

Dieses Gefühl ermöglicht euch, all die Illusionen zu überwinden, deren größte der Tod ist – der Gedanke, ein verstorbener Mensch sei für immer verschwunden. Unabhängig von euren Sinnen werdet ihr allmählich einsehen, dass weder Bewusstsein noch Energie oder Intelligenz an die physische Form gebunden sind. Und das alles ist da für euch, mit euch, um euch die ganze Zeit zu unterstützen, zu leiten und zu lieben.

Sobald ihr die größte Illusion in der menschlichen Erfahrung hinter euch lasst, lernt ihr die wahre Freiheit und Souveränität im Innern kennen. Ihr merkt, dass ihr ungehindert schaffen, spielen und die physische Form auskosten könnt, *ohne eure Erfahrung darauf zu beschränken*. Während ihr euch einen Weg jenseits der Illusionen bahnt, macht ihr es anderen, gewillt, ihre vermeintlichen Grenzen zu überschreiten, viel leichter und begebt euch auf höhere Ebenen des Bewusstseins, erfüllt von Potenzialen und Optionen, die euch allen verfügbar sind.

Ihr habt die dritte, vierte und fünfte Dimension sehr eloquent geschildert und mitgeteilt, dort sei »immer noch mehr« vorhanden. Gibt es eine erste und zweite Dimension – und bis wohin reichen sie? Ist da auch eine zehnte, zwanzigste oder zweitausendste Dimension?

Obwohl sich euer menschlicher Geist gerne vorstellen mag, was im Universum möglich ist, fällt es doch schwer, das Unendliche zu quantifizieren. Am wichtigsten ist die Einteilung nach Dimensionen in Bezug auf euch. In der menschlichen Erfahrung existieren sehr wohl tiefer gelegene Bewusstseinsdimensionen. Erinnere dich aber, dass es keine Hierarchie gibt und gewiss kein Urteil, welcher Art auch immer, denn jeder Aspekt in eurem Erleben ist integraler Bestandteil des Ganzen. Die tieferen Bewusstseinsebenen sind in einigen empfindungsfähigen Wesen anzutreffen, die sich am Boden und unter der Erde fortbewegen. Dennoch verkörpern sie ebenfalls die Energie der Quelle.

Ihr habt euch durch die menschliche Erfahrung weiterentwickelt, wenngleich sie nicht wie in eurem Denken auf einer begrenzten Zeitspanne beruht. Höhere Bewusstseinsdimensionen ab der sechsten Dimension sind eher formlose Wirklichkeiten, mehr holografisch gestaltet und von Natur her fließender. Dessen ungeachtet handelt es sich um Wirklichkeiten, in denen Kreation und Manifestation durchaus ihren Platz haben.

Gibt es in diesen Wirklichkeiten auch Herausforderungen?

Eigentlich bist du in deinem Dasein mit keinerlei Herausforderungen konfrontiert. Warum also sollten sie in formlosen Wirklichkeiten vorkommen?

Stimmt! Wir meinen nur, es sei so. Nun, unser Leben ist tatsächlich von Missverständnissen und Verwirrung geprägt. Herrscht auf eurer Ebene immer reine Klarheit? Und wenn ja: Was würde den Unterschied zwischen Dimensionen

kennzeichnen? Inwiefern wäre Ebene sieben anders als Ebene acht? Worin besteht die strukturelle Differenz?

Wir sind einverstanden, was die Missverständnisse und die Verwirrung betrifft, ebenso damit, dass sich alles um die strukturelle Beschaffenheit, also um verschiedene Dichtegrade dreht. Wir möchten niemanden in Verwirrung bringen, indem wir im Zusammenhang mit der Evolution vom Höhlenmenschen sprechen. Aber wenn du dir überlegst, wo die Menschheit in prähistorischer Zeit stand: Es gab kaum sprachliche Ausdrucksmittel, nicht einmal ein Verständnis von Psychologie oder eine Vorstellung von Gott beziehungsweise einer höheren Macht. Damals befand sich das menschliche Bewusstsein auf einer völlig anderen Ebene als heute.

Delfine zum Beispiel sind sich bewusst, dass sie ein Bewusstsein haben. Menschen – gegenwärtig in der dritten, vierten und fünften Dimension angesiedelt – ähneln ihnen darin, dass sie sich ebenfalls ihres Bewusstseins bewusst sind. Wie wir schon beschrieben haben, ist in tieferen Dimensionen hingegen – sagen wir bei Ameisen oder Regenwürmern – kein solches »Bewusstsein vom Bewusstsein« vorhanden.

Erst im Laufe der letzten Jahrtausende habt ihr eine Stufe erreicht, auf der ein Bewusstsein für das Geistige und die Vorstellung von Gott existieren. Und all dies wird sich in dem Maße weiterentwickeln, wie ihr Wahrnehmung und Bewusstsein hebt.

Im ganzen Universum gibt es zahlreiche Bewusstseinsebenen, und einige weisen eine sehr hohe Schwingung und Frequenz auf. Die Wesen dort haben kaum Interesse an so mancherlei Tätigkeiten, auf die ihr euch in der menschlichen Erfahrung konzentriert, etwa kreieren und manifestieren. Sie sind mehr eins mit der Energie der Quelle und niemals von ihr getrennt. Damit soll nicht unterstellt werden, dass ihr, metaphorisch gesprochen, neben anderen Wesen in eurem Bereich auf den niedrigsten Stufen des Totempfahls steht. Wir teilen es nur mit, um eine Perspektive auf die Bewusstseinsebenen innerhalb des gesamten Spektrums zu bieten.

Mir ist zu Ohren gekommen, dass wir eigentlich nicht in der Weise existieren, wie wir es uns vorstellen. Statt eine scheinbar festgelegte Persönlichkeit zu besitzen, sind wir eher eine Ansammlung von Einstellungen, Neigungen und Überzeugungen, durch die Gott oder die Energie der Quelle strömt. Dem Autor Ken Carey zufolge ähneln wir Linsen, durch die Gott oder die Energie der Quelle fließt, wobei die Energie, die mich durchdringt, genau die gleiche ist, die alle anderen Wesen durchdringt. Unsere jeweiligen Linsen – geschliffen durch unsere Sehnsüchte, Belastungen, Erfahrungen – veranlassen uns zu glauben, wir seien voneinander verschieden und einzigartig. Gerade das bereitet mir Kopfzerbrechen. Demnach gibt es zum Beispiel keinen Mike Dooley; er existiert nicht wirklich. Was meint ihr dazu?

Tatsächlich existierst du als eine Erweiterung der Energie aus der Quelle. Als solche bringst du dich auf einzigartige Weise zum Ausdruck. Wenn du so willst, bist du die Linse, von der du gesprochen hast, doch sie ist etwas ganz Eigenes – wunderbar, weitreichend und ewig. So oder so bist du reine Energie der Quelle und drückst dich genau so aus, wie du es wünschst.

Es gibt eine Bewusstseinsebene, auf der Mike Dooley existiert, und es gibt eine Bewusstseinsdimension, die du als deine Seele bezeichnen magst. Darüber hinaus gibt es eine weitere Bewusstseinsdimension, auf der deine Seele eins ist mit der Quelle und du reine Energie bist. Mit anderen Worten: Du bist multidimensional.

Hier bist du fokussiert auf die menschliche Erfahrung und äußerst dich in physischer Form. Aber der seelische Teil von dir, der nicht auf den physischen Körper beschränkt ist, verfügt dennoch über Wahrnehmung und Bewusstsein und bekundet sich in der Summe all deiner bisherigen Erfahrungen. Zugleich gibt es einen Teil deiner Seele, der zur Energie der Quelle zurückgekehrt ist, schließlich einen anderen Teil, der noch weiter gegangen ist, über die Energie der Quelle hinaus – in die Quelle des Lichts selbst.

Du bist der Schöpfer. Du hast dich selbst geschaffen, um der zu sein, der du bist. Du bist deine größte Schöpfung.

Bevor wir dieses Kapitel beenden, würden wir gerne noch einen zusätzlichen Aspekt hervorheben.

Zunächst lauten unsere höchsten Worte an dich: Du bist ein ewiges Wesen des Lichts und der Liebe. Du wirst deine Reise durch höhere Ebenen des Bewusstseins weit jenseits dieser physischen Erfahrung fortsetzen. Unterdessen musst du hier und jetzt bitte wissen, wie fantastisch es ist, zu dieser Zeit in physischer Gestalt auf deinem Planeten zu leben.

Bring dann das ewige Licht und die ewige Liebe, die du bist, in diese physische Erfahrung ein; schaffe, gib dich dem Spiel hin und erfreue dich, wie die Delfine es dir in Erinnerung rufen. Dein Leben soll sehr gut für dich sein. Du bist um so vieles stärker, als dir bekannt ist. Beginne damit, dich selbst jenseits der Begrenzungen wahrzunehmen, die deine Person bisher definiert haben.

Zum ersten Mal gelangst du auf Bewusstseins-, Schwingungs- und Frequenzebenen, auf denen dir Potenziale und Optionen zugänglich sind, die sich noch nie jemand vorstellen konnte.

Du lebst in einer wunderbaren, liebevollen, harmonischen, reichhaltigen Welt, nun strahlend mit einer völlig neuen Energie und Hellsicht, in der du erfahren kannst, was viele als Himmel auf Erden bezeichnen. Darüber hinaus bereitet es dir großes Vergnügen, in der gewünschten Weise kreativ tätig zu sein.

Deine Vorstellung ist mächtig, und du bist bereit dafür – ein Schöpfer innerhalb deiner eigenen Schöpfung. Sobald du dein Leben in vollen Zügen lebst, gezielt die Erfahrungen auswählst, die du gerne machen möchtest, wird dir allmählich bewusst, dass du mit der Quelle ebenso eins bist wie mit allen Dingen. Durch dein Erwachen wirst du im menschlichen Bewusstsein Potenziale und Optionen säen und zugunsten der gesamten Menschenfamilie erweitern. Obwohl dein Gehirn das niemals verstehen kann, wird die Erkenntnis und Verwirklichung deiner selbst zur Ausdehnung des Bewusstseins hier auf Erden wie auch in weit entfernten Dimensionen beitragen.

Aus dieser Perspektive ist es richtig zu sagen, dass du Gottes größte Schöpfung bist. Und da du zugleich die Quelle bist, bist du auch das, was du »Gott« nennst. Du bist der Schöpfer innerhalb deiner eigenen Schöpfung.

Vergnüge dich also. Brich auf, um zu spielen, zu schaffen und zu entdecken. Genieße das alles in höchstem Maße.

TEIL 5

Gott

Im folgenden Abschnitt erörtert der Rat, wie wir zwangsläufig die uns allen innewohnende Göttlichkeit erkennen, und bietet Orientierungshilfen, um diese Beziehung in einer Weise zu pflegen, dass wir unser Leben in unvorstellbarer Freude verbringen.

Wir sind erfreut und entzückt, erneut die Gelegenheit zu haben, mit dir, unserem lieben und wunderbaren Freund, das Gespräch fortzusetzen. Wir erinnern dich daran, empfänglich zu werden und die unfassbare Energie der Quelle zuzulassen, die für dich da ist. Dank dieser Öffnung und Hingabe kommst du in Einklang mit der unglaublichen, stets verfügbaren Kraft in deinem Innern.

Wenn sich dein menschlicher Geist überfordert fühlt von all den zu erledigenden Aufgaben – denn nach jeder Tätigkeit gibt es immer noch mehr zu tun –, so stimme dich ein auf jenen Seinszustand, in dem alles durch dich bereits getan ist. Geh in dich und erschließe die Energie der Quelle. Öffne dich ihr und lass sie vollkommen durch dich strömen. Dann wirst du unglaubliche Dinge, die noch deine wildesten Träume übertreffen, in die physische Form bringen.

Vergiss nicht: Alles ist Energie. Und Bewusstsein bewegt Energie in die Form. Während du also übergeordneten Bewusstseinsebenen zustrebst, bewegst du Energie in die Form, ausgerichtet an höchsten Perspektiven und Potenzialen, wodurch sie sich auf äußerst magische und wundersame Weise entfalten werden.

Wo würdest du gerne beginnen, lieber Freund?

— ✵ —

Es ist großartig, Mitglieder des Rats, wieder in eurer Gesellschaft zu sein. Dieses Kapitel handelt von Gott. Ihr habt gesagt, der menschliche Geist könne einige wesentliche Dinge nicht begreifen. Würdet ihr dennoch versuchen, uns Gott zu erklären, und mitteilen, wie wir eine genauere Kenntnis vom Göttlichen erlangen?

—

Durchaus. Vorab würden wir dich gerne an Folgendes erinnern: Wenn du etwas mit einer Bezeichnung versiehst, grenzt du es ein und damit auch all die darin enthaltenen Möglichkeiten. Zugleich aber verstehen wir, wie der menschliche Geist arbeitet. Die meisten eurer Erfahrungen werden durch den Filter der physischen Sinne wahrgenommen: Ihr glaubt, was ihr seht, hört, schmeckt, berührt, riecht und dann gedanklich verarbeitet. Diese Eindrücke sind in eurem Kopf gespeichert. Euer Gehirn ist eine Art Informations- oder Datensammlung. Immer wird es Assoziationen herstellen, nach Beweisen suchen und Erklärungen formulieren. Das ist der natürliche Aspekt des menschlichen Geistes. Er will Ähnlichkeiten erkennen und herausfinden, ob und inwieweit die jeweilige Erfahrung mit euren bisherigen Wahrnehmungen und Überzeugungen in Zusammenhang steht.

In gewissen Momenten könnt ihr eine größere Gegenwart fühlen, die auf euch fokussiert ist oder durch euch strömt und die ihr »das Göttliche« nennt. Aber etliche Menschen würden sagen, dass sie aufgrund der Deutungen ihrer physischen Sinne und ihres Verstandes keinen Beweis für eine Instanz namens Gott haben.

Wenn du einen Gegenstand aus der begrenzten menschlichen Perspektive zu begreifen versuchst, fällt sofort ins Auge, wie die Vorstellung von Gott verzerrt werden kann. Wie willst du etwas, was sich nicht über die physischen Sinne wahrnehmen lässt, genau interpretieren? Daher ist Gott für viele nur eine Vorstellung oder ein Missverständnis.

Die Frühmenschen hatten keine Möglichkeit, die Energie der Quelle oder das Gottesbewusstsein wahrzunehmen, geschweige denn darüber zu sprechen oder sich selbst als Gefäße für das Übermächtige zu betrachten. Auch wenn sie sogenannte übernatürliche Phänomene beobachtet haben, konnten sie diese nicht durch die Vorstellung von einem Gott erklären.

Im Laufe eurer Entwicklung habt ihr zu ersten gemeinschaftlichen Lebensformen gefunden, Stämme gebildet und Dörfer gegründet. Häufig war der Stammesführer ein Mann, der offenbar die ganze Macht innehatte. Vor diesem Hintergrund habt ihr angefangen, jenes Wesen Gott begrifflich zu erfassen, womit er dann zu einer Art menschengestaltigen Kraft oder Macht wurde. In jenen frühen Epochen wussten die Menschen, dass bestimmte Männer über höchste Autorität zu verfügen schienen, und so erschufen sie Gott nach deren Bild.

Mit der Zeit wurde aus der Vorstellung von Gott ein allmächtiger Mann, der auf einer Wolke sitzt und die Menschen danach beurteilt, ob sie richtig oder falsch handeln, gut oder schlecht, durch ihre Gedanken und Taten sündigen und ihm missfallen oder ihn lobpreisen und erfreuen. Und wenn ihr getan habt, was der Mann auf der Wolke von euch erwartete, seid ihr in den Himmel gekommen, wenn nicht, in die Hölle.

Wie wir bereits erwähnt haben, hat Gott keine Persönlichkeit. Er ist reine Energie der Quelle, Licht, Liebe, Schwingung, Frequenz. Gott ist die Macht, die alles vermag, die das Unmögliche möglich machen kann. Er ist reine Energie der Quelle, die in der Welt zum Ausdruck gelangt. Aber er hat keine Persönlichkeit und urteilt gewiss nicht über euch.

Außerdem haben wir gesagt, dass die Energie der Quelle immer auf euch reagiert. Entweder ihr gestattet mehr Energie, Gottesbewusstsein, unendliche Kraft in eurem Leben, oder ihr begrenzt sie. Je freier ihr sie durch euch fließen lasst, desto stärker empfindet und erfahrt ihr die Gegenwart Gottes im Innern.

Die Art und Weise, wie ihr Gott erfahrt, ob innen oder außen, hängt stets von eurem Bewusstseinsniveau ab. Ihr seid diejenigen, die jedem Geschehen eine bestimmte Bedeutung zuschreiben.

Es gibt keine Kraft außerhalb von euch, die euren Himmel oder eure Hölle erschafft. Ihr selbst erschafft sie gemäß dem Bewusstseinsniveau, auf dem ihr dem Leben begegnet, und der Menge an Quellenergie, von der ihr euch in jedem Moment durchdringen lasst. Streift ihr jedoch die dichte Hülle des Körpers ab, so taucht ihr wieder in die Energie des Gottes ein, der ihr seid, und in die Energie der Quelle all dessen, was ist.

Könnte jemand sehr glücklich und zutiefst dankbar sein, sich gesegnet fühlen und den Himmel auf Erden erfahren, ohne das eigene Bewusstseins- oder Schwingungsniveau zu erkennen? Ja. Dieser Mensch lässt einfach instinktiv mehr Energie der Quelle zu und empfängt das Gottesbewusstsein in seinem Herzen.

Viele haben sich bemüht, die Bibel zu interpretieren. Wie konnte das Wort Gottes auf so unterschiedliche Weise ausgelegt werden? Heute seid ihr in eurer eigenen Bewusstseinsentwicklung weit vorangeschritten. Würdet ihr innehalten und euch im Hinblick auf einige eurer Fragen auf die höchste Unterweisung besinnen, genauso wie wir es hier tun, wäre euer Verständnis sehr verschieden von dem in der Zeit, als die Bibel geschrieben wurde. Und wir sprechen nicht nur von der Bibel, sondern von jedem religiösen Text. Das Bewusstsein der Menschheit hebt sich tatsächlich.

Aus unserer Perspektive sind Religion und Gott – oder die Vorstellung von Gott – grundverschieden. Die Religion ist menschengemacht, Gott hingegen allgegenwärtig und ewig. Entweder lasst ihr das Gottesbewusstsein zu, oder ihr verleugnet es. Gott ist die unendliche Macht, die göttliche

Liebe, die ihr seid, die auch jeder, jede und jedes andere ist. Gott ist die Energie der Quelle, die alles durchströmt.

Viele von euch haben jedoch mit der Vorstellung zu kämpfen, das zu sein, was ihr »Gott« nennt. Solltest du uns fragen: »Wer oder was ist Gott?«, würden wir antworten: »Du bist Gott. Du bringst dich als jene Energie der Quelle zum Ausdruck, der ihr den Namen ›Gott‹ gebt.«

Wunderbar. Bitte führt das weiter aus.

Die Vorstellung, dass die Energie der Quelle keinen Namen trägt, ist für Menschen schwer nachvollziehbar, weil jede und jeder von euch eine Persönlichkeit hat. Und wir feiern eure wunderbaren Persönlichkeiten. Sie sind Teil eurer atemberaubenden Werke. Obwohl die schöpferische Quelle oder das Gottesbewusstsein eine Persönlichkeit hervorbringen können, sind sie selbst keine Persönlichkeiten, sondern reine Energie. Nun würden einige behaupten, es habe keinen Sinn, sich einer Energie hinzugeben, die keine Intelligenz besitzt. Wir hingegen würden erwidern: »Oh, sie hat sehr wohl eine Intelligenz.«

Diese Intelligenz manifestiert sich in menschlicher Gestalt und weit jenseits davon als multidimensionales Wesen. Wie an früherer Stelle bereits dargelegt wurde, steuert sie jede Phase eurer Entwicklung, vom Embryo über den Fötus zum Säugling, dann vom Kleinkind über den jugendlichen bis zum erwachsenen Menschen, jeweils perfekt gestaltet und der Umgebung angepasst, damit ihr mit Freude darin leben könnt. Während des gesamten Prozesses zieht ihr – dank der Intelligenz, die ihr verkörpert – all das wie magnetisch an, was ihr zum Überleben und Gedeihen braucht. Immerzu lenkt diese Intelligenz euer Leben.

In jeder Situation gibt es ein höchstes Gut. Euer Bewusstsein verbunden mit jener Energie der Quelle – genau darauf beziehen sich viele, wenn sie von Gott sprechen.

— ✵ —

Das erscheint sinnvoll, obwohl ich kaum begreifen kann, wie irgendjemand von uns hierhergekommen ist, wie und zu welchem Zeitpunkt die Wirklichkeit begann. Wie können wir überhaupt dieses Gespräch führen? Ich weiß, meine Fragen setzen eine Zeitachse voraus, und wir haben ja gesagt, Zeit sei eine Illusion. Aber selbst wenn ich euch jetzt zuhöre und darüber nachdenke, dass wir hier sind – dass ich einen Körper und einen Geist habe, auf diesem wunderbaren Planeten lebe und das Wort an euch richte –, wie kann das sein? Wie konnte irgendetwas davon geschehen, wo doch alles eine Illusion ist?

—

Im Hinblick auf das Wesentliche fällt deine Frage weitaus weniger ins Gewicht als die Gedanken, die du hegst, und das Bewusstseinsniveau, das du momentan verkörperst.

Du bist anwesend in physischer Gestalt, der höheren Bewusstseinsebenen ebenso gewahr wie der Energie der Quelle, die in dir und mit dir identisch ist. Das zu begreifen, genügt vollauf. Mit diesem Wissen kannst du dich jetzt auf jene höheren Bewusstseinsebenen einstimmen, während du dein Inneres öffnest und der Energie der Quelle gestattest, dich zu durchströmen und in physischer Form zu schaffen. Es ist um so vieles bedeutsamer für dich, zur jetzigen Zeit genau hier zu sein, denn nur in diesem Moment ist dir alles möglich.

Du verfügst über grenzenlose Potenziale und unendliche Optionen. Du bist hier in der wichtigsten Phase der menschlichen Geschichte zugunsten der größten Transformation des Bewusstseins, die sich je auf deinem Planeten ereignet hat. Es kommt wirklich auf jeden deiner Gedanken an, zumal du eines mit Sicherheit weißt, lieber Freund: Gedanken werden zu Dingen.

Aufgrund dessen ist das Verständnis entscheidend, welch enorme Kraft du innerhalb jenes Kraftfelds des Bewusstseins besitzt, das du bist. Es setzt sich aus Partikeln der Unendlichen Schöpfung zusammen – aus Gottespartikeln, wenn du so willst –, die immerfort auf dich reagieren. Begreife einfach nur das. Damit ist das Größte, was du tun kannst, dein Leben nach eigenem Gutdünken zu gestalten und es in vollen Zügen auszukosten. Bring das Gottesbewusstsein, das du bist, in all deinen Handlungen zum Ausdruck.

Sei zutiefst empfänglich und erlange das Bewusstsein, das du bereits in weitaus höherem Maße bist, als dieser physische Körper und als die physischen Sinne es erfassen können. Je mehr du dein Bewusstsein zu jenen Sphären unendlicher Möglichkeiten hebst und abseits der Begrenzungen menschlichen Erlebens wahrnimmst, desto intensiver wirst du dein Gottesbewusstsein erfahren. Dadurch wiederum werden dann noch mehr Potenziale und Optionen für dich verfügbar sein.

— ✲ —

Sind wir also – im Anschluss an die Frage »Wer oder was ist Gott?« – der zum Leben erwachte Wunsch Gottes, über uns selbst nachzudenken, uns zu verwirklichen und dann mit unserer eigenen Kreativität den Staffelstab in fernere Sphären weiterzutragen? Trifft diese Beschreibung in etwa zu?

—

Wenn du das so formulieren möchtest, wäre es ganz richtig.

— ✲ —

Gibt es noch einen weiteren Gesichtspunkt oder Kunstgriff zu bedenken, außer dass Gott einfach in der Form existieren wollte – um der Freude willen, zu schaffen, zu spielen und dieses Abenteuer zu genießen?

—

Es gibt einen Grund, warum du beschlossen hast, dein Bewusstsein gerade zu dieser Zeit auf dem Planeten in die physische Form einzubringen. Allerdings sind wir nicht da, um dir zu sagen, dass du etwas Bestimmtes tun sollst. Und du bist, wie schon erwähnt, nicht da, um eine gebrochene Welt wiederherzustellen oder die Menschheit vor irgendeinem Unglück zu bewahren.

Abgesehen davon besteht für deine gesamte Spezies nun die großartige Gelegenheit, ihr Bewusstsein zu transformieren und Potenziale und Optionen zu erschließen, die sie nie zuvor erforscht hat. Ihr alle habt entschieden, euch auf diese menschliche Erfahrung einzulassen – also diejenigen zu sein, die sich der Vision oder des Traums davon erinnern und ihn dann verwirklichen.

— ✵ —

Ja. Gott verstehen, indem wir uns selbst verwirklichen und die Göttlichkeit in unserem Innern erkennen. Ich freue mich darauf, genau darüber zu sprechen: Erleuchtung, geistiger Aufstieg und aufgestiegene Meister. Könntet ihr vorher zunächst die Macht des Gebets erklären? Und was ist auf dem Weg zur Transformation unseres Bewusstseins die beste Art zu beten?

—

Einfach ausgedrückt, ermöglicht euch das Gebet, die Energie der Quelle in eure Absichten zu lenken. Sobald ihr betet, liegt euer Fokus darauf, was ihr in physischer Form gestalten, manifestieren oder erfahren möchtet, und das ist wunderbar. Außerdem kann es euch Erleichterung verschaffen, die eigenen Wünsche auszusprechen. Durch Gebete werden Partikel der Unendlichen Schöpfung auf angestrebte Ergebnisse gerichtet. Viele von euch beten jedoch aus einem Zustand des Mangels oder Getrenntseins heraus: Ihr betet zu einer Kraft oder Sache außerhalb von euch, in dem Glauben, dass ihr machtlos seid. Begreift stattdessen, dass ihr selbst die Macht seid, dass sie für euch zur Verfügung steht und dass ihr ein wesentlicher Teil des schöpferischen Prozesses seid.

An früherer Stelle sprachen wir darüber, wie ihr durch wiederkehrende Gedanken, Überzeugungen und Vorstellungen, Wahrnehmungen, Handlungen und emotionale Gewohnheiten eure gängigen Erfahrungen ständig reproduziert. Sobald ihr jedoch diese Muster überwindet und euer Bewusstsein allmählich ausdehnt, werdet ihr Neues erschaffen. Die meisten von euch übersehen, dass ihr tagtäglich und in jedem Moment einen Neuanfang machen könnt.

Statt die Energie des Hoffens, Bittens oder Wünschens für eine jenseitige Instanz aufzuwenden, die eure Gebete erhören soll, würde es euch viel mehr bestärken, deren Erfüllung unmittelbar zu erleben. Das geschieht dadurch, dass ihr euch einstimmt. Gelangt ins innere Wissen und fühlt euch in die formlosen Wirklichkeiten auf jenen höheren Bewusstseinsebenen ein, auf denen alles möglich ist. Empfindet hier und jetzt zutiefst die Manifestation dessen, was ihr gerne erfahren möchtet. Seht, spürt und erfahrt es in eurem physischen Körper als gegenwärtige Realität. Diese Methode ist weitaus wirksamer.

Ihr könnt die Gestik des Betens nutzen, um euch der Energie der Quelle zu öffnen und mit ihr zu verbinden, sie dann zu fühlen und in euer Leben einfließen zu lassen: Wenn ihr die Hände zum Gebet faltet und den Kopf senkt, ehrt ihr damit die Verbindung zu eurer Energie der Quelle – der Macht im Innern, die euch stets verfügbar ist – und zu übergeordneten Bewusstseinsebenen, auf denen das höchste Gut für alle immer schon bekannt ist. Eure Seele, euer höheres Selbst, repräsentiert jenes gesteigerte Bewusstseinsniveau, das ununterbrochen an die Energie, Gott oder das Göttliche angeschlossen ist. Indem ihr diese Verbindung herstellt und euch wirklich damit in Einklang bringt, könnt ihr wahrnehmen, dass euer Gebet bereits erhört, umgesetzt und manifestiert wurde.

Hinterher kommt es jedoch häufig vor, dass ihr diese Verbindung aufgebt, die Situation wieder durch eure begrenzten menschlichen Sinne wahrnehmt und denkt, euer Gebet sei nicht beantwortet worden. Ihr werdet von den Schöpfungen auf höherer Ebene abgelenkt, entmutigt und verliert den Glauben.

Visualisierung, Meditation und Gebet, Dankbarkeit und Wertschätzung – alles, womit ihr euch offenen Sinnes auf die Energie der Quelle einstimmt, die stets zugänglich in eurem Innern und mit euch eins ist – können auf der Reise durch das Bewusstsein äußerst hilfreich sein. Sie werden die Potenziale und Optionen innerhalb eurer Erfahrung erweitern und die Wunder, für die ihr betet, umso eher ermöglichen.

DER ZUSTAND AUFGESTIEGENER MEISTER

Diese Visualisierung – also mit geistigem Auge sehen, dass es bereits getan ist – würde auch jene ätherischen Aspekte betreffen, die wir uns wünschen mögen, zum Beispiel weiser sein, mehr Liebe empfinden, wissen, dass für einen gesorgt wird, sich mit der Energie der Quelle verbinden.

Wenn wir uns vorstellten, dass wir bereits selbstverwirklicht *sind*, könnten wir zweifellos schneller auf höhere Bewusstseinsebenen gelangen wie auf diejenigen der aufgestiegenen Meister, nicht wahr?

Ja. Zur Erinnerung: Höhere Sphären sind nicht besser als tiefere. Doch Wesen auf jenen Ebenen des Bewusstseins glauben nicht an die Illusionen, denen ihr anhängt. Wenn ihr meint, Mangel zu leiden, durch nichts als eure Einschränkungen definiert zu werden, von der Energie der Quelle – sowie allem, was euch verfügbar wäre – abgeschnitten zu sein, lebt ihr im Zustand der Angst und der Trennung. Das sind eure Illusionen. Und aus dieser begrenzten menschlichen Perspektive denkt ihr, dem könne nur abgeholfen werden, indem ihr nach draußen geht und versucht, unter Einsatz all eurer Kräfte etwas zu bewegen. Gewöhnlich führt das zu noch tieferer Frustration, größerem Widerstand und weiteren Erfahrungen von Mangel und Einschränkung. In höheren Sphären weiß man, dass dies nicht eurem wahren Wesen entspricht und dass es hier im Grunde um etwas ganz anderes geht.

Deswegen sagen wir, dass von unserer Seite keinerlei Urteile gefällt werden. Wir urteilen niemals über euch, genauso wenig, wie eure Seele oder die Quelle über euch urteilt. Doch in dem Moment, da ihr euch auf höhere Ebenen einstimmt, die Inspiration zulasst, offen werdet für die Energie und das Licht, das euch leitet, ergeben sich plötzlich neue Gelegenheiten und Perspektiven, tun sich neue Wege auf.

Vergiss nicht: Diese Bewusstseinsebenen sind nicht außerhalb von dir. Wenn du hingegen denkst, du seist nur menschlich, und zu wissen glaubst, wie die Dinge laufen, was richtig für dich ist und was du alles dringend brauchst, dann schränkst du dich selbst ein. Das ist gewiss nicht die Aufgabe deines Menschseins.

Gestatte vielmehr eine größere Perspektive, eine höhere Sicht, lass das Göttliche sich in deinem Leben vollkommen entfalten. Es ist jener Teil von dir in höheren Bewusstseinssphären, der den Gesamtzusammenhang erkennt. Nichts darin ist getrennt von dir, es sei denn, du hältst dich willentlich von ihm fern.

Ich kann nur dann einen Zugang zu dieser höheren Sphäre finden und den Gesamtzusammenhang erkennen, wenn meine eigenen Wahrnehmungen, Überzeugungen und Wünsche es unterstützen. Sicherlich würden viele unserer Leserinnen und Leser zustimmen, dass wir heute in einer Lage sind, in der uns bewusst wird, dass alles von Gott, durch Gott, reiner Gott ist, ja dass wir selbst absolut Gott sind. In diesem Zustand empfinde ich keine Furcht vor dem Tod, denn ich weiß, dass ich ein ewiges Wesen bin. Und aus dieser höheren Perspektive kann ich aufrichtig sagen, dass ich mich nicht mehr nur für einen Menschen halte, eingeschlossen in den Körper, der auf die Welt, die scheinbar willkürlich um ihn herumwirbelt, lediglich reagiert. Ich bin fest davon überzeugt, dass etliche andere ebenfalls an diesem Punkt angelangt sind. Zugleich fühle ich jedoch,

dass es für mich noch mehr zu verstehen oder zu verarbeiten und zu berücksichtigen gibt. Auf irgendeiner Ebene glaube ich vielleicht nicht wirklich an das, was ich gerade gesagt habe, denn weiterhin handle ich sehr menschlich und sehe die Dinge manchmal nicht aus jener höheren Perspektive. Offenbar besteht da noch immer eine Kluft zwischen mir und dem Zustand aufgestiegener Meister.

Dein Aufgestiegenes-Meister-Selbst hat sich auf höhere Ebenen der Wahrnehmung und des Bewusstseins jenseits der physischen Welt begeben.

Meister seiner selbst ist ein Mensch, der sich auf der Höhe seines Spiels befindet. Er hat eine Stufe der Meisterschaft, der Vortrefflichkeit erreicht. Sein Selbst meistern, seinen göttlichen Teil, seinen Aspekt ewigen Wesens – das ist es, was einen aufgestiegenen Meister charakterisiert.

Dir bleibt verborgen, dass du dich schon seit jeher auf die Bemeisterung höherer Sphären zubewegst und als die Gotteskraft lebst, die du bist. Das gilt für euch alle. Zugleich begrüßt du diese menschliche Erfahrung und bringst größere Perspektiven in die physische Form ein. Ebendies leistet ein aufgestiegener Meister hier auf Erden.

Das alles weißt du, und wir wissen, dass du es weißt. Wir erinnern dich deshalb ständig daran, offen zu werden und die Energie der Quelle zuzulassen, damit es dir umso weniger Mühe bereitet. Aber dein Menschsein würde sagen: »Ich habe Termine und Fristen. Es gibt Aufgaben, die erledigt werden müssen. Ich leite eine Firma. Da sind Kunden, die bestimmte Dienstleistungen von mir erwarten. An den und den Tagen finden Veranstaltungen statt. Darüber hinaus habe ich finanzielle Verpflichtungen, nicht zuletzt gegenüber meiner Familie. All diese Dinge habe ich zu tun.«

Aus unserer Perspektive ist es im Grunde ziemlich einfach: *Du nimmst deine alltäglichen Geschichten stärker wahr als höhere Ebenen des Bewusstseins.* Je öfter du das Geschehen aus höheren Dimensionen betrachtest, desto mehr wirst du im vollkommenen Fluss aller Dinge leben und ihre optimale Entfaltung zur göttlich rechten Zeit erfahren – wohl wissend und vertrauend darauf, dass sie wahrscheinlich einen noch günstigeren Ausgang nehmen werden, als es dein Menschsein hätte ausklügeln oder bewerkstelligen können.

Wir verstehen, dass der Fluss der Dinge und die wichtigen Verpflichtungen aufeinander abgestimmt werden müssen – etwa wenn du deine Tochter zu einer bestimmten Uhrzeit abholen sollst. Dann kann es sein, dass du an der Überzeugung von Mangel und Begrenztheit festhältst und zum Beispiel sagst: »Wenn ich sie nicht rechtzeitig abhole, wird sie in Gefahr sein.« Oder: »Falls ich mich verspäte, bin ich kein guter Vater.« Das führt am Ende dazu, dass viele Leute sich abhetzen, um wegen ihrer Geschichten zu bestimmten Zeiten bestimmte Aufgaben zu erledigen.

Wie wir schon früher gesagt haben, kommt es bei jeder Tätigkeit hauptsächlich auf deinen Bewusstseinszustand an. Gleich allem anderen Geschehen kannst auch du der natürlichen Entwicklung folgen – oder gestresst sein. Wie du jeweils vorgehst, liegt allein bei dir.

Es gibt Aufgaben, denen du dich widmen möchtest und die innerhalb eines festgelegten Zeitrahmens bewältigt werden müssen; daran ist nichts auszusetzen. Wir verstehen diesen Teil deiner Erfahrungswelt, möchten aber, dass du stets so weit wie möglich von der höchsten Bewusstseinsebene aus handelst. Wenn du nach der Erleuchtung oder dem Zustand aufgestiegener Meister fragst, so würden wir ihn direkt auf die menschliche Erfahrung beziehen, und das heißt, dass du dir *jederzeit in allem, was du tust,* Zugang zur höchsten Schwingungs- und Bewusstseinsstufe gewährst.

Der Zustand aufgestiegener Meister beruht auf dem Wissen, dass du wegen deiner wunderbaren Liebe zum Leben, zur Menschheit, zum Planeten Erde, zu Tieren und Pflanzen hier bist und dass du beschließt, die Aufmerksamkeit unablässig sowohl auf physische wie auf nichtphysische Sphären zu richten und sie allesamt in dieser atemberaubenden Zeit weiter voranzubringen.

WEGBEREITER UND VERWIRKLICHTE MEISTER

Wer also waren und sind die erleuchteten Meister auf Erden? Konnten Jesus, Buddha und wohl viele andere genau das erreichen, was ihr gerade beschrieben habt? Wurden sie dadurch im Rahmen ihrer sich entwickelnden Mission zu Wegbereitern? Würdet ihr das bitte näher erläutern?

Es gibt zahlreiche erleuchtete Meister, die du nicht namentlich kennst. Und gewiss existiert für jemanden, der einen

Moment erlebt, den du als »Erleuchtung« bezeichnen würdest, keinerlei Hindernis oder Begrenzung. Mit anderen Worten: Sobald sich eine Person als das Göttliche in physischer Form fühlt, erfährt und versteht, gilt sie als erleuchtet. Tatsächlich seid ihr alle aus einem Zustand erleuchteter Meister gekommen, um von dorther körperliche Gestalt anzunehmen.

Ja, da sind Wesen, die beschlossen haben, in die menschliche Erfahrung einzukehren, Wegbereiter oder geistige Leitfiguren zu sein und anderen den Weg zu leuchten. Aber sie alle gewannen zunächst umfassende Erkenntnis und ließen sich dann von der Energie und dem Licht ihre jeweilige Aufgabe zuweisen. Sobald sie sich in der völligen Hingabe an die Energie der Quelle selbst verwirklicht hatten und auf höheren Bewusstseinsebenen lebten, wurden sie als erleuchtete Wesen in körperlicher Gestalt angesehen.

Jede und jeder von euch wählt zu verschiedenen Zeiten verschiedene Erfahrungen in physischer Form, gemäß der Entwicklung eurer Seele und ihrer Fortschritte in den Sphären des Bewusstseins. Also habt ihr gegenwärtig durchaus etliche erleuchtete Wesen oder aufgestiegene Meister auf eurem Planeten.

Es gibt keinen Grund, warum ein Mensch nicht diesen Weg für sich wählen könnte, wenn er sich dazu aufgerufen und inspiriert fühlt oder auf ihn geführt wird.

Um es zu wiederholen: Viele der früher erleuchteten Meister sind zur Erkenntnis gelangt und haben dann beschlossen, den Körper fast sofort zu verlassen. Heute liegen die Dinge anders. Wir sagen euch, dass nun die Zeit gekommen ist, den erleuchteten Meister, der ihr seid, zu verkörpern, in der physischen Form zu bleiben, das Leben nach euren Wünschen zu gestalten, es in vollen Zügen zu genießen und euer höchstes Potenzial auszuschöpfen. Das ist das Wichtigste, was ihr tun könnt, um in dieser Epoche dienlich zu sein. Lebt in Fülle. Liebt bedingungslos. Seid all das, was ihr seid.

— ✵ —

Würdet ihr so weit gehen zu sagen, dass die Erleuchtung, wie ihr sie beschrieben habt, das Ziel jedes Menschen ist?

—

So ist es. Wir bezeichnen sie als Erkenntnis, und das bedeutet, die Wahrheit seiner selbst zu erkennen und sämtliche Aspekte der eigenen Persönlichkeit einzubeziehen. Erkenntnis ist der Zweck der Reise, die jede Seele in physischer Form unternimmt.

Wenn du die Energie der Quelle, diese unendliche dir innewohnende Kraft erschließt, bist du derart im Einklang mit dem Leben, dass du *überhaupt nichts* brauchst oder willst, weil du dich mit allem verbunden weißt. Während du zu höheren Sphären aufsteigst, steht dir alles zur Verfügung. Auf solchen Ebenen schaffst, spielst und manifestierst du im Reich unendlicher Potenziale und Optionen. Ja, alles ist für dich da.

Das trifft auch auf die physische Form zu. Die Bewegung vom Formlosen in die Form dauert manchmal ein wenig länger, aber das heißt nicht, dass du sie hier und jetzt nicht vollständig verwirklichen kannst.

Falls der Tag kommt, an dem jeder Mensch erleuchtet ist, gibt es dann weiterhin Abenteuer, oder wird dieses Spiel vorbei sein?

Oh, natürlich gibt es dann Abenteuer. Sobald jeder Mensch erleuchtet ist, wird das in vielerlei Hinsicht erst der Anfang sein.

Wir hegen den Wunsch, euch diese Schwingung, diese Weisheit, dieses Licht und diese Liebe in einer Weise nahezubringen, dass alle, die dazu bereit sind, sie empfangen können. Sobald jede und jeder von euch über das Menschsein hinaus wahrzunehmen beginnt, werdet ihr dementsprechend Erfahrungen machen, die jenseits all dessen angesiedelt sind, was ihr euch bisher vorgestellt habt.

Doch all die Potenziale und Optionen in der menschlichen Erfahrung heute rühren letztlich von euren Wünschen, Absichten, Bedürfnissen und vielerlei Fragen in unteren Bewusstseinsdimensionen. Nun beginnt ihr, deren vollständige Manifestation in physischer Form zu erleben. Und das Verblüffende ist, dass ihr eine dieser Manifestationen seid.

Wir sprechen von der Neuen Erde als einem Ort, an dem Frieden, Freude und Liebe herrschen, Harmonie und Fülle, Wohlbefinden und Freiheit zugunsten aller. Das alles steht euch jetzt zur Verfügung, und ihr wählt es jedes Mal, wenn ihr euch über Mangel und Begrenztheit, Angst und Trennung hinwegsetzt. Jedem Menschen, der die Erfahrung der Neuen Erde mit euch teilt, werden ebenfalls diese Qualitäten zuteil, während ihr gemeinsam schafft und spielt, liebt und Vergnügen empfindet. Aber ihr trefft nicht alle dieselbe Wahl, und nicht jede und jeder muss die Neue Erde für andere wählen, damit sie auf ihr leben können.

Ihr braucht euch nur als Schöpfer eurer eigenen Schöpfung anzunehmen, all die anderen Schöpfer innerhalb ihrer eigenen Schöpfungen willkommen zu heißen und ihr Recht zu achten, für sich selbst zu entscheiden. Damit erweitert ihr gemeinsam die vorhandenen Potenziale und Optionen.

Habt ihr das gemeint, als von der Wiederkunft Christi und dem allmählichen Erwachen der Zivilisation die Rede war?

Von nun an wird der Prozess keineswegs allmählich verlaufen. Während der vergangenen Jahrtausende mag das so gewesen sein, aber das Erwachen der Menschheit steht euch unmittelbar bevor und vollzieht sich mit zunehmender Geschwindigkeit. Die Wiederkunft Christi ist gleichbedeutend mit Erkenntnis: Es geht um eure Erkenntnis des Christusbewusstseins, des Gottes oder Göttlichen, der Quelle, der unendlichen Kraft im Innern, je nachdem, welcher Ausdruck euch am meisten behagt. Das aufgestiegene Meisterwesen, das ihr als Jesus kennt, kam in einer Zeit zur Erde, da auf dem Planeten ein ganz anderes Bewusstsein vorherrschte als heute. Jesus erlangte umfassende Erkenntnis oder Erleuchtung und stieg innerhalb der physischen Form zu höheren Bewusstseinsebenen auf, auf denen er immer mehr Energie der Quelle erschloss, wodurch er dann wunderbare Werke in der materiellen Welt schaffen konnte.

Zur damaligen Zeit hatten sehr wenige Menschen dieses Bewusstseinsniveau erreicht. Heute hingegen weist euer kollektives Bewusstsein eine weitaus höhere Schwingung auf, ebenso wie das individuelle Bewusstsein derjenigen, die innerlich erwacht sind. Aufgrund dessen gelangt ihr also auf ganz natürliche Weise in den gleichen Zustand der Erleuchtung, der Jesus zukam. Die Wiederkunft Christi findet hier statt, und ihr habt die Möglichkeit, euch sein Bewusstsein im Innern zu eigen zu machen.

INNERES ERWACHEN UND LEITSTERN

Inwieweit hängt dieses Erwachen in jeder Person von latenten psychischen, physischen oder metaphysischen Eigenschaften ab, die wir in diesem oder einem anderen Leben erworben haben? Besitzt jemand, der erleuchtet werden möchte, das gesamte dafür notwendige Rüstzeug? Müssen wir besonders begabt sein, oder ist es nur eine Frage des Glaubens, dass wir erkennen, unsere Schwingung heben und ihm damit entsprechen können?

Ihr alle verfügt über das notwendige Rüstzeug. Aber ihr seid einzigartige Erweiterungen der Energie aus der Quelle mit unterschiedlichen Leidenschaften, die sich gemäß den jeweiligen Erfahrungen in unterschiedlichem Maße entwickelt haben. Allein darauf kommt es an. Ganz natürlich werdet ihr euch je nach Lebensphase zu unverwechselbaren Ausdrucksformen eurer selbst hingezogen fühlen; und dazu gehört auch, dass ihr irgendwann mit Erkenntnis und Wahrheit in Resonanz tretet.

Deshalb raten wir: Folgt der Energie und lasst euch vom Licht den Weg weisen. Kommt in den Moment. Die Energie wird euch stets zu all dem führen, was ihr braucht – zu den Menschen, Ressourcen und Erfahrungen, deren ihr bedürft. Immer geschieht alles für euch – zugunsten eures höchsten Guts. Werdet empfänglich, lasst die Energie frei fließen und denkt daran: Sie ist nicht außen, sondern innen, ja eins mit euch. Sie stellt jenen eurer Aspekte dar, der über Mangel, Begrenztheit, Angst, Trennung und Illusion hinaussehen kann. Ihr müsst nicht mehr tun, als daraus Nutzen zu ziehen.

Was können wir tun, um uns des Lichts, das uns leitet, bewusster zu werden? Sollen wir buchstäblich einen Wecker für verschiedene Tageszeiten stellen und, sobald er läutet, nach innen horchen und uns fragen: »Wie fühle ich mich?« Oder: »Was würde ich gerne tun?« Das ist jedenfalls meine neueste Methode.

Ja, durchaus. Allerdings würden wir vorschlagen, dass du dich fragst: »Was könnte ich jetzt tun, das mir Freude bereiten würde?« Oder wende dich einfach nach innen, um die Freude unmittelbar zu empfinden.

Vielen fällt das schwerer, als es scheinen mag. Wie lenken wir unsere Aufmerksamkeit auf ein gesteigertes Gefühl der Freude?

Befindet sich jemand in einer Lage, die ihr oder ihm nicht behagt, lautet unsere erste Frage: »Was möchtest du?« Statt mit zahlreichen Aufgaben beschäftigt zu sein, würdest du sicherlich lieber eine Wirklichkeit erfahren, die von Freiheit und Kreativität, von Fülle und dem sogenannten *Flow* geprägt ist.

Wenn wir sagen, du seist der Schöpfer innerhalb deiner eigenen Schöpfung, heißt das, du kannst dein Leben so gestalten, wie du es gerne hättest. Möchtest du demnach eine Erfahrung machen, in der alles im Fluss scheint, du wie nie zuvor ein Gefühl von Freiheit und Fülle empfindest und deine Tage als mühelos und freudvoll erlebst, dann beschließe, dich innerlich zu öffnen und genau jene Energien zuzulassen. Den Fokus darauf gerichtet, gestattest du, dass dir der nächste perfekte Schritt, die nächste inspirierte Tätigkeit offenbart wird.

Hier ist ein Beispiel, wie das aussehen könnte. Nehmen wir an, du möchtest heute einigen beruflichen Verpflichtungen nachkommen, zugleich aber joggen gehen, ein wenig ruhige Zeit für dich und ein paar schöne Stunden mit deiner Familie haben. Das meiste davon wird nicht zu einer bestimmten Zeit geschehen müssen, anderenfalls trägst du es in dein Notizbuch ein. Mit diesem Bewusstsein und in Anbetracht dessen, was zu Beginn des Tages noch auf der Liste steht, fragst du dich: »Welche dieser Aktivitäten würde mir Freude bereiten?« Beachte dann, was dir ins Auge springt, und mach es. Danach wendest du dich wieder der Liste zu, stellst die gleiche Frage und wählst erneut. Während dieser Tätigkeiten denkst du nicht daran, was als Nächstes ansteht und was du heute noch alles erledigen musst, sondern genießt sie einfach. Bleibe präsent und konzentriert, damit du wahrnehmen kannst, wie die Energie fließt. Falls sie stockt, hältst du inne und findest heraus, wohin Energie und Licht dich führen. Für mehr Freude zu sorgen, ist ein fortlaufender Prozess, bei dem du dich darauf besinnst, welchen Weg Energie und Licht dir aufzeigen, und die entsprechende Wahl triffst.

Wenn dich die Energie in eine andere Richtung leitet, zu einer weiteren Aufgabe, obwohl du die jetzige noch nicht beendet hast und denkst: »Ich muss zuerst diese Aufgabe erledigen, bevor ich etwas anderes unternehme«, zügelst und blockierst du die Energie aufgrund der Regel, dass man die eine Sache abschließen muss, bevor man mit der folgenden beginnt, und bist nun nicht mehr im Fluss. Du wirst unruhig, reagierst überhastet, weil du in eine andere Richtung gelenkt wurdest, und sagst dir: »Diese Aufgabe muss zuerst bewältigt werden; wenn ich dabei nicht ganze Arbeit leiste, fühle ich mich nicht gut.« Es ist dein Menschsein, das so spricht.

Dann geht dir folgender Gedanke durch den Kopf: »Ich kann dieser Eingebung nicht trauen, weil sie mich in eine andere Richtung zieht, wo ich doch erst einmal die jetzige Angelegenheit regeln muss.« Stimmt das wirklich? Manchmal ja, aber häufig erzählst du dir nur die gleiche Geschichte wie schon viele Male zuvor, denn deinem Menschsein bereitet es Unbehagen, der Energie und dem Licht zu folgen. Also öffnest du dich nicht dem, was du eigentlich möchtest, lässt es nicht zu, und genau deshalb empfindest du keine Freude.

Demnach lautet die Devise ganz einfach »Üben, üben, üben«?

Noch mehr geht es um Wahrnehmung und Bewusstsein. Wenn du in jedem Moment aus der weitesten Perspektive wahrnimmst, wer du eigentlich bist und was hier wirklich geschieht, kannst du deine Präsenz und Aufmerksamkeit bewahren und das Kraftfeld des Bewusstseins ausdehnen, das du bist und das wie magnetisch alles anziehen wird, was du brauchst, um im Fluss deiner Wünsche zu bleiben, die im oben geschilderten Fall auf Freiheit, Kreativität und Fülle abzielen.

Ist das eine Übung? Ja, aber nicht in dem Maße, wie du dich entschließt, ganz und gar Schöpfer innerhalb der eigenen Schöpfung zu sein und dein Leben so zu gestalten, wie du es ersehnst. Sobald du dafür die volle Verantwortung übernimmst, erreichst du ein Bewusstseinsniveau, auf dem einfach keine andere Wahl bleibt, als der Energie zu folgen und dir vom Licht den Weg zu jenen Dingen weisen zu lassen, die du in größerem Umfang erfahren möchtest – also mehr *Flow*, mehr Freiheit, Fülle, Freude, Vergnügen. Nicht länger wirst du die Energie in eine Richtung zwingen wollen, wohin sie deiner Ansicht nach fließen sollte, weil du verstehst, dass du dadurch nur weitere Zwänge in deiner Wirklichkeit hervorrufen würdest.

Vergiss nicht: Da du ein Kraftfeld des Bewusstseins bist, zusammengesetzt aus Partikeln der Unendlichen Schöpfung, die stets auf dich reagieren, *bewegt sich die Wirklichkeit durch dich hindurch*. Aufgrund deiner Gemütsverfassung wirst du merken, wann du nicht empfänglich bist für Energie und Licht oder dich ihnen gar widersetzt. Wenn du dich ängstlich und angespannt fühlst, dann ist das die Wirklichkeit, die du in die physische Form bringst. Bist du dagegen glücklich und friedfertig, ist das die Wirklichkeit, der du eine physische Form gibst.

Es verhält sich ähnlich wie bei einer Filmaufnahme: Du siehst nur die Szene, auf die das Auge der Kamera gerichtet war. Das Gleiche gilt für dich. Ganz egal, worauf du den Fokus lenkst – es erschafft deine Wirklichkeit. Wenn du also inständig darauf konzentriert bist, dich selbst als einen erleuchteten Meister zu erkennen, dann geht es darum, genau diese Wirklichkeit durch dich hindurchziehen zu lassen.

Was ist mit den Geschichten über spontane Erleuchtung, dieses plötzliche und dauerhafte Erwachen oder Erkennen? Erlebt jeder Mensch eine Form von spontaner Erleuchtung – oder handelt es sich dabei immer um einen langsam fortschreitenden Prozess? Ist spontane Erleuchtung überhaupt ein erstrebenswertes Ziel? Oder beruht sie stets auf der bereits geleisteten inneren Arbeit des Individuums?

Tatsächlich machen zahlreiche Menschen die Erfahrung spontaner Erleuchtung, das ist keine Seltenheit. Im einen Moment bestehen Zweifel oder Verwirrung, im nächsten kommt es zu Bewusstwerdung und Verstehen. Einige dieser Erfahrungen können tiefgreifend sein, viele andere sind nur flüchtig.

Entscheidend ist, wie du mit ihnen verfährst. Etliche Menschen machen eine Erfahrung dieser Art und möchten sie wiederholen. Sie wollen wissen, was eigentlich passiert ist, den Vorgang besser begreifen, sich dessen weiterhin bewusst sein und erneut damit verbinden. Folglich wird sie ihre darauf gerichtete Aufmerksamkeit immer wieder in die entsprechende Schwingung versetzen, in ein Bewusstsein, das ihnen ermöglicht, mehr davon zu erleben. Dadurch nehmen sie noch reichhaltigere Potenziale und Optionen für sich wahr und erweitern die Perspektive auf ihr wahres Wesen, was dann zu einer umso größeren Expansion des Bewusstseins führt.

Umgekehrt mögen andere eine ähnliche Erfahrung machen und sich selbst jenseits der eigenen Begrenzungen wahrnehmen, aber danach gleich wieder der Illusion erliegen und bezweifeln oder verleugnen, dass derlei überhaupt geschehen ist.

Außerdem gibt es in euren verschiedenen religiösen Traditionen reihenweise Geschichten über Menschen, die Erleuchtung oder das Gottesbewusstsein erlangt haben. Sie zogen sich in die Wüste, den Wald oder auf einen Berggipfel zurück, vielleicht für vierzig Tage und vierzig Nächte. Oft geht es dabei um jemanden, der die vertraute Umgebung hinter sich ließ, um fern von deren Begrenzungen seiner selbst gewahr zu werden. Mit diesem sehnlichen Wunsch, sich selbst jenseits der Person zu erfahren, die sie bislang kannten, vermochten sie ein Bewusstseins- und Schwingungsniveau zu erreichen, das zur Grundlage ihrer neuen Daseinsweise wurde.

Sehr wenige unter euch glauben heute daran, für längere Zeit in die Wüste, den Wald oder die Berge gehen zu können, um dort in der Meditation Mangel und Begrenztheit zu überwinden und die Wahrnehmung auf höhere Bewusstseinsebenen zu heben. Also müsst ihr dies inmitten der modernen Welt tun.

Das mag euch ziemlich schwierig vorkommen, denn solange ihr tagtäglich unter den gleichen Verhältnissen lebt, immer wieder die gleichen Dinge seht, schmeckt, berührt, riecht, empfindet und denkt, scheint sich kaum etwas wirklich zu ändern. Dennoch seid ihr stets im Begriff, zu schaffen und neu zu gestalten.

Ferien und Reisen an unbekannte Orte genießt ihr auch

deshalb ganz besonders, weil ihr der gewohnten Umgebung den Rücken kehrt und in Neuland aufbrecht. Unterwegs könnt ihr euch selbst völlig anders wahrnehmen, denn eure Erfahrungen reichen über viele Mängel und Begrenzungen des Alltags hinaus.

Obwohl das spontane Erwachen durch eine andersartige Atmosphäre begünstigt wird, kann es doch überall und jederzeit geschehen. Dann bleibt es wie erwähnt euch überlassen, in welcher Weise ihr damit umgeht. Für einige ist die Erfahrung zu stark, weshalb sie ihren Weg zurück in die Normalität finden müssen, ungeachtet der damit verbundenen Mühe und Dauer. Sobald jemand innerlich erwacht, kann der Aufstieg in höhere Bewusstseinsebenen sehr schnell erfolgen. Manchmal aber vollziehen sich solche Änderungen über einen wesentlich längeren Zeitraum, ja mehrere Jahre. Alles hängt davon ab, wie die betreffende Person sich selbst neu definiert, nachdem sie das Wissen erlangt hat, dass sie weitaus vielschichtiger ist, als es ihr zunächst schien.

Ich denke, wir nennen das eine »transzendentale Erfahrung«. Es mag banal klingen, aber wie manifestieren wir sie? Inwieweit ist sie das Ergebnis von Absicht, Erwartung, Besinnung?

Tatsächlich ruft ihr derlei Erfahrungen durch Wahrnehmung und Bewusstsein hervor. Um es noch einmal zu wiederholen: Was immer eure Aufmerksamkeit beansprucht und von euch mit Bedeutung versehen wird, erschafft die Wirklichkeit, in der ihr lebt. Wenn ihr euch demnach als Gott, Energie der Quelle, Göttliches erfahren oder höhere Macht – eure unendliche Kraft – erlangen möchtet, braucht ihr euch nur dessen bewusst zu sein, dann eure Wahrnehmung darauf und darüber hinaus zu richten. Zu diesem Zweck bedienen sich einige gewisser Hilfsmittel oder Methoden, etwa Atemtherapie, Meditation oder inspirierende Musik, um in den Zustand der Transzendenz zu kommen. Sobald sie ihn erreicht haben, erhält er eine Bedeutung, die wiederum darüber bestimmt, was als Nächstes geschieht. Ergibt das einen Sinn?

Durchaus. Über welche Kräfte und Fähigkeiten verfügen Menschen, die vollkommen selbstverwirklicht oder erleuchtet sind? Können sie physikalische Gesetze aufheben? Ich habe von der Fähigkeit gehört, zu Sphären aufzusteigen, den Körper in viel höhere Schwingungen zu versetzen, dann zu verschwinden oder zu bilokalisieren – also an zwei Orten gleichzeitig zu sein. Sind wir schließlich imstande, schwere Steinblöcke zu heben und durch Wurmlöcher zu reisen? Was ist möglich?

Solche Menschen können sich jederzeit, ganz gleich, was ringsum passiert, in einen Zustand bringen, der von Frieden, Freude und Freiheit, von Fülle, Liebe und Wohlbefinden gekennzeichnet ist und noch ihre kühnsten Träume übersteigt.

Alles ist möglich, wenn du dich auf verschiedenste Dimensionen und Aktivitäten einstimmst, einschließlich Telepathie und Teleportation. Das ist die Kraft, die du in dir erschließt, die Kraft, die, wie du sagst, Berge versetzt. Aber selbst diese Erfahrungen lassen sich nicht mit der Erkenntnis dessen vergleichen, was die Menschen jahrhundertelang am meisten ersehnt haben – nämlich Frieden, Freude und Freiheit, Liebe, Fülle, Wohlbefinden und Harmonie *im Innern*. All das ist für die Menschheit erreichbar, sobald du es für dich selbst erschaffst.

Eure Worte tun ganz besonders wohl. Ich möchte unbedingt ein klareres Verständnis von Gott bekommen, ihn in mir erwecken und das Christusbewusstsein besitzen, um nach diesen Vorstellungen zu leben. Offenbar bedarf ich ein wenig der Kontemplation, um in jenen Zustand der inneren Befreiung und Einwilligung zu gelangen, aus dem heraus ich fähig sein sollte, einfach loszulassen und nicht mehr nachzugrübeln. Aber es scheint ziemlich schwierig, mich selbst, mein Bewusstsein, in den Modus reinen Empfangens zu bringen.

Wieder läuft es darauf hinaus, dass du der Energie der Quelle wirklich erlaubst, dir zu dienen. Genau das bedeutet der Ausdruck »im Fluss sein«, der allerdings überstrapaziert ist. Du glaubst, im *Flow* zu sein, wenn du sämtliche Aufgaben mit leichter Hand erledigst, grünes Licht hast oder mühelos einen Parkplatz findest. Dabei geht es jedoch um sehr viel mehr.

Ohne jeden Hintergedanken gestattest du dieser Energie, dich zu führen. Wenn du für sie auch nur in kleinen Momenten tagsüber empfänglich sein kannst, ergeben sich daraus weitere, umso größere und längere Momente. Irgendwann wirst du erkennen, dass du in vollkommener Erleuchtung lebst – als jener wahre verwirklichte Meister, der du bist, der sich der Energie öffnet, ihr folgt und ermöglicht, Beistand zu leisten. So lässt du mehr von dem zu, was du bist, nämlich Energie und Licht.

Das Leben im Fluss und das Leben, in dem du zulässt, dass die Energie dir dient und den Weg weist, mag in deinem Alltag zunächst ein wenig fremdartig anmuten. Aber du musst nicht an dieser Stelle beginnen. Fang mit kleinen, leichten Momenten an und füge dann weitere hinzu. Selbst in dem, was du tust, wie auch bei deinen Dienstleistungen für andere stellst du vielleicht fest, dass du tatsächlich vollkommen im Fluss bist, zugleich jedoch keinen so strengen Plan zu befolgen brauchst, eben weil die Energie bisweilen nicht zugänglich ist.

Das klingt so einfach, und ich weiß, dass es so einfach ist. Dennoch, was sollte ich tun? Gibt es eine Methode? Ist Meditation der Schlüssel?

Da verleugnest du dich selbst. »Was sollte ich tun?«, fragst du. »Sollte ich meditieren, weil ich dies oder jenes nicht richtig mache? Weil ich mein Ziel noch nicht erreicht habe? Weil ich nicht in dem Maße erleuchtet bin, wie ich es sein sollte?« Damit verleugnest und begrenzt du dich selbst.

Ist die Wahrnehmung richtig, dass ich, wenn ich tiefer in der Wahrheit bin oder mich dem Fluss des Geschehens überlasse und der Energie bereitwillig folge, meine Schwingung heben werde? Das heißt, habe ich dann einen umso stärkeren Zugriff auf die Elemente? Demnach würde die Formel lauten: Ich hebe meine Schwingung, bin mehr im Einklang, eher ein Gläubiger, weniger ein Leugner und ergreife das Wort, woraufhin die Elemente mir unmittelbar antworten. Samen wachsen zu Bäumen heran, Blumen beginnen zu blühen, Winde werden zu Böen, tosende Meereswellen beruhigen sich. Trifft diese Betrachtung der vor mir liegenden Aufgabe zu? Meine Schwingung heben und die Energie wachrufen, damit ich die Elemente nicht nur beeinflusse, sondern empfangen, die Begeisterung fühlen, die göttliche Liebe erfahren und an jeden Ort gehen kann, den ich mir vorstelle?

Die folgenden Ausführungen werden dir eine große Hilfe sein. Wir möchten hier eine völlig andere Perspektive auf deine Fragen eröffnen, zeigen sie doch, dass du weiterhin einer Änderung deiner Bedingungen und Umstände bedarfst, um Kraft, Frieden und Liebe, Schönheit, Freude und Erfüllung *in dir* zu finden. Noch immer versuchst du, die Elemente in deinem Umfeld zu kontrollieren und zu manipulieren, um im Außen jene Schöpfung zu bewirken, die allein innerlich geschehen kann. Sobald du die Schwingungsresonanz im Innern herstellst, beginnen sämtliche Materiepartikel im Kraftfeld ringsum, sich neu anzuordnen, um mit dir übereinzustimmen.

Um es zu wiederholen, denn das ist wichtig: Mit deiner Kraft und Macht willst du äußere Verhältnisse ändern. Aufgrund deiner Bedürfnisse und Wünsche soll etwas außerhalb von dir anders sein. Du möchtest die Aufgabe übernehmen, die Elemente deiner Kontrolle und Manipulation zu unterziehen, statt zu verstehen, was mit der Aussage »Du bist Gott« eigentlich gemeint ist. Du bist der Schöpfer innerhalb deiner eigenen Schöpfung. Gott hat all diese Schönheit geschaffen, um dann in die Erfahrung und die Ausdehnung der Schöpfung einzutreten. Diese entspringt ausschließlich deinem Innern und dehnt sich fortan im Kraftfeld um dich herum aus.

Nach wie vor willst du daraus eine große Arbeit machen und Partikel in eine bestimmte Richtung zwingen, statt mit der dir innewohnenden Kraft in Einklang zu kommen – wohl wissend, dass die Partikel um dich herum sich neu ausrichten, um mit dir auf der gleichen Frequenz zu sein. Das ist das Gesetz der Resonanz. Du bist die stärkste Schwingung. Du bist Bewusstsein in menschlicher Gestalt. Du bist die höchste Frequenz, weil du das Bewusstsein aus einem Zustand ermöglichst, in dem du dich selbst als Bewusstsein kennst.

Bewusstsein ist weder Denkvermögen noch Denken. Es ist nicht der Verstand. Du kannst nicht mental, nicht durch den Verstand hindurchfühlen. Er interpretiert Gefühle. Das Bewusstsein hingegen versetzt dich in eine Schwingung, und da du der Schöpfer innerhalb deiner eigenen Schöpfung bist, ziehst du aus dem Kraftfeld um dich herum jene Partikel an, die damit übereinstimmen. Sobald du deinen Fokus auf eine ihrer Anordnungen lenkst, richten sie sich neu aus, um mit dir zu harmonieren.

Bring dich in völlige Übereinstimmung mit dem Frieden in dir, denn du bist Frieden. Er ist, was du bist. Du bekommst mehr nur von dem, was du bist, nicht von dem, was du willst. Du bekommst kein ruhiges Gewässer, weil du es willst, noch indem du den Wellen befiehlst, nicht mehr zu branden. Du bekommst mehr von dem, was du *bist*.

Hier ist ein erster Schritt, lieber Meister. Nehmen wir an, du versuchst mit deiner Tochter, bei wenig Wind einen Drachen steigen zu lassen. Wenn du der Energie wirklich folgst, wirst du wohl zu einer anderen Tätigkeit geführt, die in dem Moment mehr mit ihr übereinstimmt. Und dann, zwanzig Minuten später, kommt plötzlich Wind auf, und die gesamte Energie ist darauf gerichtet, den Drachen fliegen zu lassen.

Innerhalb deines Bewusstseinsfeldes verfügst du über wesentlich umfassendere Sinneswahrnehmungen, als du sie zulässt, denn noch immer willst du eine bestimmte Agenda durchsetzen und festlegen, wann und wie etwas geschehen soll.

Wirst du nun in den Zustand gelangen, den du ersehnst? Ja, das versichern wir dir. Aber zunächst geht es darum, in die makellose Schöpfung einzutreten und sie zu meistern. Dann versuchst du nicht mehr, alles »da draußen« zu steuern, weil du weißt, dass es von innen her geschaffen und durch dich in das Feld ringsum erweitert wird.

Ja, ich sehe und fühle das, und es ist wirklich hilfreich. Demnach besteht die vor mir liegende Aufgabe, Herausforderung, Abenteuerreise darin, die Wahrheit von meiner vollkommenen Göttlichkeit stärker in jeden Moment einzubeziehen, wozu dann auch gehört, dass ich der Energie folge. Ich will kein Macher von Winden sein, nur weil ich zufällig gerade den richtigen Zeitpunkt wähle, da es ohnehin stürmt. Nein, ich will eine solche Meisterschaft erlangen, dass ich Wind haben kann, wenn keiner weht, ich ihn aber herbeiwünsche!

Und du wirst ihn haben. Doch ein Zwischenschritt ist nötig: Es gilt, Wahrnehmung, Bewusstsein und Schwingungsfrequenz auf ein Niveau zu heben, auf dem dies alles für dich möglich ist. Je mehr du die Dinge in eine bestimmte Richtung zu drängen versuchst, desto größere Zweifel wirst du hervorrufen, wodurch genau die Schöpfung, die du in deinem Leben erfahren möchtest, verzögert wird.

Zuvor habt ihr mir zu verstehen gegeben: Schwing dich auf und komm in Einklang mit der Energie deines wahren Wesens. Mir scheint, als wäre es genau das, was vor mir liegt.

Ja. Und das heißt: Hebe dein Bewusstsein und versetze dich in Zustände gesteigerten Bewusstseins.

Aber was ist ein Zustand gesteigerten Bewusstseins?

Erinnere dich: Die dritte Bewusstseinsdimension ist die der Trennung. Hier bleibt dir verborgen, wer du eigentlich bist. In ihrer Dichte lässt du eher wenig Energie zu und hast daher eine niedrigere Schwingung. Wo das Phänomen der Trennung vorliegt, herrschen Mangel, Vorurteil, Bedürftigkeit und der Glaube, nicht gut genug zu sein. Aufgrund der geringeren Frequenzrate innerhalb eines dichteren Bewusstseinszustandes machst du die Erfahrung, dass du nur dann etwas erreichen kannst, wenn du kontrollierst, manipulierst und forcierst, wenn du Mühe aufwendest, massive Maßnahmen ergreifst und dich völlig auslaugst.

Auf der hiesigen Bewusstseinsebene dominieren Angst und Leiden. Sobald du jedoch deine Schwingung hebst, gelangst du in einen höheren Bewusstseinszustand, in dem dir deutlich wird, dass du mehr bist als dein Geldmangel, mehr als der Inbegriff von Begrenztheit, für den du dich hältst. Dieser nächste Bewusstseinszustand ist die vierte Dimension.

In ihr versuchst du weiterhin, mit dir ins Reine zu kommen, dich zu heilen, Dinge zu manifestieren und deine Umstände zu ändern. Ständig liegt der Fokus darauf, zu gesunden, loszulassen, an dir zu arbeiten. Das ist wunderbar, aber nun gehst du noch einen Schritt darüber hinaus. Einige bleiben in dieser Bewusstseinsdimension stecken, weil sie sich noch immer als nicht ganz oder nicht gut genug fühlen und infrage stellen.

Anschließend trittst du in die fünfte Dimension der reinen Liebe ein. Sie ist von neuer Energie und einem höheren Bewusstseinsniveau durchdrungen, weshalb die Gesetze dort völlig anders wirken. Kraft und Mühe werden dich stets in tiefere Bewusstseinsdimensionen verstricken. Urteile über die eigene Person und andere Menschen werden dich immer wieder aus der fünften Dimension vertreiben.

Wende nun an, was wir bereits gesagt haben. Die fünfte Dimension ist ein Zustand der reinen Liebe, Leichtigkeit und Harmonie, in dem du die Energie vorbehaltlos zulässt, ein Zustand des reinen Lichts und der reinen Freude, denn du kennst dich als den Gott, der du bist, lebst innerhalb deiner eigenen Erfahrung des Himmels auf Erden und bekommst mehr von all dem, was du bist, während das Dasein sich weiter ausdehnt. Frieden, Erfüllung, Wohlergehen steigern sich noch, und du findest Zugang zur Unendlichen

Intelligenz, die du bist. In der fünften Dimension sind dein Heil und deine Fülle vollkommen gewährleistet.

Die Bejahung all dessen erhöht fortlaufend deine Frequenz. Du bist dabei, dich in die Makellose oder Wahre Schöpfung zu bewegen, die sich grundlegend von jenem Schaffen unterscheidet, bei dem du Kraft und Mühe aufwendest oder aus Mangel und Begrenztheit tätig wirst.

Du kannst absolut alles haben, was du begehrst, brauchst aber nicht auf die Ebene des Mangels und der Begrenztheit abzusinken, um mehr von dem zu verwirklichen, was du bist. Noch immer willst du mit deinen Formeln »Ich brauche ...« oder »Ich hätte gerne ...« zu ihr zurückkehren, um zu gestalten, wodurch du stets in tiefere Bewusstseinsdimensionen gerätst, in denen die Dinge, die du hervorbringen und erfahren möchtest, von dir getrennt sind. Erscheint dir das einleuchtend?

Aus meiner jetzigen Situation bewirke ich diese Änderung, indem ich mein Bewusstsein hebe, und das heißt: Ich muss erkennen und empfinden, wo die Energie fließt.

Weißt du eigentlich, warum du all die Dinge tust und sein möchtest, die du dir wünschst? Möchtest du die Fähigkeit besitzen, Wind zu erzeugen und Meereswellen zu beruhigen, weil du dir selbst beweisen willst, dass du Gott bist, der Schöpfer? Der Grund liegt darin, dass du es immer noch bezweifelst und nicht weißt, deshalb erfährst du dich in deinem Schöpfertum nicht vollständig. Lass deinen Zweifel und das Bedürfnis los, dir selbst vor Augen zu führen, dass du dich als den Gott kennst, der du bist.

Der menschliche Teil von dir versucht, dich vorschnell in eine Erfahrung zu drängen, die du tatsächlich machen wirst. Das versprechen wir dir. Wir könnten dir sogar fast den genauen Zeitpunkt dafür nennen, obwohl vieles weiterhin auf deinem freien Willen beruht. In diesem Leben wirst du sehr bald das absolute Wissen erlangen, das versichern wir dir. Es ist das irdische Leben, das du deiner Erkenntnis und Erleuchtung wegen angenommen hast, um dann als der verwirklichte aufgestiegene Meister, der du bist, in körperlicher Gestalt auf dem Planeten zu bleiben. Je mehr du damit in Frieden bist, desto deutlicher wirst du fühlen und wissen: »Ich bin der Frieden. Ich bin das Licht. Ich bin die Wahrheit.«

Nach wie vor versuchst du, Tricks anzuwenden und dir selbst zu beweisen, dass du Zauber wirken kannst. Es ist nicht nötig, dir selbst oder jemand anderem zu demonstrieren, dass du Schöpfer innerhalb deiner eigenen Schöpfung bist. Gestatte dir, in die Frequenz des Satzes »Ich bin Schöpfer« zu kommen.

—— ✷ ——

Nun, ich wende gerade deshalb Tricks an, weil ich zu wissen glaube, bis in meinen Kern Gott zu sein. Doch wie schon gesagt, offenbar mangelt es mir an der erhofften Effizienz, das auszudrücken und zu leben. Ein verräterisches Zeichen ist, dass meine Existenz davon abzuhängen scheint, ob ich

die Meereswellen beruhigen oder ein wenig Wind aufwirbeln kann. Es geht mir nicht darum, den Wellengang zu unterbrechen oder Wind zu machen, und ich will damit nicht prahlen ... Aber ihr habt recht. Ich stelle mich auf die Probe, weil ich immer noch nicht in einem Zustand der Begeisterung und Allwissenheit bin.

Du kannst dich mental und emotional in jede Wirklichkeit versetzen, die du wählst. Wenn du Begeisterung ersehnst, bräuchte es nur wenig Zeit, dich darauf zu fokussieren und zu empfinden, wie jede Zelle in deinem Körper auf eine Schwingung der Begeisterung ausgerichtet ist. Du könntest dich auch auf dein Herz besinnen und anfangen, die Begeisterung in dir wirklich zu fühlen. Lenke jede Körperzelle in die Richtung, in der sie mit der Schwingung der Begeisterung übereinstimmt, bis sie allesamt davon erfüllt sind. Nimm die Begeisterung in jeder Zelle wahr, vom Scheitel bis in die Zehen- und Fingerspitzen. So bringst du deine Zellen in Einklang mit der Frequenz der Begeisterung. Von Kopf bis Fuß versetzt du sie in eine Schwingung des Wissens innerhalb dieses gesamten Kraftfelds des Daseins, das du bist, das sich so hoch ausdehnt, wie du sehen, so weit, wie du gehen kannst, bis tief in die Erde unter dir. Du lässt jede Zelle, jeden Partikel deines Kraftfelds gleichsam zusammenfallen mit allem Wissen. In dem Moment wären die Meere ruhig, und du könntest jede Wirklichkeit erschaffen, die du wählst.

Das ist etwas ganz anderes, als die äußeren Elemente nach eigenem Ermessen beherrschen und ändern zu wollen, solange du noch gar nicht in der Schwingung jener Wirklichkeit bist, die du hervorzubringen gedenkst.

Wir verstehen, dass du in ein ausgedehntes schöpferisches Feld kommen möchtest – in dein Kraftfeld des Schaffens. Frag dich morgens nach dem Aufwachen oder immer wieder im Lauf des Tages: »Was möchte ich fühlen? Wofür entscheide ich mich? Wovon hätte ich gerne mehr?« Wenn es Begeisterung ist, dann nimm dir ein paar Augenblicke, um dich und jede Zelle deines Körpers darauf zu fokussieren, bis du diese Begeisterung im Innern wie überall ringsum verspürst und dein Licht strahlen fühlst. In das Licht tauchst du dann jeden deiner Partikel mit der Frequenz der Begeisterung oder des Friedens, der Harmonie und der Fülle, des Wohlergehens, der Freiheit und der Allwissenheit. Auf solche Weise ziehst du wie magnetisch Erfahrungen an, die mit deiner Vorstellung übereinstimmen. Du lockst die Partikel in dein Feld; und das heißt, du jagst nicht mehr äußeren Umständen hinterher, um sie deinem Willen zu unterwerfen.

Du bestehst aus Partikeln der Unendlichen Schöpfung. Das bist du, und deine Zellen sind es ebenfalls. Dies ist deine mächtigste Schöpfung, umso mehr dir bewusst wird, dass du mit allem, was ist, eins bist. Du hast gelernt, deine eigenen Partikel kraftvoll in die gewünschte Richtung zu lenken, und kannst nun, im Wissen um dein Einssein mit allem Seienden, in die Welt hinausgehen, um die durch dich ausgelösten Wellen im Rahmen deiner Schöpfung zu erfahren. Es gibt keine Wellen »da draußen«. Alles ist eine Erweiterung von dir: *Du* dehnst die Partikel der Schöpfung, die du bist, in Wellen aus. Während du dich in den Zustand des

Friedens vertiefst, beginnen die Partikel der Wellen, sich zu glätten und mit dem Frieden, der du bist, in Resonanz zu treten.

Übrigens gestalten sich dann auch Beziehungen völlig anders. Du versuchst nicht länger zu verhandeln, was du von der menschlichen Ebene aus möchtest – in einer Dimension niedrigen Bewusstseins und geringer Frequenz. Deine Beziehungen werden friedlicher sein, harmonisch und liebevoll. Alle Beziehungen sind eine Widerspiegelung deiner Beziehung zur Quelle und zeigen folglich dein eigenes Bewusstseinsniveau an.

Du bist Bewusstsein. Deine Familie ist Bewusstsein. Deine Freundinnen und Freunde sind Bewusstsein, ebenso wie deine Kolleginnen und Kollegen. Jede und jeder ist Bewusstsein. Während ihr euch jeweils als einzigartige Erweiterung des Bewusstseins erkennt, seid ihr wirklich eine Ansammlung von Bewusstsein. Es ist ewig, nicht auf den Körper beschränkt – ein allgegenwärtiges und zugleich allwissendes Bewusstsein.

Apropos enge und familiäre Beziehungen – haben diese uns vertrauten Menschen in früheren Inkarnationen einander gekannt?

Ja, darüber haben wir dir einiges zu sagen. Erklären wir zunächst einmal, auf welche Weise du schließlich in diese menschliche Existenz gekommen bist. Du und jeder andere

Mensch, ihr habt euch auf diese physische Form fokussiert, euer Bewusstsein in die menschliche Erfahrung gelenkt, in die genauen Details des Wann, Wo und Wie eurer Verkörperung. Gemeinsam habt ihr viele Leben verbracht, zahlreiche verschiedene Bewusstseinsdimensionen durchquert. Füreinander wart ihr schlichtweg alles. Doch das geschah nicht in der Vergangenheit, wie ihr denkt, es geschieht jetzt. Nur ist dies hier die Dimension und Erfahrungswelt, in die ihr derzeit vertieft seid, also habt ihr ein deutlicheres Bewusstsein von der betreffenden Person – Elternteil, Geschwister, Lebenspartner, Freundin oder Freund – im gegenwärtigen Dasein als im multidimensionalen Raum und in eurer jenseitigen Beziehung.

Du bist Gott, und die andere Person ist Gott. In euren Beziehungen gebt ihr euch dem Spiel hin, denn als der Gott, der ihr jeweils seid, beschließt ihr, im Rahmen dieser Erfahrungen zu schaffen. Das zeigt, wie wirkungsvoll die Energie, wie mächtig das Bewusstsein ist. Wieder und wieder verbindet ihr euch in der Form, richtet den Fokus auf die Schöpfungen des Nächsten.

GESUNDHEIT UND HEILUNG

Was das Verkörpertsein betrifft, insbesondere mein eigenes, möchte ich nun über gesundheitliche Probleme sprechen. Vor etwa eineinhalb Jahren hat man bei mir Vorhofflimmern diagnostiziert, Herzrasen. Als es zum ersten Mal auftrat, war das ziemlich beängstigend, weil ich nicht wusste, was

mit mir geschah. Nach sechs Wochen wurde es mir durch Elektroschocks im Rahmen der Kardioversion förmlich ausgetrieben, kehrt aber häufig wieder. Manchmal verschwindet es innerhalb einer Stunde, dann erst in einer Woche. Anscheinend hängt es mit Stress zusammen, obwohl ich mir da nicht sicher bin. Vielleicht ist es auf meinen gealterten Körper zurückzuführen?

Nein, die Ursache ist deine Schwingung und Frequenz. Selbst dir mag deutlich sein, dass du heute auf weitaus höheren Schwingungs- und Bewusstseinsebenen lebst als jemals zuvor. Auch dein Körper befindet sich in einem höheren Zustand. Wenn du glaubst, in früheren Lebensphasen unter erheblich größerem Stress gestanden zu haben, so warst du zugleich in einer viel dichteren Schwingung, einem viel dichteren physischen Körper und folglich in viel stärkerem Maße auf die Dichte innerhalb der physischen Erfahrung eingestellt.

Du hebst Wahrnehmung und Bewusstsein derart, dass der Stress umso stärker erscheinen wird, wenn du dich jetzt dabei ertappst, in eine tiefere Schwingung abzusinken. Zwar näherst du dich nicht mehr einem Stresslevel, wie du es früher kanntest, aber die Belastung fühlt sich nun schrecklicher an als damals, weil du inzwischen ausgedehntere Zustände von Frieden, Freude, Harmonie und Wohlergehen erlangt hast und länger darin verweilst.

Nimm die Perspektive ein oder achte darauf, dass jeder Vorgang im physischen Körper eine Botschaft für dich bereithält. Tatsächlich ist er zu deinen Gunsten tätig, um fortlaufend mit dir zu kommunizieren. Deshalb geht es darum, eine enge Beziehung mit ihm zu unterhalten. Bejahe oder, besser gesagt, wisse, dass er immer dem dient, was du am meisten wünschst, nämlich Erkenntnis oder Erleuchtung.

Wenn du einsiehst, dass jederlei Geschehnis in deinem Leben zur Erleuchtung beiträgt und du sie mehr ersehnst als alles andere, dann stell dir die Frage: »In welcher Weise dient es meiner Erleuchtung?« Wir teilen dir mit, dass es dich in eine Erfahrung führt, bei der du zu verstehen beginnst, warum jener heftige Eingriff in deinen Herzrhythmus durch die Kardioversion wirksam ist. Erzeugt sie doch im physischen Körper eine sehr hohe Frequenz, dank derer dein Herz regelmäßiger schlagen und dann auf einer höheren Frequenz wieder in seinen normalen Takt kommen kann.

Du besitzt die Fähigkeit, dein Bewusstsein zu heben, wodurch Schwingung und Frequenz im Körper erhöht werden, was dann automatisch den natürlichen Herzrhythmus wiederherstellt. Finde also in einen Zustand innerer Ruhe, hebe Bewusstsein und Schwingung. Aber wenn dein Herz zu schnell schlägt, löst es häufig eine angstbasierte emotionale Reaktion aus, weil du dich außerstande fühlst, gelassen zu werden oder auch nur deine Atmung bewusst wahrzunehmen. Beginne nun damit, etwas Abstand zu gewinnen von demjenigen, der das Herzrasen erlebt, und achte darauf, dass du der bist, der denjenigen mit dem Herzrasen beobachtet.

Schaffe hierbei etwas Raum um dich und atme tief durch. Obwohl dein Herz vielleicht weiterhin heftig pocht, ist für dich die Einsicht am wichtigsten, dass die Normalisierung an einem Ort absoluter Stille im Innern eintritt und dass es allein darauf ankommt. Versuche nicht, dich durchzukämpfen, all das zu erledigen, wozu du deiner Meinung nach verpflichtet bist, oder zu ergründen, was verkehrt läuft.

Schon das Urteil darüber, was mit dir nicht stimmt, erzeugt Widerstand und eine Reaktion, die dich aus dem gegenwärtigen bewussten Zustand herausführt. Er ist es, der dich und deinen physischen Körper über die Erfahrung hinaushebt und deinen Organismus wieder ins Gleichgewicht bringt. Verstehst du?

Ja, ich verstehe. Was ihr über mein Gesundheitsproblem sagt, wird wohl für alle Leserinnen und Leser äußerst nützlich sein. Sobald ich dieses Vorhofflimmern bekomme, glaube ich, die Kontrolle zu verlieren und förmlich auseinanderzufallen. Aber durch eure Hinweise wird mir klar, dass ich die Fähigkeit besitze, mich (so gut ich kann) von mir zu lösen und zu erkennen, dass dies mir hilft. Es ist ein Weckruf, die Dinge anders zu sehen, das innere Knäuel zu entwirren und einfach zu entspannen.

Genau. Du bist *Bewusstsein.* Zugleich bist du dieses *Ich*, als das du dich kennst. Du bist wie gesagt ein Bewusstseinsfeld, auf die menschliche Erfahrung fokussiert; und das heißt, du bist auch *Teil* des menschlichen Bewusstseins. Selbst wenn du dein Bewusstsein auf die höchsten Ebenen gehoben hast, drückst du dich immer noch durch den physischen Körper innerhalb der physischen Lebenswelt aus.

Darüber hinaus gibt es ein kollektives Bewusstsein. Du befindest dich auf dem Planeten Erde. Sterne, Sonne, Mond und Himmel, Naturphänomene, Jahreszeiten, Meereswellen – sie alle beeinflussen sich wechselseitig. In deiner Perspektive wirkt entweder alles harmonisch zusammen, und du lebst in einer liebevollen, einträchtigen, wohltuenden Welt; oder du lenkst den Blick auf das Malheur – Chaos, Drama, Trauma, Leiden – und lebst in einer feindlichen, brutalen, erbärmlichen Welt.

Du hast die Wahl, wie du dergleichen innerhalb deiner Erfahrung aufnimmst. *Dennoch bist du ebenso Teil dieser Welt und ihrer Systeme, die der irdischen Erfahrung zugrunde liegen.* Wenn etwa ein Planet eures Sonnensystems wie Merkur rückläufig ist, hat das Auswirkungen auf das menschliche Bewusstsein insgesamt wie auch auf dein eigenes. Und wenn die Sonne auf der anderen Halbkugel scheint, ist es an deinem Ort dunkel. Du versuchst nicht, Widerstand dagegen zu leisten oder die Sonne zu zwingen, um Mitternacht hervorzukommen.

Du empfängst das Mondlicht – und erkennst, dass dabei nichts schiefging. Es ist einfach Teil der Natur und des Gleichgewichts zwischen Sonne, Mond und ihren Umlaufbahnen. Du kannst präsent und bewusst bleiben, ohne innerlich dagegen aufzubegehren.

Wenn du aus der Fassung gerätst, suchst du überwiegend danach, was missglückt ist oder was du falsch gemacht hast, wodurch du immer in eine tiefere Bewusstseinsebene verstrickt wirst, wo Konflikt oder Mangel vorherrschen.

Könntest du die Dinge anders sehen, würdest du eine bestimmte Empfindung wahrnehmen. »Oh, oh, mein Herzschlag beschleunigt sich, weil da eine Dynamik einsetzt, und ich will sie in meinen Körper integrieren.« Indem du deine Perspektive wechselst, befreist du dich aus dem Widerstand, den du verspürst. Es ist wie bei einem Gummiband, an dem du ziehst und Spannung erzeugst. Sobald du loslässt, schnellt es mit umso größerer Dynamik zurück.

Wärst du imstande zu erkennen, dass diese Vorgänge *für* dich stattfinden, dass mit dem Herzklopfen eine Empfindung zusammenhängt, die einen Quantensprung vorbereitet, einen neuen Elan, eine enorme Veränderung, etwas wirklich Großes auf einer anderen Ebene, bräuchtest du dich nur zu erden, all deine Aspekte einzubeziehen und in einen noch tieferen Einklang zu kommen – eingedenk dessen, dass alles für dich geschieht.

Die Botschaft deines Körpers mag lauten, dass du mehr Ruhe benötigst, mehr Präsenz im Augenblick. Besinne dich auf die Grundlagen, insbesondere auf deine Atmung. Oder er fordert dich auf, die täglichen Aufgaben ein wenig zu reduzieren, Platz zu lassen für Erholung, Verjüngung und innere Sammlung, weil ein großer Umschwung bevorsteht.

Vergiss nicht: Nachdem du das letzte Mal eine solch einschneidende Erfahrung durchgemacht hast, wurde dir tatsächlich eine große Schwungkraft zuteil, die wiederum eine Reihe wichtiger Veränderungen herbeiführte.

Vielleicht bemerkst du sogar gewisse Muster oder Analogien, dass zum Beispiel die Rückläufigkeit des Merkur die Abläufe etwas verlangsamt, um in deinem Leben einen größeren Wandel vorzubereiten.

Ruhe ist der Zugangspunkt zur Beschleunigung. Durch Ruhe und Präsenz bereitet dein Körper sie vor.

Wird das immer so sein? Nein. Aber wir möchten, dass du langsamer machst, dich mit dem Ruhezustand derart wohlfühlst, ihn völlig akzeptierst und gar wertschätzt, dass du nichts unternimmst, um ihn zu verlassen. Allmählich wirst du an dem energiegeladenen Gefühl festhalten, deine Ruhe und Präsenz, Erholungs- und Verjüngungsphasen mehr zu genießen. So kommst du in einen natürlicheren Fluss, statt tun zu wollen, was dein menschlicher Geist dauernd tun will, nämlich sich durchzukämpfen, sobald du Widerstand spürst. Auf diese Weise versuchst du nur, die Energie in jene Richtung zu lenken, wohin sie deiner Ansicht nach fließen sollte, statt dich einfach zu öffnen und die Einkehr in eine größere Ruhe und Präsenz zuzulassen.

Wirklich, vergegenwärtige dir einfach, dass in der menschlichen Erfahrung alles zu deiner Erleuchtung beiträgt, genau deshalb bist du hier.

Das ist die Verkörperung, die ihr – du und unsere Leser – gewählt habt, um vollständige Erkenntnis zu erlangen, als wahrhaft erleuchtete Meister in physischer Form zu leben und auf dem Planeten zu bleiben. Das spielt eine große Rolle, denn es gibt so viele unter euch, die Fragen stellen, die über ein reichhaltiges Wissen verfügen und sich irgendwie daran erinnern, dass in dieser Lebenserfahrung die eigene Erkenntnis oder Selbstverwirklichung das Allerwichtigste ist. Doch da sie nichts von dir verlangt, wird sie oft leichtfertig in den Hintergrund gedrängt, so lange nämlich, bis sie keinen Aufschub mehr duldet.

Deine Seele, dein höheres Selbst, dein Wesen, sie haben immer gewusst, dass deine Erleuchtung – und tiefe Einsicht – ganz entscheidend ist. Aber weil euer menschlicher Geist keine Vorstellung oder Perspektive davon hatte, wurde eure Aufmerksamkeit dauernd von vielerlei anderen Dingen beansprucht – Beruf, Familie, Pflichten jeder Art.

Sobald du die Verständnisebene erreicht hast, auf der du dich nun befindest, wird dir allmählich bewusst, dass du bereits verwirklicht bist. Du sagst: »Oh, gerade habe ich etwas erkannt. Ich hatte einen Aha-Moment.« Das ist Erkenntnis, das ist Erleuchtung. Wenn du draußen bist, einen Baum betrachtest und diesen Moment mit ihm teilst, obwohl du ihn vorher eigentlich nie bemerkt hast, jetzt aber den Baum zum ersten Mal deutlich wahrnimmst – das ist Erkenntnis, das ist Erleuchtung.

Während du aufgrund dieses höheren Bewusstseinsgrades deinen Blickwinkel veränderst, achtest du in deinem Tagesablauf auf Momente, in denen du sagst: »Ich hatte gerade eine Erkenntnis. Plötzlich ging mir ein Licht auf.« Den ganzen Tag über wird es immer mehr solcher Momente geben, und du stellst fest, dass du dich in deiner Erfahrung des Erkennens selbst verwirklicht hast. Du weißt, dass alles deiner Erkenntnis und Erleuchtung dient und dich in einen noch tieferen Zustand der Erkenntnis und Erleuchtung führen wird.

Also: Was auf dem Planeten vorgeht, geschieht für dich. Was um dich herum passiert, geschieht für dich. Was sich in deinem Innern abspielt, geschieht für dich.

Nach und nach begreifst du dann, dass die Wahre Schöpfung nicht darin besteht, den perfekten Parkplatz direkt vor dem Gebäude zu ergattern. Wäre der einzige freie Parkplatz ein paar Straßen weiter verfügbar, würdest du wissen, dass er aus einem bestimmten Grund genau dort liegt. Dir wäre einsichtig, dass sämtliche Energien des Universums zusammenwirkten, damit du die Strecke zu Fuß zurücklegst. Es wäre aufregend für dich, am Häuserblock entlangzugehen. Obwohl es zunächst vielleicht nur einen Grund für deinen Spaziergang gab, weil du schon verwirklicht und erleuchtet bist, so hält dieser eine Häuserblock jetzt hundert wunderbare Dinge bereit, die auf dich zurückgespiegelt werden.

Einer der Wege in die Erkenntnis setzt die Gabe voraus, in jedem Wesen, jedem Ding die ganze Schönheit zu sehen. Wenn du deinen Nächsten nicht mehr als von dir getrennt betrachtest, hältst du ihn auch nicht für gebrochen. So kannst du die Schönheit an Stellen wahrnehmen, an denen sie anderen verborgen bleibt. Du erblickst sie in jedem Menschen, ungeachtet seiner Persönlichkeit oder äußeren Erscheinung. Verstehst du?

Ja, ich verstehe.

Also wird dich die Schönheit auf dem gesamten Weg zur Erleuchtung leiten, lieber Freund.

Könnt ihr bitte mehr über Selbsterkenntnis, Selbstverwirklichung und Erleuchtung mitteilen?

Du erkennst und verwirklichst dich selbst, wenn du nicht all die anderen Dinge tust, die dich davon abhalten, empfänglich zu werden und die Energie frei fließen zu lassen. Sie hilft dir, die höhere Frequenz jenes Zustandes zu erreichen, in dem du sagst: »Ich bin Schöpfer« oder »Ich bin Gott«.

Wir werden dieses Thema nun weiter ausführen. Die meisten – insbesondere diejenigen, die gelernt haben, auf höchstem Niveau mit dem analytischen und logischen Verstand zu arbeiten – kämpfen damit, dass sie gewöhnlich in ihrem Kopf nach Antworten suchen. Doch über die zerebralen Funktionen findet man weder zur Erkenntnis noch zur Erleuchtung.

Auf der Frequenz wahren Schöpfertums besteht kein Interesse an den Kategorien »Richtig« oder »Falsch«. Bekanntermaßen ist alles vollkommen. Wenn du dich als den Gott kennst, der du bist, weißt du, dass du weitaus mehr Aspekte in dir birgst, und beschließt, dich nicht auf Kosten deiner Frequenz in Drama und Trauma zu verstricken.

Wer gewillt ist, innerlich zu erwachen, hat bereits ein großes Mitgefühl. Alle Weisen, alle Meister hatten es. Doch siehst du jemand anders in einer niedrigeren, dichteren, langsameren Schwingung, im Leiden, neigst du dazu, das als schlecht zu beurteilen, lässt dich ganz darauf ein, um die Mängel zu beheben, wodurch automatisch dein Schwingungsniveau sinkt. So befindest auch du dich in einem dichteren Zustand; statt all der Offenheit, des Wissens, der Möglichkeiten fühlst du Beengtheit, weil du selbst jetzt in der Dichte verstrickt bist.

Noch einmal: Sei auf der Hut, in was du dich unwillentlich hineinmanövrierst. Wann immer du eine Person oder Sache beurteilst, wirst du in Angelegenheiten verwickelt. Widerstand und Reaktion werden den fließenden Ablauf stets unterbinden, dich daran hindern, empfänglich zu sein, jene schöpferische Frequenz und Energie zuzulassen, die du bist, die einströmt, um dir zu dienen. Sobald du Erkenntnis und Erleuchtung erlangt hast, weißt du, dass alles vollkommen ist. Dann bist du jenseits von Bedürfnissen und Wünschen – mit der Gewissheit, dass du schon alles hast. Darin bewahrheitet sich das ewige Bewusstsein.

Wenn du weißt, dass du alles hast, kannst du dir erlauben, in den wahren Seinszustand zu kommen, denn im Sein ist durch dich alles schon getan. Auf der Frequenz, die dir als empfänglichem und zustimmendem Schöpfer eignet, geschehen alle Dinge durch dich. Wissend bewegst du dich durch die Welt der Erfahrungen. Es wird sich anfühlen, als würdest du im Zentrum des Universums sitzen und zugleich die Wirklichkeit durchqueren.

Das ist dein Kraftfeld. Je offener und bejahender du bist, desto höhere Schwingungen und Frequenzen lässt du durch dich ziehen, desto häufiger findest du Zugang zu Wahrnehmung und Bewusstsein, desto mehr Kraft besitzt du. Je größer deine innere Reinheit, umso makelloser deine Stärke.

Es ist ein Tanz mit der Schöpfung, mit der Unendlichen Intelligenz.

Wenn du nur in jenen Raum des Zulassens gelangst, wird dir alles zuteil. Dort lässt du die Unendliche Intelligenz gewähren – das Bewusstsein, die Tiefenschau, die das Gesamtbild jenseits begrenzter Form erfasst, aus der das Leben mit eingeschränkten Sinnen wahrgenommen wird. Sie sieht alles, jedes Potenzial, jede Option. Und den mühelosesten Weg aus deinem jetzigen Zustand zum höchsten Gut in allen Situationen.

Warum solltest du das nicht zulassen? Warum solltest du nicht mit der Unendlichen Intelligenz, der ursprünglichen Quelle tanzen wollen? Genau das meinen wir mit göttlicher Orchestrierung. Du lernst, sie zuzulassen. Deine einzige Aufgabe besteht darin, die Energie zu erschließen, mit deren Hilfe du in das höchste Gut einwilligst.

Du – die wunderbare Persönlichkeit, die du als deine bezeichnest – hast nicht den völligen Überblick, kennst nicht all die Betrachtungsweisen und Möglichkeiten, die hier verfügbar sind. Doch wenn du dich öffnest und dich einverstanden erklärst, wird sich die Lösung immer wie von selbst ergeben. Lass die Schwingung reiner Liebe in dich ein, zu der ihr alle, wie wir wissen, in hohem Maße fähig seid.

WAHRE FREUDE UND DAS KÖNIGREICH DES HIMMELS

Bevor ich euch zu meiner nächsten Frage führe: Möchtet ihr uns in dieser kostbaren Zeit, die wir miteinander teilen, eine weitere Botschaft übermitteln?

Stets sollst du wissen, dass wir deine Persönlichkeit mit all dem, was sie ersehnt und gerne erfahren möchte, ganz besonders schätzen. Nie gibt es eine falsche Antwort, nie kommst du vom Weg ab, wenn du einer Tätigkeit nachgehst oder eine Erfahrung machst, die dich entzückt und deinen Herzenswünschen entspricht.

Immerzu sehnt sich deine Seele nach Erweiterung, und dank deinen Erfahrungen dehnt sie sich aus. Jede Erfahrung enthält Daten und Informationen. Du bist einer, der unablässig nach Erweiterung streben wird, um auf umfassenderen Ebenen mehr zu erfahren. Je weiter du dich ausdehnst, desto größer ist dein Bewusstsein.

Vergegenwärtige dir, dass du dich nach der Überschreitung deiner aktuellen physischen Wirklichkeit vielleicht beengt, frustriert oder erschöpft fühlst. Das ist dann der Fall, wenn du dir verbietest, mit deiner inneren Ausdehnung Schritt zu halten. Beim Navigieren durch deine eigene Wandlung wirst du mehr Leichtigkeit und Anmut finden, indem du deinem Bewusstsein das Steuer überlässt. Zieh dich nicht in den logischen Verstand zurück, um zu sondieren oder den Veränderungsprozess zu forcieren.

Außerdem würden wir dir und allen anderen gerne mitteilen, dass sich eure Seele nach größerem Ausdruck sehnt, um mehr von dem Menschen zu bekunden, der ihr mit all euren Facetten in körperlicher Gestalt seid. In vielerlei Hinsicht wart ihr bislang helle, strahlende Lichter. Wie wollt ihr nun deutlicher all das zum Ausdruck bringen, was euch charakterisiert? Nicht, weil die Leute es von euch verlangen oder eurer Meinung nach brauchen, sondern weil ihr endlich das Gefühl habt, in jedem Moment euer wahres Wesen vollständiger offenbaren zu können. Das werdet ihr als Nächstes tun.

Darüber hinaus würden wir sagen, dass die Sehnsüchte

eurer Seele auch um die Erfahrung selbst kreisen. Was *möchtet* ihr erfahren? Könntet ihr euch nur des Unterschieds gewahr sein zwischen den Fragen »Was sollte ich tun?« und »Was möchte ich erfahren?«? Seid gewiss, dass euch alles, was ihr je wünschen oder brauchen könntet, verfügbar sein wird, noch bevor sich diese Empfindungen bemerkbar machen.

Je öfter ihr das im Alltag einübt – also fragt: »Was möchte ich heute erfahren? Wovon hätte ich gerne mehr?« –, desto näher rückt ihr jener Ebene der Meisterschaft, wobei ihr zu verstehen beginnt, dass ihr nicht das bekommt, was ihr wollt oder nach eigenem Gutdünken braucht, sondern mehr von dem, was ihr seid. Sobald ihr euer wahres Wesen erkennt, könnt ihr euch ausdehnen und ausdrücken – wohl wissend, dass ihr, unterwegs in der Erfahrungswelt, aus eurem Kraftfeld solche Dinge wie magnetisch anziehen werdet, die bereits existieren.

Nicht länger werdet ihr fragen: »Was möchte ich?«, sondern immer nur: »Was möchte ich *in größerem Maße* erfahren?« Denn von diesem Punkt aus gibt es keine Trennung, keine Kluft. Alles ist schon da. Wovon möchtet ihr mehr? »Ich möchte mehr Freiheit, Liebe und Fülle, Wohlergehen, Freude und Abenteuer, Leidenschaft, Inspiration und Kreativität, Schönheit und Vergnügen.«

Dann beginnt ihr, das Feld um euch zu erweitern und mehr von alldem in dieses Feld hineinzuziehen. Folglich besteht keinerlei Notwendigkeit, ins Grübeln zu verfallen oder unter enormem Aufwand bestimmte Ergebnisse erzwingen zu wollen. Ihr bewegt euch durch die Welt mit einer Leichtigkeit und Anmut, wie ihr sie bisher wahrscheinlich nur selten bei anderen wahrgenommen habt. Das ist wahre Meisterschaft.

In dieser kommenden Phase lebt ihr die Meisterschaft innerhalb der menschlichen Erfahrung, bevor ihr dann Platz nehmt am Tisch der aufgestiegenen Meister, denn das seid ihr alle. Ihr habt völlig freie Hand in der Wahl eurer Erfahrungen, entscheidet euch für das, was ihr in eurer jetzigen Situation gerne möchtet. Dieses nächste Kapitel eures Daseins handelt davon, wirklich auszuleben, was Meisterschaft in der Menschenwelt hier und jetzt bedeutet.

Vergesst jedoch niemals, euren Wert vorbehaltlos anzuerkennen: Seid ihr es wert, dass euch mühelos zuteilwird, was ihr ersehnt? Seid ihr es wert, das zu tun, was ihr liebt, was euch am meisten Vergnügen bereitet, und darauf zu vertrauen, dass alles Weitere sich von selbst ergibt? Es spielt keine Rolle, ob jemand anders es gutheißt oder mag. Seid euch des eigenen Wertes in einem Maße bewusst, dass ihr all das, was ihr seid, tatsächlich auch sein könnt. Und lasst es mit Leichtigkeit auf euch zukommen, ohne etwas auszutüfteln oder gar zu erzwingen.

Es gibt keine Grenze. Ihr werdet begreifen, dass die Währung, nach der ihr lebt, euer Bewusstsein ist. Während ihr höhere Bewusstseinszustände erreicht, steht euch immer mehr zur Verfügung, vollziehen sich die Abläufe anders als bisher. Eure Währung ist euer Bewusstsein.

Ihr besitzt diese Fähigkeit, empfänglich zu sein und zuzulassen. Zutiefst liebevoll sagen wir allen Menschen: Einzig eure starke Neigung zum logischen Denken hält euch davon ab. Das Gehirn ist eine unglaubliche Maschine. Aber es ist nicht das, was ihr in Wirklichkeit seid. Nie hattet ihr die Absicht, von ihm in Präsenz, Stärke, Bewusstsein, Erweiterung, Ausdruck oder Erfahrung unterwiesen zu werden. Es ist ein phänomenales System der Wahrnehmung, der Datenspeicherung – ein wirkmächtiger Computer, der den gesamten Organismus steuert und über den ihr noch nicht einmal nachdenken solltet.

Euer Gehirn reguliert das Nerven-, Hormon-, Herz-Kreislauf-, Fortpflanzungssystem und verarbeitet jeden Tag Abermillionen von Daten. Lasst es seine Aufgaben erledigen.

Euch ist beschieden, mit dem Bewusstsein übereinzustimmen, um Anleitungen für den nächsten perfekten Schritt zu erhalten: um offen zu werden und euch selbst zu erlauben, im gegenwärtigen Moment all eure Kraft geltend zu machen. Das ist die Ich-bin-Präsenz, die ihr nie vergessen wolltet. Gewiss verstehen wir, warum ihr vergesst, und gerade deshalb ist das menschliche Experiment ein so wunderbares.

Sag uns, wovon du mehr möchtest. Was kommt dir dabei zuerst in den Sinn?

Höchster Frieden, der aus dem Verständnis des menschlichen Abenteuers resultiert. Und die Zeit und der Raum, die zur Freiheit führen, zum Wissen, dass ich die Kontrolle habe, dass ich der Schöpfer bin und dass alles gut ist. Ich sehne mich nach Erleuchtung.

Also sagst du: »Ich möchte mehr Erleuchtung erfahren. Ich möchte mehr Erleuchtung fühlen.« Das ist der Prozess, der zehn Sekunden dauern mag, eine Minute oder wie lang auch immer, aber widme dich ihm, denn er bereitet dir Wohlgefühle. Schließ die Augen und verlagere den Schwerpunkt vom Kopf in dein Herz. Das ist ein wichtiger Schritt für dich. Komm aus dem Kopf heraus, lenk die Aufmerksamkeit ins Herz und nimm von innen her wahr, wie sich Erleuchtung anfühlt. Wie fühlt sie sich an? Höchster Frieden, wie fühlt er sich an?

Zuversicht, Freude, Liebe, Klarheit.

Kannst du sie im Innern fühlen? Wo genau?

Ich fühle sie in meinem Herzen.

Also fühle sie. Fühle sie in deinem Herzen, dann noch tiefer, denn das fühlt sich wirklich gut an. Beachte dabei: Was du ersehnst, ist bereits in dir. Du brauchst es nur zu aktivieren, und das bedeutet, dass du dich damit in Einklang bringst. Geh in dein Herz und verweile dort. Fühle es deutlich – bis hinauf zum Scheitel, bis in die Zehen- und Fingerspitzen, solltest du sie weit auseinanderspreizen. Richte dann jede Zelle deines Körpers, die aus dem Herzen, deinem Kraftzentrum kommt, so aus, dass sie mit dem Gefühl der Erleuchtung übereinstimmt.

Fühle dich da hinein und leite jede Körperzelle von der Oberseite deines Kopfes bis zu den Zehen- und Fingerspitzen, um sie mit der Frequenz, dem Gefühl der Erleuchtung, des höchsten Friedens, dem Verstehen und der Freude zu harmonisieren. Bleib in diesem Zustand, fokussiere jede einzelne deiner Zellen, passe sie dem Gefühl der Erleuchtung an. Kannst du das fühlen?

Ich glaube, ja. Aber mir scheint, der »Deckel« hat sich noch nicht geöffnet!

Der »Deckel« ist nicht obendrauf, sondern innen. Deshalb hast du schon so oft so viele sagen hören: »Alles ist in dir.« Aber du musst es von innen her aktivieren, von innen her den Schalter umlegen. Du musst in dich gehen und es finden, fühlen und dich damit in Übereinstimmung bringen.

Du bist ein fühlendes Wesen. Jenseits von allem anderen bist du in erster Linie ein fühlendes Wesen. Durch diese Empfindungsfähigkeit fokussierst du dich. Praktiziere das wenigstens ein bisschen, statt »da draußen« nach Erleuchtung zu suchen. Geh nach innen, vom Kopf nach unten ins Herz, und du wirst wahrnehmen, wie sich Erleuchtung anfühlt.

Vielleicht ahnst du sie zuerst nur in ein paar Zellen. Das nächste Mal wiederum merkst du, dass du beschäftigt und überlastet bist, und fragst dich: »Was möchte ich? Wovon möchte ich mehr erfahren?« Erleuchtung? Dann machst du die Übung, über die wir gesprochen haben. Verlagere die Aufmerksamkeit vom Kopf in dein Herz. Sofort wirst du dich mehr im Einklang mit dem Zustand der Erleuchtung fühlen; und so kommen ein paar weitere gleichgestimmte Zellen mit hinzu. Du lenkst sie. Du kannst es spüren: Sie beginnen sich auf dieses Gefühl von Erleuchtung auszurichten.

Eines Tages wirst du die absolute Resonanz empfinden, durch die jede Zelle deines Körpers auf die Frequenz der Erleuchtung eingestellt ist. Dies hast du durch dein *Gefühl* dafür hervorgerufen und dann jede Körperzelle so orientiert, dass sie mit dem Gefühl übereinstimmt, von dem du mehr empfinden möchtest. Sobald du jede Zelle auf die Frequenz und das Gefühl der Erleuchtung ausgerichtet hast, besteht der nächste Schritt darin, es nach außen zu übertragen, hin zu deinem Licht, deinem Kraftfeld und in deine ganze Umgebung. Übrigens kannst du mit allem und jedem ebenso verfahren.

Wenn du nun auf einen Menschen triffst, den du vorher womöglich hättest heilen oder sonst wie unterstützen wollen, fragst du dich: »Was wünsche ich mir in dieser Erfahrung am meisten?« Vielleicht leidet er, und du möchtest einfach, dass ihm innerer Frieden zuteilwird. Statt zu versuchen, die Lage für ihn zu klären, empfindest du Frieden in dir selbst und bringst jede deiner Körperzellen damit in Einklang. Empfinde ihn so tief, dass du dieses Gefühl, diese Frequenz, diese Schwingung, dieses Kraftfeld des Friedens, das du erzeugst, allmählich ausdehnst. Es kommt aus deinem Innern. Dein Licht füllt den gesamten Raum um dich aus, in jeder erdenklichen Richtung, es strahlt aus dir, durchdrungen von der Schwingung des Friedens, die ringsum gefühlt werden wird. Auf solche Weise erschafft der Meister des Selbst die Welt, in der er leben möchte.

Solltest du aus diesem Zustand jemand anderem oder einer Gruppe mit vielen anderen, die sich abmühen und leiden, die Frage stellen, wonach sie am meisten verlangen, würden sie antworten: »Frieden.« Auch wenn sie Geld anführten, würden sie es deshalb wollen, weil sie das Ende ihrer Mühen herbeisehnen. Letztlich wünschen sie sich Frieden.

Nur durch dich selbst kannst du Frieden in die Welt bringen, indem du in deinem eigenen Wesen damit in Einklang kommst, jede deiner Körperzellen auf Frieden einstimmst und ihn von dorther ausströmst. Dann werden die Leute sagen: »Ich fühle mich in deiner Nähe einfach friedlicher. Wenn ich mit dir zusammen bin, habe ich den Eindruck, dass alles gut sein wird.« Nicht, weil du irgendetwas geäußert, unternommen oder für sie bereinigt hast, sondern weil du das Einzige getan hast, was wirklich in deiner Macht steht, um eine bessere Welt zu schaffen – nämlich es zuerst in dir selbst hervorzubringen oder, besser ausgedrückt, damit übereinzustimmen oder es aus deinem Innern heraus zu aktivieren. Verstehst du?

Das Königreich des Himmels liegt im Innern.

Was zeichnet das Königreich des Himmels aus? Frieden, Freude und Harmonie, Glückseligkeit, Liebe und Verbundenheit, Kameradschaft, Gesundheit und Wohlbefinden, Fülle, Freiheit und Schönheit. All das. Du kannst dir nicht vorstellen, welche Schönheit dir zusteht und nur darauf wartet, von dir aktiviert zu werden.

Sicherlich haben wir dir vielerlei Informationen übermittelt. Zugleich aber sagen wir dir und unseren Lesern und Leserinnen, dass *ihr* sie wie magnetisch angezogen habt. Ihr seid wirklich diejenigen, die sie herbeigechannelt haben. Es sind *eure* Fragen. Alles ist schon in eurer Wahrnehmung, eurem Bewusstsein. Ihr habt euch die Erfahrung all dessen, was ihr bereits wisst, zu eigen gemacht.

Das alles war derart intensiv …

In der Tat, lieber Freund. Die wichtigste unserer Lehren lautet: *Alles, was du zu sein wünschst, bist du bereits.* Alles ist in dir, war es immer schon, wird es für immer sein.

Wenn du mit Mangel und Begrenztheit konfrontiert bist und weder Frieden, Freude und Freiheit noch Fülle und Wohlergehen fühlst, dann deshalb, weil du dir diese Erfahrungen vorenthältst. In unteren Bewusstseinsdimensionen nimmst du überall Engpässe wahr, brauchst und willst du weiterhin etwas außerhalb von dir und erzeugst damit einen Widerstand, der dir den Zugang zu Magie und Wunder versperren wird.

Wir haben nicht die Absicht, zusätzliche Ablenkungen zu

schaffen, die dazu führen, dass du verleugnest, was dir innewohnt, nämlich Freude, Frieden und Freiheit, Liebe, Fülle und Wohlbefinden. In der menschlichen Erfahrung gibt es bereits mannigfache Zerstreuungen, die bewirken, dass ihr euren Fokus auf äußere Dinge richtet, weil ihr denkt, sie würden euch ermöglichen, die eigene Wirklichkeit zu gestalten. So fangt ihr an zu glauben, alles würde euch *widerfahren*, wodurch sich ein Gefühl von Machtlosigkeit verfestigt.

Wir sind hier, um euch daran zu erinnern, dass Freude, Frieden und Liebe, Harmonie, Freiheit, Wohlbefinden und Fülle der Grund eures Daseins sind. Ihr seid hier, um sie zu verkörpern und immer wieder herbeizuführen, euch daran auszurichten und damit zu leben; sie sind eure wahre Natur. Alles davon ist in euch. Erfüllt also eure Kreationen und Manifestationen mit deren Reichtümern.

Ich verstehe. Es ist nicht nötig, dass Menschen Wunder bewirken oder atemberaubende Meisterleistungen vollbringen, um irgendetwas zu beweisen. Vielmehr geht es um unsere Freude. Eure Antworten haben uns durch das ganze Buch hindurch in diese Richtung geführt. Und das war wunderbar.

Es wird unzählige Wunder geben. Jeder Tag wird euch mit Wundern überhäufen, sobald ihr auf der Ebene lebt, die wir beschrieben haben.

Ihr werdet den Zustand der Freude und des Friedens erfahren, der Liebe und Harmonie, der Freiheit, des Behagens und der Fülle – im Innern ganz und zentriert, durch jeden Moment befriedigt – und dennoch fortfahren, immer weitere solcher Wohltaten in euer Kraftfeld zu ziehen. Die Quelle, Gott, der Schöpfer werden unaufhörlich Manifestationen von Magie und Wunder aufeinander abstimmen.

Tatsächlich ist es ein wunderbarer Aspekt von alledem, euch in Potenziale und Optionen einzufühlen und eure Gaben und Talente zu feiern. Es wird euch zuteilwerden. Fürs Erste aber wird das, wonach ihr strebt, die höchste Weisheit im Dienste des höchsten Gutes der Menschheit bewirken – indem jedes Individuum erkennt, dass es die Kraft in sich trägt, seine eigene Erfahrungswelt zu schaffen.

Werdet ihr stets fortfahren, andere Sphären mit je eigenen Potenzialen und Optionen zu erforschen? Durchaus. Doch werdet ihr es von der Schwingung, der Bewusstseinsebene aus tun, ganz und zentriert, befriedigt und erfüllt zu sein, wobei ihr weder etwas braucht noch wollt. Wenn ihr keinen Mangel leidet, euch nicht in begrenztem Rahmen bewegt, keine Angst verspürt und nicht isoliert bleibt, wird euch all eure Stärke offenbart.

So einfach und mühelos das für mich und unzählige andere klingt – und es eines Tages auch sein wird –, frage ich mich doch, warum nicht mehr Menschen, Kinder in ihrer Freude oder Erwachsene mit ihrem Wissen, manchmal eine spontane oder vollständige Erleuchtung erfahren.

Ihr alle beginnt euer Leben als reine Energie der Quelle. Kinder sind naturgemäß äußerst fröhlich und bereits erleuchtet. Sie sind spontan und verspüren ein unbändiges Gefühl von Freiheit, Freude und Wohlbefinden. Doch sehr schnell werden sie in die Wahrnehmungen und Überzeugungen anderer Menschen eingebunden: »Oh, das ist gefährlich. Du musst diese Aufgabe erledigen. Du musst zur Schule gehen. Du musst früh aufstehen. Du musst diese Kleidung tragen. Du darfst und solltest das nicht tun. Sei still und sprich nicht so mit mir ...«

Wenn deine physischen Sinne derart mit Daten überfrachtet werden, dass du nicht jene reine Glückseligkeit bist, als die du dich empfunden hast, nimmst du dich immer mehr innerhalb von Grenzen wahr. Allerdings gibt es durchaus Menschen – gleich, welchen Alters –, die, verharren sie nicht im Widerstand, solche spontanen Erfahrungen machen und sich vergegenwärtigen: »Ich bin nicht identisch mit diesen Begrenzungen, die mir eingetrichtert wurden.« Ergibt das einen Sinn?

Meines Erachtens wird sich zumindest eins von einer Million Kindern nicht von wohlmeinenden Erwachsenen unterdrücken lassen, sodass es plötzlich in einem Zustand der Erleuchtung ist.

Aber viele Kinder sind es!

—✲—

Wirklich?

—

Ja, wirklich. Und wie würdest du wissen, dass sie in diesem Zustand sind?

—✲—

Nun, sie würden in überschwänglicher Freude leben und das Leben insgesamt als völlig mühelos empfinden. Alles würde ihnen leicht von der Hand gehen, sie würden sich immer mehr Wissen über ihre wahre Natur aneignen und in der Lage sein, die Illusionen zu durchschauen, an die alle anderen glauben. Sie wären das Licht und würden zum Beispiel sagen: »Hey, sieh dir an, was ich da mache – das kannst du auch!« Und einige würden vielleicht sogar Lehrmeister werden.

—

Du hast es erfasst, lieber Freund! In deinen Ausführungen verbirgt sich eine Ironie, die uns höchste Freude bereitet. Denn gerade hast du dich selbst beschrieben, merkst es aber nicht einmal. Du hast über ein erleuchtetes Wesen gesprochen, betrachtest dich selbst indes nicht als solches. Doch du bist es!

—✲—

Ich bemerke sehr wohl die Ironie darin.

—

Das wird dir helfen. Während Schwingung und Bewusstsein der Menschheit sich kontinuierlich heben und erweitern, wirst du tatsächlich immer mehr Menschen um dich herum sehen, die frohen Mutes, glücklich und frei, friedlich, überreich ausgestattet und wohlauf sind.

Du befindest dich in der menschlichen Erfahrung. Viele von euch sind weiterhin ins Massenbewusstsein verstrickt und nehmen sich selbst auf sehr menschliche Weise wahr. Daran ist nichts auszusetzen; es ist Teil der Reise durch verschiedene Bewusstseinsebenen.

Stell dir ein Kind vor, das außerhalb des Massenbewusstseins und der kollektiven Erfahrung aufwächst. Vielleicht wird es zu Hause unterrichtet, sieht nicht fern und hat äußerst bewusste, lebensfrohe und liebevolle Eltern. Das Kind vergnügt sich meistens in der Natur und bringt seinen Eltern bei, was es gerade lernt, statt von ihnen belehrt zu werden. Die Eltern ermuntern es, die eigene Fantasie zu erforschen, zu spielen, zu gestalten, zu lachen und Spaß mit seinen Freunden zu haben. Wahrscheinlich wird dieses Kind eine »hohe Schwingung« aufweisen, eben weil es nach wie vor mit seiner wahren Natur verbunden ist.

Wenn hingegen ein Kind hauptsächlich auf die kollektive Erfahrung fokussiert ist, jeden Tag etwa zur gleichen Zeit aufsteht, zur Schule geht und seine Hausaufgaben macht, Fernsehen und Filme schaut, an der Populärkultur, sozialen Medien und dergleichen teilnimmt, wird es sich weitaus häufiger innerhalb der kollektiven Erfahrung als in höheren Zuständen wahrnehmen.

Wir empfehlen nicht, all diese Dinge zu verbieten. Doch auch sie deuten darauf hin, warum es in eurer Kultur so viele Geschichten von Menschen gibt, die sich in die Wüste, den Wald, die Berge zurückziehen mit dem Wunsch oder der Absicht, mit sich selbst in Berührung und ins Reine zu kommen. Sie alle suchen nach ein und demselben – nach einer Verbindung zur Quelle, zur reinen Energie der Quelle, die sie sind. Sie möchten wissen, wer sie sind, und erkennen, dass es auf einer derart tiefen Ebene nie wieder eine Rolle spielen würde, worauf sie sich vorher fokussiert haben, denn sie würden nie mehr die Freude, innere Ruhe und Liebe, die Freiheit, Fülle und gute gesundheitliche Verfassung vergessen, die ihnen in Wahrheit innewohnen.

Ja. Und wie ihr dargelegt habt, verändern sich jetzt die Energien auf dem Planeten. Wir befinden uns auf höheren Bewusstseinsebenen als je zuvor, und das heißt, dass auch unsere Manifestationen schneller verwirklicht werden können als je zuvor.

In der Tat. Ihr seid dabei, in die intensivsten Phasen eures Lebens einzutreten. Nicht länger bereitet ihr den Boden, nicht länger seid ihr Novizen, sondern Meister. Wir haben es gesagt: Die Zeit ist gekommen. Darauf habt ihr gewartet und euch vorbereitet. Und das meinen wir wirklich: Es ist so weit. Dafür seid ihr erschienen, deshalb seid ihr hier.

Diese Periode auf eurem Planeten ruft die größte, ausgedehnteste Welle des Erwachens hervor, die sich je ereignet hat. Ihr werdet die gewaltigste Welle des Erwachens erleben, die der Menschheit je zuteilgeworden ist. Ihr werdet sie überall um euch wahrnehmen – in euren Beziehungen und Freundschaften, bei euren Mitarbeitenden und Fremden und insbesondere bei Personen, an deren Fähigkeit, überhaupt je zu erwachen, ihr wahrscheinlich gezweifelt habt. Sie erwachen dank euch, denn ihr habt das Bewusstsein gehoben, die Schwingung, habt das Licht gebracht, habt den Mut, die Stärke und die Entschlossenheit bewiesen, vollkommen zu erwachen, tiefe Einsicht zu erlangen und als jene verkörperten, erleuchteten Meister zu leben, die ihr seid.

Schlussbemerkung

Das Große Erwachen ist eingetreten, es geschieht jetzt und ist nicht mehr rückgängig zu machen. Es wird eine Welle über die ganze Erde bis in ihre fernsten Winkel aussenden. Ihr werdet heute mehr gebraucht denn je, um all das zu sein, was ihr seid, euer Leben in vollen Zügen zu genießen und bedingungslos zu lieben.

Wir werden unsere Leserinnen und Leser mit folgenden Worten verlassen:

Ihr habt dies verstanden.

Ihr braucht nicht mehr auf irgendetwas anderes zu warten. Öffnet euch einfach all dem, was ihr seid, und bringt es ungehindert zur Entfaltung. Lasst es zu. Sehr bald schon werdet ihr einen Moment erfahren, da ihr alles überdeutlich erkennt. Dann werdet ihr sagen: »Ich hab's verstanden. Oh, jetzt ist es mir klargeworden. Dabei hab ich es mir viel schwerer gemacht als nötig.« Und ihr werdet lächeln, wohl wissend, dass alles perfekt war.

Wir sind hier auf eurer Seite, weil wir versprochen haben, dafür zu sorgen, dass ihr eure innere Wahrheit nie mehr vergessen werdet. Wir haben eine beträchtliche Menge an Informationen mit euch geteilt, und noch weit mehr wird kommen. Nicht zuletzt erinnern wir euch daran, dass ihr all das seid, was ihr zu sein wünscht.

Wir sind immer bei euch. Wir sind stets für euch verfügbar. Wir lieben euch, wir lieben euch, wir lieben euch. Und damit sind wir alle komplett.